Anett Schultze

DREIKLANG

CHAKRENARBEIT MIT RMT

Anett Schultze

DREIKLANG
CHAKRENARBEIT MIT RMT

Bibliografische Information der Deutschen Nationalbibliothek:
Die Deutsche Nationalbibliothek verzeichnet diese Publikation in
der Deutschen Nationalbibliografie; detaillierte bibliografische
Daten sind im Internet über http://dnb.dnb.de abrufbar.

© 2023 Anett Schultze

Herstellung und Verlag: BoD – Books on Demand, Norderstedt

ISBN: 9783750429406

Inhaltsverzeichnis

-Licht und Liebe
Seite 9

-Vorwort/ Wie kannst du mit dem Buch arbeiten?
Seite 10

-Die Liebe in meinem Herzen
Seite 13

- R-M-T, was ist das?
Seite 14

-Aufbruch Meditation
Seite 19

-Aufbruch
Seite 21

-Wer bin Ich?
Seite 23

-Veränderung
Seite 26

-Chakren Arbeit mit R-M-T
Seite 28

- *Blütenmeditation und Farben*
Seite 31

-Die Hauptthemen der Chakren und ihre Probleme
Seite 35

-Partnerarbeit Lichtschale
Seite 43

- RMT -Reiki
Seite 45

-Mitten in dir
Seite 51

-Sag Ja
Seite 54

-RMT-Meditation
Seite 55

-Dankbarkeit Meditation
Seite 59

-Dankbarkeit und Unzufriedenheit
Seite 60

-Danke
Seite 66

-Was für eine Zeit?
Seite 68

-RMT-ThetaHealing
Seite 71

-Mut
Seite 74

-ThetaHealing   Meditation zur 7.Ebene
Seite 75

-Wurzelchakra
Seite 83

-alte Muster
Seite 84

-Feuer der Erde
Seite 91

-Chakren Harmonisierung
Seite 94

-Affirmationen Wurzelchakra
Seite 96

-Downloads Wurzelchakra
Seite 101

-der innere Baum
Seite 103

-Glauben
Seite 105

-Suche
Seite 108

-Vertrauen
Seite 109

-Ich spüre ein tiefes Vertrauen in mir
Seite 110

-*Ich bin dankbar, dass ich vertrauen kann*
Seite 116

-Sakralchakra
Seite 117

-König oder Bettler
Seite 119

-Die Energie von Entschuldigung
Seite 127

-*Das Leben ist Veränderung*
Seite 130

-*Feuer der Kreativität*
Seite 131

-Downloads Sakralchakra
Seite 133

-Die Perle des Lebens
Seite 135

-*Leben*
Seite 136

-Affirmationen Sakralchakra
Seite 138

-*Ich bin dankbar, dass ich mein Leben genießen kann*
Seite 141

-Solarplexuschakra
Seite 142

– *Sag Ja zu dir*
Seite 145

-Körper und Seele
Seite 146

-*Feuer der Macht*
Seite 149

-*Ich lebe bewusst aus meiner Mitte*
Seite 152

-Geschichte mit dem gelben Trenchcoat
Seite 153

-Affirmationen Solarplexus Chakra
Seite 156

-Kraft der Energie
Seite 157

-*Ich erschaffe mein Leben*
Seite 161

-Downloads Solarplexus Chakra
Seite 163

-*Danke*
Seite 164

-Herzchakra
Seite 165

-Selbstliebe
Seite 166

-*Übung Herzchakra*
Seite 169

-Mitgefühl
Seite 170

-*Feuer des Herzens*
Seite 177

-Affirmationen zum Herzchakra
Seite 179

-Downloads für das Herzchakra
Seite 181

-Entwicklung
Seite 182

-*Sanftheit*
Seite 184

-Zufriedenheit
Seite 185

-*Reichtum*
Seite 187

-*Jeder auf seine Weise*
Seite 195

-*Ich bin dankbar für die Liebe in meinem Herzen*
Seite 196

-Kehlchakra
Seite 197

– Angst
Seite 198

– Blockaden
Seite 200

-*Feuer der Wahrheit*
Seite 203

– Geschichtsbuch des Lebens
Seite 205

-*Ich bin kraftvoll und lebendig*
Seite 207

-Downloads Kehlchakra
Seite 211

-Vollkommenheit
Seite 212

-*Der Weg*
Seite 214

-*Der Augenblick*
Seite 218

-Das Gesetz der Fülle
Seite 220

-Ich bin dankbar für die Fülle in meinem Leben
Seite 222

-Affirmationen Kehlchakra
Seite 225

-*Beet deiner Fähigkeiten*
Seite 229

-*Garten der Fülle*
Seite 232

-*Ich bin Ich*
Seite 234

-Stirnchakra
Seite 235

−spirituelles Wachstum
Seite 236

-höhere Selbst
Seite 237

-Botschaften aus der anderen Welt
Seite 238

-Downloads Stirnchakra
Seite 241

-*Feuer der Klarheit*
Seite 242

-Heilung
Seite 244

-Wie wertvoll
Seite 246

–Seele
Seite 249

-Affirmationen zum Stirnchakra
Seite 253

-Engel
Seite 256

-*Sonnenblume*
Seite 259

-*Ich bin dankbar für meine Intuition*
Seite 260

-Kronenchakra
Seite 261

-Licht
Seite 262

-*Mit offenen Augen unsichtbar*
Seite 264

-Feuer des Bewusstseins
Seite 269

-Leben und Tod
Seite 271

-*Versuch der Rückführung*
Seite 273

-*Warten*
Seite 277

- *2Tage*
Seite 279

-Abschied
Seite 281

-Leichtigkeit
Seite 283

-Downloads Kronenchakra
Seite 287

-Freiheit
Seite 288

-*Nutze deine Freiheit*
Seite 291

-Affirmationen Kronenchakra
Seite 292

-*Ich bin dankbar mit mir verbunden zu sein*
Seite 293

-intensive Chakrenübung
Seite 294

-Der Weg ist das Ziel
Seite 300

-Dein Leben
Seite 303

-Downloads für mich und dich
Seite 305

-Abschluss
Seite 308

-*Mensch sein*
Seite 310

Literaturhinweis
Seite 311

Licht und Liebe

Licht und Liebe
ich bin Licht und Liebe
Du bist Licht und Liebe,
Sage es im Stillen
Lass die Worte in dir wirken

Du bist Licht und Liebe, mehr braucht es nicht…
Lass dein Licht wieder frei fließen,
spüre wie die Wellen des Lichts durch dich hindurchfließen…
öffne deine Tore, denn dieses Licht bedeutet Reinheit, Heilung und Frieden…
lass dich von den Wellen des Lichts durchfluten …

Licht und Liebe
ich bin Licht und Liebe
Du bist Licht und Liebe,
Sage es dir im Stillen
Lass diese Worte in dir wirken

Du bist Licht und Liebe, mehr braucht es nicht…
Lass deine Liebe wieder frei fließen,
spüre wie die Wellen der Liebe durch dich hindurchfließen…
öffne deine Tore, denn diese Liebe bedeutet Reinheit, Heilung und Frieden…
lass dich von den Wellen der Liebe durchfluten

Licht und Liebe
ich bin Licht und Liebe
Du bist Licht und Liebe,
Sage es dir im Stillen
Lass die Worte in dir wirken

Vorwort

Wie kam ich zu der Idee ein Buch zu schreiben? Wie kannst du mit diesem Buch arbeiten?

Es war ein Impuls, der mich dazu führte, dieses Buch zu schreiben. Es fügte sich alles so zusammen, als sollte es so sein. Jahrelang habe ich Gedichte und auch alle meine Meditationen, mit denen ich mit meinen Gruppen gearbeitet habe, geschrieben. Ich lebte in Duisburg und arbeitete sehr erfolgreich als Reiki- und Meditationslehrerin.

Nach der Trennung von einem Herzensmenschen brauchte ich eine räumliche Veränderung und zog nach langem Suchen in meinen Geburtsort Kaarst zurück.

In der Rückschau bin ich mir sicher, hier geführt worden zu sein, denn kurze Zeit später trennten sich mein Bruder und seine Frau. Meine Nichte und mein Neffe blieben bei ihrem Vater und in den folgenden Jahren konnte ich mich um diese kleine Familie kümmern. Hinzu kam und kommt ein schwer erkrankter Bruder, den ich auch regelmäßig betreue.

Trotz allem versuchte ich in meinem Heimatort auch an die erfolgreiche Zeit der Spiritualität anzuknüpfen.

Scheinbar gelang mir nichts, doch wenn ich auf diese Zeit zurückschaue, dann gab es auch wichtigeres zu tun. Ich weiß jetzt, dass es meine Bestimmung war, die beiden 5-jährigen Kinder in dieser Krise zu betreuen.

Nun sind die beiden fast flügge und mein Bruder ist wieder in einer glücklichen Beziehung.

Ich kann mich nun, sicher auch mit einem weinenden Auge, lösen und mich wieder auf meinen eigenen Weg konzentrieren. Neben den vielen spirituellen Ausbildungen, die ich gemacht habe, arbeitete ich immer weiter an mir. In dieser Zeit lernte ich mich fortwährend besser kennen und konnte mich von vielen Blockaden und alten Themen befreien.

Doch es stellte sich jetzt die Frage, was ich nun tun möchte. Es war offensichtlich, dass das, was ich jahrelang sehr gut gemacht hatte, nicht mehr sein soll.

Da kam der Impuls, einmal all das Wissen und meine persönliche Entwicklung, aufzuschreiben. Ich schrieb neue Gedichte und die alten fügten sich wunderbar in die Texte ein. Beim Schreiben sind mir viele Erlebnisse wieder eingefallen, und ich konnte erkennen, was ich alles schon gelernt, erlebt und geschafft habe und wie viele Menschen ich begleitet habe. Eine tiefe Dankbarkeit steigt deshalb in mir auf.

Wie du mit dem Buch arbeiten kannst:

Dieses Buch soll Mut machen. Es zeigt, dass man sich verändern kann und durch innere Arbeit viele neue Erfahrungen gemacht werden können. Du kannst mit diesem Buch lernen, meditieren oder einfach nur träumen. Das, was du gerade brauchst, wenn du es in der Hand hast. Du wirst wahrscheinlich immer nur einzelne Abschnitte lesen oder es immer wieder in die Hand nehmen, um dir vielleicht eine Übung rauszusuchen. Das Buch ist für diese Auswahl in verschiedene Abschnitte und Schriften aufgeteilt. Vorab gibt es etwas Theorie, diese Bereiche sind eher etwas trocken, aber zum Verstehen der verschiedenen Techniken und der Übungen sicher sinnvoll zu wissen.

Dann folgen zu jedem Chakra Meditationen, Themen, Geschichten aus meinem Leben, Theta Downloads und Affirmationen. Die Affirmationen habe ich aus dem Internet gesammelt, die Thetadownloads habe ich in meinen Meditationen erhalten.

In jedem Chakra findest du eine Übung, die sich immer wiederholt. Es handelt sich hierbei um eine Feuermeditation, in der du die Themen aus dem entsprechenden Chakra verbrennen und auflösen kannst.

Du kannst in einem einzelnen Chakren-Kapitel etwas nachlesen oder das Buch Chakra für Chakra durchgehen. Die verschiedenen Schriftarten signalisieren die unterschiedlichen Themen: Informationen, Meditationen, eigene Erfahrungen sind immer anders gekennzeichnet.

Du findest in jedem Kapitel meine Gedanken, einige Geschichten und Vorschläge für Meditationen oder Übungen zu diesem Chakra. Diese kannst du allein oder in einer Gruppe ausprobieren. Es gibt zu jedem Chakra eine Sammlung von Affirmationen, von denen du dir eine auswählen kannst, um sie täglich zur eigenen Stärkung zu nutzen.

Die Theta Downloads kannst du auch in deine Meditation einbauen oder sie dir selbst oder von einem Therapeuten „herunterladen". (Herunterladen ist eine Methode des ThetaHealing)

Am Ende findest du eine große Meditation für alle Chakren, in der alle Themen noch einmal zusammengefasst worden sind.

Am besten sprichst du dir diese auf dein Handy und hörst sie dann ab, oder lässt dich in einer Gruppe in diese Meditation führen.

Experimentiere mit all den Übungen, die du hier findest, und lass sie zu deinen eigenen werden.

Vielleicht schreibst du auch einfach eine Art „Tagebuch" über all das, was dir an Eingebungen kommt. Ich wünsche dir viel Spaß und wünsche mir von Herzen, dass du auch wundervolle Erfahrungen und Entwicklungen mit den Übungen machen wirst.

Die Liebe in meinem Herzen

Die Liebe in meinem Herzen.

Ich bin dankbar für die Liebe in meinem Herzen.
Fülle im Herzen…
Ein Herz in Fülle… Herzensenergie
Ich bin dankbar für die Liebe in meinem Herzen
.

Ich bin dankbar für die Liebe in meinem Herzen.
Dankbarkeit im Herzen…
Ein Herz in Dankbarkeit… Herzensenergie
Ich bin dankbar für die Liebe in meinem Herzen.

Ich bin dankbar für die Liebe in meinem Herzen.
Freiheit im Herzen …
Ein freies Herz …Herzensenergie
Ich bin dankbar für die Liebe in meinem Herzen.

Ich bin dankbar für die Liebe in meinem Herzen.
Licht im Herzen …
Ein Herz voller Licht…Herzensenergie
Ich bin dankbar für die Liebe in meinem Herzen

Ich bin dankbar für die Liebe in meinem Herzen.
Liebe im Herzen…
Ein Herz aus Liebe… Herzensenergie
Ich bin dankbar für die Liebe in meinem Herzen.

R-M-T, was ist das?

R-M-T ist eine Abkürzung für die Kombination von verschiedenen spirituellen Heiltechniken, mit denen ich meine eigenen Persönlichkeitsentwicklung vorangetrieben habe. Diese Abkürzung hat mir meine Freundin Susanne unbewusst geschenkt.

Ich bat sie mich bei einer Inhaltsangabe für einen Vortrag zu unterstützen, in unserem Gespräch sprach sie eher beiläufig von R-M-T. Hierbei handelt sich um die Techniken Reiki, Meditation und ThetaHealing, die im Einklang zusammenarbeiten.

Diese Abkürzung ging mir nicht mehr aus dem Kopf. Als ich mich hingesetzt und angefangen habe dieses Buch zu schreiben, war es mir plötzlich klar. Diese Abkürzung beschreibt meine Arbeit, über die ich reden und schreiben möchte

Den Namen Dreiklang hat meine Seelenschwester Carolin vom Schöpfer erhalten.

Nach einer gemeinsamen Sitzung zu einem ihrer Themen, sprachen wir dann in einem immer noch anhaltenden Meditationszustand über unsere Zukunftspläne und -wünsche. Sie wusste, dass ich dieses Buch begonnen hatte, und ich erzählte ihr von meiner Idee. Meine Lieblingstechniken wollte ich in diesem Buch zusammenführen, ich hatte für mich vor allem mit Hilfe von drei Techniken innere Heilung erfahren. Sie strahlte mich an und sagte ...Dreiklang, ich höre immer wieder Dreiklang...und sie sagte: die drei ist eine Heilige Zahl...

Die Zahl Drei habe ich habe am nächsten Tag mal gegoogelt. Folgende Artikel bzw. Beschreibung habe ich dazu gefunden.

„Seit jeher gilt die Zahl Drei als Zeichen für etwas Ganzes, Vollkommenes – etwas, dem nichts mehr hinzugefügt werden muss: Die Welt besteht aus Himmel, Erde und Meer, auf drei Beinen kann etwas Gebautes selbstständig stehen, drei

Menschen bilden die Grundform einer Familie und drei Richter können eine Mehrheit finden.

Kein Wunder also, dass diese Zahl in Religionen und Kulturen weltweit eine Sonderstellung einnimmt. Das Christentum kennt die Dreieinigkeit aus Vater, Sohn und Heiligem Geist, der Buddhismus die „drei Juwelen" Buddha, Dharma und Sangha. In der antiken Mythologie trifft man ebenfalls auf zahlreiche Dreierkombinationen wie die drei Furien oder den dreiköpfigen Hund Zerberus. Auch im spirituellen und esoterischen Bereich ist die Zahl interessant: Die Alchemie beispielsweise nennt die drei Elemente Schwefel, Quecksilber und Salz als Zutaten für den Stein der Weisen.

Eines der bekanntesten Symbole, mit denen die Drei bildlich dargestellt wird, ist die Triskele der alten Kelten. Sie setzt sich aus drei Formen zusammen, meist offenen Spiralen. Was sie ursprünglich einmal bedeutete, lässt sich nicht zweifelsfrei sagen. Man vermutet, dass sie die Sonne symbolisieren sollte. Bis heute ist die Triskele in der Spiritualität sehr beliebt und kann auf verschiedene Weisen gedeutet werden:

- Geburt, Leben und Tod
- Körper, Geist und Seele
- die keltischen Elemente Erde, Wasser und Luft
- Vergangenheit, Gegenwart und Zukunft
- Mutter, Vater und Kind
- Jugend, Reife und Alter
- Gottvater, Sohn und Heiliger Geist "

Quelle Questico

Diese oben beschriebenen Aussagen passen für mich wunderbar. Ich empfinde, dass ich über meine Arbeiten genau das erfahren konnte. Durch das Zusammenführen von verschiedensten spirituellen Techniken kann „Ganzheit

/Einheit" entstehen. In mir und in einem Menschen, der den Wunsch hat und bereit ist, sich zu verändern. Die drei Methoden, die ich später noch ausführlich beschreiben werde, arbeiten einfach super im Einklang miteinander. Ich bin davon überzeugt, mit einem wachen und für verschiedene Ansätze offenen Therapeuten, dem Zusammenspiel verschiedener Methoden und der Bereitschaft des Menschen, wirklich hinzuschauen und etwas zu verändern zu wollen, ist unvorstellbares möglich. Meiner Meinung nach sind diese beschriebenen Voraussetzungen erforderlich, um wirklich tiefgehende Veränderungen zu schaffen. Aus eigener Erfahrung kann ich sagen, „wahrhaftig" die Verantwortung für sich zu übernehmen, ist eine der schwierigsten Aufgaben. Denn unsere eingefahrenen Gewohnheiten sind wie die Rillen in einer Schallplatte. In diese gewohnten Rillen fallen wir gerne wieder zurück, wenn etwas schwierig oder unbekannt ist. Auch wenn wir spüren, es tut uns nicht gut, wissen wir, wie es dort ist. Wir wissen genau wie es sich in den eingefahrenen Verhalten also den Rillen der Schallplatte anfühlt und mit dem auch eigentlichen Unliebsamem umzugehen. Das neue ist unbekannt und nicht eingespielt. Deshalb ist es wichtig die Übungen über einen längeren Zeitraum durchzuführen damit sich „neue Rillen einer neuen Schallplatte" also andere Verhaltensweisen bilden können, die wir dann auch in Krisenzeiten nutzen könnten.

Ich führe jetzt über 20 Jahre Energiearbeit, zeitweilig mit Menschen, zeitweilig nur für mich allein, durch.

In einer medialen Sitzung bekam ich die Botschaft, „heile dich selbst, dann kannst du andere heilen". Ein bekannter Spruch mit dem ich damals gar nicht so viel anfangen konnte. Aber innerlich spürte ich, dass ich glücklich sein will und war bereit viel dafür zu tun. Dass ich dabei dieser Botschaft folgte, erkannte ich erst viel später. Zuerst ging es um mich, ein erster Akt der Selbstliebe, mit der ich jahrelang große Schwierigkeiten hatte und doch hier schon unbewusst dieses Thema angegangen bin.

Es ist mein Wunsch, Menschen zu zeigen, was sie alles für sich selbst tun können, damit es ihnen besser und gut geht. Vor kurzem war ich noch bei meiner Thetalehrerin zu einer Sitzung. Für mich ist es hilfreich, wenn ab und zu mal auch jemand anderes mit mir arbeitet und mit auf meine Themen schaut. Nach kurzer Zeit brach sie die Sitzung ab und sagte, es gäbe im Moment nichts zu tun, alles wäre gut. Das hätte sie noch nie erlebt…

Genauso fühle ich mich gerade! Sicher triggert mich nochmal, dass ein oder andere Thema. Aber dass was mich belastet, bemerke ich viel schneller. Ich nutze dann meine Übungen und schaue es mir an, damit es dann gehen kann. Die Gefühle, die durch das Thema entstanden sind, können nicht mehr so an den Chakren andocken und ihren harmonischen Fluss einschränken oder blockieren.

Ich danke den verschiedenen Menschen, die für mich da waren und heute da sind und mit denen ich meine Probleme teilen kann. Auch sie unterstützen mich meine Themen schneller aufarbeiten zu können.

Auf meinem Weg habe ich gelernt, dass es wichtig und vollkommen in Ordnung ist, wenn man allein nicht weiterkommt, immer wieder um Hilfe zu bitten. Vieles muss man allein bearbeiten, aber mancher Impuls von außen unterstützt in der Sicht auf die Situation ungemein. Um Hilfe zu bitten, fiel mir am Anfang schwer, nun kann ich es jetzt sehr viel besser. Wenn mich etwas triggert, spreche ich viel schneller darüber, so dass es sich nicht als Blockade in mir und in meiner Realität festsetzen kann.

Aus meiner Erfahrung weiß ich, um die Notwendigkeit konsequent und regelmäßig mit den Techniken zu arbeiten und eine Verbindung zu suchen. Das Schöne ist, dass sich auch hier ein „Übungseffekt" einstellt. Nach einiger Zeit benötigst du nicht mehr als 10 -15 Minuten um in einen veränderten, bewussten und achtsameren Zustand zu gelangen und diesen auch in deinem Alltag länger zu erhalten.

Natürlich ist es wichtig zu erwähnen, dass alle hier beschriebenen Techniken und Übungen sich als Ergänzung zur Schulmedizin verstehen, immer in Verbindung zur konventionellen Medizin eingesetzt werden sollen. Auf der einen Seite kann man sehr schön mit diesen Techniken präventiv arbeiten, auf der anderen Seite kann man die schulmedizinischen Maßnahmen bei der Heilung unterstützen.

Ich würde mich freuen, wenn ich auch durch dieses Buch, aber auch durch mein Sein und meine Arbeit immer mehr Menschen erreichen könnte, immer mehr präventiv zu arbeiten. Sie würden dadurch regelmäßig ihre Selbstheilungskräfte aktivieren und könnten sich ein Wohlgefühl erarbeiten.

Aufbruch

Aufbruch

Stell dir einmal vor, du bist auf einem Weg.
Du stehst vor einer Abzweigung und musst dich entscheiden.
Du siehst 2 Wege, der eine ist, dir bekannt, der andere ist dir unbekannt.
Den einen bist du schon viele Male gegangen, den anderen bist du noch nicht gegangen.

Stell dir einmal vor, du bist auf einem Weg.
Du stehst vor einer Abzweigung, siehst 2 Wege vor dir und musst dich entscheiden.

Der eine den du schon oft gegangen bist, ist der Weg der Gewohnheit, der andere neue ist der Weg ins Unbekannte. Es wäre ein Abenteuer.

Stell dir einmal vor, du bist auf einem Weg.
Du stehst vor einer Abzweigung, siehst 2 Wege vor dir und musst dich entscheiden.

Der eine, den du schon oft gegangen bist, ist der Weg auf dem dir bekannte Situationen und Ereignisse begegnen, auf dem anderen neuen weißt du nicht was dich erwartete. Es wäre ein Abenteuer.

Stell dir einmal vor, du bist auf einem Weg.
Du stehst vor einer Abzweigung, siehst 2 Wege vor dir und musst dich entscheiden.

Der eine, den du schon oft gegangen bist, ist der Weg deiner alten Gedanken und Erfahrungen, bei dem anderen neuen weißt du nicht was dich erwartet. Es wäre ein Abenteuer.

Stell dir einmal vor, du bist auf einem Weg.
Du stehst vor einer Abzweigung, siehst 2 Wege vor dir und musst dich entscheiden.

Der eine, den du schon oft gegangen bist, ist der Weg der Vergangenheit, der andere neue ist der Weg in die Zukunft, von der du noch nicht weißt, was dich erwartet. Es wäre ein Abenteuer.

Stell dir einmal vor, du bist auf einem Weg.

Du stehst vor einer Abzweigung, siehst 2 Wege vor dir und musst dich entscheiden. Es ist nun an der Zeit sich für einen Weg zu entscheiden und aufzubrechen. Und nun entscheide dich für einen Weg und gehe los...

Aufbruch

Aufbrechen und etwas Neues wagen. Vielleicht ein neues Leben entdecken. Kraft, Zufriedenheit, Glück…dies kann man finden, wenn man es wagt: Neue Wege gehen, alte Themen auflösen, vergeben, Verantwortung übernehmen, Gedankenkontrolle, Perspektivwechsel…, verrückt denkt vielleicht jetzt der ein oder andere.

Meine erste Reiki Behandlung habe ich auf meiner Suche nach Liebe vor über 20 Jahren erhalten. Ich erinnere mich, dass ich nach dieser Sitzung sehr entspannt war, aber ich hatte das Gefühl, nicht mehr ganz im Lot zu sein, es hatte sich in mir etwas „ver-rückt". Ja mit den verschiedenen Übungen, die in diesem Buch beschrieben werden, „ver-rückt" man seine Sicht auf das Leben, auf die Menschen und auf die Ereignisse im Leben. Aber auch der Körper erhält neue Impulse und kann sich regenerieren. Dieses Buch beschreibt neben der Möglichkeit einer Persönlichkeitsentwicklung und -entfaltung mit Hilfe von R-M-T auch die Geschichte meiner persönlichen Suche nach Liebe. Jetzt in der Rückschau freue ich mich darüber, dass die Liebe im Sturm des Lebens, den wir alle ja immer wieder erleben, Stand gehalten hat. Ich erzähle von meiner Geschichte und der Vielfalt an wundervollen Begegnungen und Erlebnissen, die ich auf diesem Weg erfuhr. Im Rückblick bin ich s erstaunt und verwundert, wie viele Menschen ich auf ihrem Weg begleitet habe. Da in den letzten Jahren meine Familie und meine eigene Heilung im Mittelpunkt meines Lebens standen, waren doch zahlreiche Erlebnisse in Vergessenheit geraten. Es ist noch nicht lange her, da zweifelte ich daran, dass ich meinen Klienten wirklich etwas geben kann. Mir war zu diesem Zeitpunkt nicht mehr bewusst, wie viele Menschen ich schon begleitet habe und sie mit meiner Unterstützung ein verbessertes Leben führen. Meine Arbeit wird sich verändern, mal sehen, was sich auf meinem weiteren Weg alles zeigen wird.

Meine Geschichte und dieses Buch handeln von Liebe, Wandel, Vertrauen, Glauben und dem Leben selbst. Es beschreibt, wie ich über R-M-T auf den Weg in meine eigene Kraft und zum inneren Licht gekommen bin. Eine „normale" Geschichte, wie sie sicher viele andere Menschen auch erlebt haben. Manche Schicksale anderer sind sicher schlimmer als meine. Doch mein Reiki-Lehrer sagte immer, wir sind alle Lernende, wir und unsere Teilnehmer. Wir sind aufeinandergetroffen und arbeiten gemeinsam an unseren Themen. Der Lehrer hat sich jedoch bereit erklärt, sich in die Mitte des gemeinsamen. Kreises zu stellen, um über diese Themen zu sprechen

Wer bin ich?

Ich bin eine Frau, 57 Jahre alt und ich habe im Laufe meines Lebens vieles erlebt und gelernt. Vor vielen Jahren bin ich aufgebrochen, um die Liebe zu finden. Vor dieser Suche war ich sehr unsicher, verängstigt und frustriert. Durch einige Misserfolge und viele Selbstzweifel gelangte ich an einem Punkt, an dem ich nicht mehr an das Leben und das Glück für mich glaubte. Viele Menschen habe ich unterstützt, meine Mutter und meinen Vater im Sterben, meinen Bruder mit seinen zwei kleinen Kindern nach der Trennung von seiner Frau, meinem Reiki Lehrer mit dem Erstellen seines Buches und viele andere. Unterstützung ist ein Teil meiner Bestimmung, doch zu diesem Zeitpunkt wusste ich das noch nicht. Ich war frustriert und glaubte nicht mehr an mein Glück. Ich fühlte mich benutzt und missbraucht.

Auf Grund verschiedener Erlebnisse und auch „Fehlinterpretationen" als Kind hatte ich vor allem Angst, vor allem vor Menschen. Ich bin sehr sensitiv und sensibel und hatte lange das Gefühl, keiner versteht mich. Ich vertraute weder dem Leben noch einer höhergestellten Instanz. Für alle anderen glaubte ich, dass das Leben viel bereithält und dass sie beschützt sind. Für mich aber galt das aber nicht.

Daraus entwickelte sich ein „Ich bin nichts". Dieser Glaubenssatz, den ich tief in meinem Inneren angenommen hatte, bestätigte sich dann natürlich auch immer wieder in Erfahrungen im Außen. Heute weiß ich, dass es sich um das Gesetz der Anziehung handelte. Was ich im Inneren denke, spiegelt sich im Außen wider und ziehe ich auch an. Einige Situationen habe ich auch aus meiner inneren sehr negativen Perspektive entsprechend interpretiert. Da ich all dies nicht verstanden habe, suchte ich natürlich immer im Außen die

Lösung. Ständige Vergleiche mit den anderen ließen mich, mich selbst immer mehr verlieren.

Doch gab es einen Impuls zum Aufbrechen, den ich nutzte, und der mich dazu brachte, loszugehen und nochmal nach Liebe und meinem Glück zu suchen.

Ich wurde Reiki und Meditationslehrerin, spirituelle Lebensberaterin, psychologische Beraterin und Theta Heilerin. Durch den Kontakt mit Reiki und den folgenden Ausbildungen musste ich mich immer wieder öffnen, mich meinen Themen stellen und auch immer wieder auf Begegnungen mit fremden Menschen einlassen. Ein langer Weg, auf dem ich erkennen durfte, dass „Ich wer bin". Ich bin Ich und gut so wie ich bin.

Auf diesem Weg fand ich mich selbst, Liebe und Glück, lernte viele Menschen und Techniken kennen und konnte mein R-M-T entwickeln. Dieser Aufbruch hat mein Leben um hundert Grad gedreht und ich bin sehr gespannt, was noch kommen wird. Ich habe die Liebe mehrfach gefunden. Zu und in mir selbst, in und zu anderen Menschen –

Im Laufe dieser Zeit habe ich viel erlebt, ich bin von vielen Stürmen geschüttelt worden und doch wurde in mir die Liebe immer stärker. Ich habe geliebt und ich habe verletzt. Oft ging es um Achtsamkeit, Verlust, Angst, Verletzung und Trennung, um Vergebung und Neubeginn. Alles Lernaufgaben, wenn ich jetzt so zurückschaue. Das Leben halt.

Trotz der vielen Erlebnisse und Enttäuschungen entdeckte ich in mir eine tiefe Liebe. Sie war von vielen Scherben fast verschüttet worden, doch ein Funken hatte die ganz Zeit in mir überlebt.

Ich bin mir sicher, dass das bei jedem Menschen, der in einer Krise steckt, so ist. Ein Funke der Liebe, der in jedem von uns immer weiterlebt und darauf wartet, gefunden und entfacht zu werden. Diesen Funken zu finden, ist für mich die wichtigste Aufgabe, um heilen zu können. Der Wunsch, Liebe endlich frei zu leben, war in mir so stark, dass ich meinen eigenen Weg sehr konsequent gegangen bin. Gelernt habe ich vieles auf diesem Weg. Meine größte Erkenntnis ist, dass ich Liebe nicht suchen musste, sondern sie immer in mir war und ist. Immer und unbegrenzt. Wenn ich Liebe frei und bedingungslos lebe, kommt sie als ein Vielfaches zu mir zurück, war eine weitere wunderschöne Erkenntnis. Dieses Gefühl ist so wunderbar. Oft dachte ich, dass meine Liebe immer wieder verletzt worden ist. Auf diesem Weg erkannte ich, dass wenn ich mich auf die Selbstliebe konzentriere und das Gefühl der Liebe ohne Erwartungen leben kann, dann erfüllt sich dieses Gesetz. Liebe kommt um ein Vielfaches zurück.

Die Angst davor verletzt zu werden oder die Erwartungen, wie ich glaubte, dass Liebe zurückkommen soll, hat mich immer wieder blockiert. All das hat den freien Fluss gehemmt und mir das Leben schwer gemacht. Manchmal passiert mir das auch noch heute und ich habe Erwartungen oder Ängste. Diese erkenne ich aber viel früher und kann durch Meditation, ThetaHealing oder auch Gedankenkontrolle diesen negativen Zustand viel schneller verändern.

Viele Themen und Blockaden musste ich mir in meiner Entwicklung anschauen, heute weiß ich, dass sie für mich wichtig und Lernaufgaben waren. Zahlreiche Menschen habe ich auf diesem Weg getroffen und wurde von ihnen unterstützt und begleitet. Dafür bin ich sehr dankbar. Unendlich stolz bin ich aber auf mich. Stolz darauf, dass ich mich dem gestellt, vieles allein gelöst habe und mir selbst immer nähergekommen bin. Ich habe erfolgreich an mir gearbeitet und werde es weiter tun.

Ich bin sicher, dass eine Kombination vor allem der Techniken des R-M-T, die sich auf diesem Weg für mich gezeigt und entwickelt haben und die ich für mich täglich durchführe, mich so weit gebracht haben.

Veränderung

Veränderung

Leben bedeutet Veränderung
Du kannst die Veränderungen in deinem Leben nicht kontrollieren.
Du kannst das Leben nicht kontrollieren.
Entwickele Vertrauen zum Leben

Leben bedeutet Veränderung
Veränderung ist der Fluss des Lebens.
Auch ein Fluss lässt sich nicht in seinem Fließen blockieren.

Blockiere nicht die Veränderungen in deinem Leben.
Blockiere nicht dein Leben.
Entwickele Vertrauen zum Leben.

Leben bedeutet Veränderung
Veränderungen erscheinen im ersten Augenblick nicht immer wünschenswert.
Entdecke eine Kraft in dir, die dich in deinem Leben unterstützt.
Entdecke die Menschen in deinem Leben, die dich begleiten.
Du wirst immer begleitet,
schau einmal genau hin
Du erhältst immer Hilfe,
schau einmal genau hin.
Entwickele Vertrauen zum Leben.

Leben bedeutet Veränderung
Du kannst die Veränderungen in deinem Leben nicht kontrollieren.

Du kannst das Leben nicht kontrollieren.

Entwickele Vertrauen zum Leben
Entwickele Vertrauen zu dir selbst.
Vertrau deinen Gedanken.
Vertrau deinen Handlungen.
Vertrau deinen Entscheidungen.
Vertrau deinen Gefühlen.
Vertrau darauf, dass sich all deine Verletzungen und Erlebnisse
zu wertvollen Erfahrungen entwickeln

Entwickele Selbstvertrauen,
Das Leben ist nicht getrennt von dir. Du bist das Leben.

Persönlichkeitsentwicklung im Dreiklang

Chakren Arbeit mit R-M-T

Etwas Neues?
Nein, es gibt viele Methoden, Übungen und Techniken, mit denen man seine Chakren harmonisieren, stärken und in den Fluss bringen kann. R-M-T ist eine Kombination aus althergebrachten Techniken, die ich alle erlernt habe und in diesem Buch zusammen-führen und -fügen möchte. Es gibt viele Bücher über Chakren. Mit meiner Arbeit versuche ich einmal anders auf diese zu schauen und werde dir Möglichkeiten einer Chakren Arbeit mit R-M-T aufzeigen. Chakren sind die Energiezentren in unserem Körper. Wenn diese harmonisch allein aber auch miteinander arbeiten, fühlt sich der Mensch wohl und ist ausgeglichen. Aber dazu später mehr.

Was sind Chakren?

Jetzt kommt erstmal noch ein kurzer theoretischer Teil zu den Chakren. Viele Fakten zähle ich hier auf. Wenn du die Aufgaben und Bedeutung von Chakren kennst, wird dir bewusst, warum es so wichtig ist, die in den Chakren angesiedelte Blockaden zu finden, aufzulösen und durch Energiearbeit zu stärken. Erst wenn sich ein Mensch wohl, gesund und vital fühlt, kann er sein gesamtes Potential entfalten und leben-erst dann kann sich seine Persönlichkeit voll entfalten. Dies erreichst du, wenn du dich konsequent immer wieder um deine Chakren kümmerst.
Die gesamte Welt ist erfüllt von Energie. Im Universum gibt es keinen Mangel an Energie. Alles ist in Schwingung. Diese Energie umgibt, durchfließt, versorgt und nährt uns.
Als Lebewesen sind wir empfänglich für diese uns umgebende Energie. sie ist unsere Existenz, mit ihr und von ihr leben wir.
Über die Chakren, einem System von Energiekanälen, nimmt

der Mensch die ihn umgebende Energie auf und verteilt sie harmonisch in seinem Körper und seinem Geist.
In Indien nennt man diese Energie Prana. Es handelt sich um die Lebensenergie, die uns andauernd versorgt. Wir nehmen sie in jeder Sekunde unseres Lebens in uns auf.
Chakren sind feinstoffliche Energiewirbel, die sich sowohl im Körper wie auch außerhalb des Körpers befinden.
Die Chakren ziehen durch ihre trichterförmigen Bewegungen die feinstoffliche Energie, die uns umgibt, in den Körper hinein.
Die meisten Lehren gehen davon aus, dass wir 7 Haupt-Chakren haben, die nachher beschrieben werden und in diesem Buch im Mittelpunkt stehen.
Welche Aufgaben haben die Chakren?

Die Chakren nehmen aus dem feinstofflichen Körper (unserer Aura), der Natur und aus der Umgebung Lebensenergie auf und führen sie unserem physischen Körper zu.
Die aufgenommene Energie wird umgewandelt, so dass sie vom Körper genutzt und sich weiterentwickeln kann. Sehr häufig wird sie dann als ein Gefühl, als ein Gedanke oder als eine physische Empfindung wahrgenommen.
Jeder Mensch besitzt sein eigenes individuelles Energiesystem.
Die Chakren sind der wichtigste Bestandteil dieses Systems.
Sie stellen eine Verbindung zwischen dem Körper und dem Astralkörper des Menschen dar. Beim Astralkörper handelt es sich um eine unsichtbare Hülle, die den Körper umgibt.
Oft blockieren wir diese Energiezentren durch Ängste und negativen Emotionen. Aber auch andere Faktoren wie Stress, Traumata, Umwelteinflüsse, beeinflussen die Chakren, so dass es sinnvoll und immer wieder wichtig ist, mit ihnen zu arbeiten.
Sie müssen geöffnet und harmonisiert werden, um die ständig fließende Energie aufnehmen zu können.

Wo befinden sich die Chakren?

Die 7 Haupt Chakren laufen entlang der Wirbelsäule. Hier verläuft auch die Energiebahn, die die Chakren miteinander verbindet und die die aufgenommene Energie verteilt. Jedes Chakra versorgt einen bestimmten Bereich des Körpers. Die einzelnen Chakren sind auch miteinander verbunden.

Einen großen Einfluss auf unseren Körper, d.h. auf unsere Organe, Emotionen und unsere Psyche hat der Zustand des Chakren System. Je mehr und freier Energie fließen kann, umso lebendiger fühlen wir uns.

Jedes Erlebnis, vor allem aber traumatische, können dazu führen, dass bestimmte Bereiche in den Chakren und dem Körper nicht mehr ausreichend mit Energie versorgt werden. Es entstehen gestörte oder blockierte Chakren. Diese können sowohl physische als auch psychische Auswirkungen haben.

Wie schon beschrieben versorgt jedes der 7 Haupt Chakren einen bestimmten Bereich im Körper aber auch einen bestimmten Lebensbereich. Sie haben also einen großen Einfluss auf unseren Körper, unsere Seele und unseren Geist. Die Chakren zeigen uns an wo es Unter –bzw. Überfunktionen gibt und wo man Blockaden für die eigene Entwicklung findet. Über den Zustand deiner Chakren kannst du den eigenen Zustand deines Bewusstseins und der Entwicklung deiner Spiritualität erkennen. Wenn sie in einem ausgeglichenen, ausgewogenen und harmonischen Verhältnis miteinander schwingen und gleichmäßig geöffnet sind, dann geht es dir gut.

Mit Hilfe von Chakra -Therapie, Meditation, Reiki und Theta-Arbeit können wir Einfluss auf unser Chakren System nehmen. So lassen sich einzelne Chakren aktivieren, öffnen, reinigen und heilen. Durch diese Arbeit fördern wir unsere persönliche Entwicklung und unsere spirituellen Lernprozesse und können aktiv Einfluss auf unseren Bewusstseinszustand nehmen.

Chakren-Arbeit

Chakrenarbeit mit einer Blütenmeditation und Farben

Schließe deine Augen und stell dir einmal vor, deine Chakren sehen wie farbige Blüten aus. Wandere in Gedanken einmal von unten nach oben und schau einmal das in ihnen Blütenknospen zu finden sind. Wurzelchakra, Sakral Chakra, Solarplexus Chakra, Herzchakra, Kehl Chakra, Stirn Chakra und zuletzt das Kronenchakra.

Konzentriere dich einmal auf das Wurzelchakra. Es befindet sich an der Basis der Wirbelsäule, im Genitalbereich. Stell dir in diesen Bereich eine kleine Blütenknospe vor. Du schickst gedanklich Licht in diese Knospe und siehst, wie sich aus dieser Blütenknospe eine feuerrote Blüte entwickelt.

Nun stelle dir das Sakral Chakra, dem unteren Bauchbereich wieder eine kleine Knospe vor. Schicke Licht in diese Knospe und sieh, wie sich hier eine strahlende, orangefarbene Blüte entfaltet.

Das Solar-Plexus Chakra, im oberen Bauchbereich liegend, fühlt sich warm an. Auch hier siehst du eine Blütenknospe. Konzentriere dich auf das Licht und sieh sie wie zu einer sonnig gelben Blüte aufgeht.

Im Herzchakra entsteht aus der Knospe langsam eine Blüte, die in der Mitte rosa aufleuchtet und von grünen Blütenblättern umrahmt ist.

Nimm nun in deinem Halschakra die Knospe wahr. Stelle dir vor, wie das Licht in diesen Bereich einfließt und eine helle, türkisfarbene Blüte wächst.

Nun richte deine Aufmerksamkeit auf die Stirn, dabei stelle dir vor, wie die Blütenknospe im Stirn Chakra zu einer duftig frischen blauen Blüte wird.

Nun spüre dein Scheitel Chakra und sehe, wie sich dort aus der Blütenknospe eine hoch nach oben gerichtete violette Lichtblüte entwickelt.

Und nun geh in deiner Vorstellung alle Chakren von oben nach unten nochmals durch und stell dir dabei vor, dass sich jede Blüte wieder zur Knospe schließt.

Diese Meditation zeigt eine, von vielen Möglichkeiten, wie man mit den Chakren arbeiten kann. Die Sprache der Seele ist nicht wie vermutet Worte, sondern Bilder. Wenn es uns gelingt Bilder im Kopf entstehen zu lassen, sind wir frei von anderen Gedanken. Botschaften der Seele erhalten wir häufig über Bilder in der Meditation. Deshalb sind meine Meditationen und Texte auch so konzipiert, dass die Teilnehmer über meine Bilder Kontakt zu ihren eigenen inneren Bildern finden und ihre eigenen Botschaften empfangen können. Den Chakren sind bestimmte Farben zugeordnet. Über die Blütenbilder und die entsprechenden Farben kannst du in dieser Übung auf eine wunderbare Weise deine Chakren harmonisieren.

Chakra ist ein Sanskrit, eine verbreitete alte Sprache im Buddhismus und Hinduismus, und bedeutet: Rad, Kreis oder Diskus. Die einzelnen Chakren befinden sich in ständigen Kreisbewegungen. Dadurch wird die Energie ins Innere der Chakren hineingezogen.
Auf Grund der Geschwindigkeit der Drehung schwingt jedes Chakra in einer eigenen Farbe. Die unteren Chakren schwingen langsamer als die oberen. Hier finden wir unsere Grundbedürfnisse und Emotionen wieder. Die oberen Chakren schwingen höher, sie entsprechen unseren spirituellen Fähigkeiten.
Es gibt sieben Haupt -Chakren und ihre entsprechenden Farben:

1. Chakra – Wurzel- oder Basis Chakra– rot
2. Chakra – Sakral Chakra,– orange
3. Chakra – Solarplexus Chakra– gelb
4. Chakra – Herz-Chakra - grün
5. Chakra – Halschakra, Kehlkopfbereich – blau
6. Chakra – Stirn Chakra,– dunkelblau/ indigo
7. Chakra – Kronenchakra,) – weiß, violett, gold

Die Chakren befinden sich an den Stellen, an denen sich besonders viele Energie-Bahnen (Meridiane) überschneiden. Über diese Meridiane wird die Energie in und durch unseren Körper geleitet. Folgende Wirkungen haben die Farben auf den Menschen.

1. Chakra – rot:
Rot schenkt extra Energie, stimuliert unsere Emotionen und fördert die Verdauung. Durch die Arbeit mit dem Wurzelchakra und der Farbe wird der Kontakt mit der Erde und mit unserem Lebensraum erneuert.

2. Chakra – orange:
Orange wirkt wärmend und energetisierend. Orange ist die Farbe der Freude und Behaglichkeit.

3. Chakra – gelb:
Gelb stimuliert mentale Aktivität sowie das Selbstvertrauen. Es hilft sehr gut beim Lernen, weil es wachsam macht.

4. Chakra – grün /rosa:
Grün wirkt ausgleichend und harmonisierend. Es aktiviert Gefühle von Liebe, Toleranz und Verständnis.

5. Chakra – blau:
Blau ist besänftigend, entspannend und heilend. Blau ist auch Farbe der Kommunikation.

6. Chakra – indigo:
Die Wirkung von Indigo ist beruhigend und schmerzlindernd. Sie hilft uns, der eigenen Intuition zu vertrauen. Es ist die Farbe höheren Wissens und der Weisheit.

7. Chakra – Violett:
Violett hat eine beruhigende Wirkung auf Körper und Geist –

Die Farbe Weiß ist in allem Chakra aktiv und repräsentiert Klarheit und Reinheit.

Neben der Blütenmeditation kannst du dir auch sehr gut in den Chakren entsprechend farbige Lichtkugeln vorstellen, die an der passenden Stelle leuchten.
…Du konzentrierst dich so lange auf eine einzelne Kugel, bis sie voll leuchtet. Du beginnst im Wurzelchakra und wanderst langsam die Chakren nach oben …Du kannst aber auch dich auf ein Chakra und eine Kugel konzentrieren, wenn du nur dieses stärken willst-

Die Hauptthemen der Chakren und ihre Probleme
(Eine kurze Zusammenfassung)

Wenn unsere Chakren frei sind, funktionieren sie ohne Probleme und versorgen unseren gesamten Körper mit Energie aus den Bereichen, mit denen sie verbunden sind. Probleme treten erst dann auf, wenn Blockaden die Chakren verstopfen. Es kommt dann häufig auch in den Energiemeridianen zu einem gehemmten oder unterbrochenem Energiefluss. Diese immer von uns selbst geschaffenen Blockaden, meist durch traumatische Erlebnisse, die mit heftigen Emotionen verbunden sind, betreffen oft mehrere oder alle Chakren, da sie miteinander verbunden sind. Probleme im Denken, Fühlen und Verhalten sowie gesundheitliche Probleme bis hin zu Krankheiten, die sich daraus entwickeln können, verschwinden erst, wenn die Blockaden aufgelöst werden. Sehr häufig tragen wir Probleme über viele Inkarnationen mit uns. Bei Inkarnationen geht man davon aus, dass der Mensch immer wieder neugeboren wird und unverarbeitete Themen aus den vergangenen Leben mitbringt. Hier kann man sehr schön mit den Techniken des ThetaHealing arbeiten, um diese Themen aufzudecken, zu löschen oder aufzulösen.

1.Chakra (Wurzelchakra)

Man findet das Wurzel-Chakra in den Bereich des Beckenboden, am Damm zwischen Anus und Geschlechtsorganen.

Beim Wurzelchakra geht es häufig um die Themen Sicherheit und Überleben in der physischen Welt. Hierbei kann es sich um die Angst handeln, sich und seine Familie nicht mit dem Lebensnotwendigsten versorgen zu können.

Es kann sich auch zeigen, dass das Gefühl von Sicherheit fehlt. Eine Blockade hier kann sich in dem Glauben einer physischen und psychischen Bedrohung durch die Umwelt zeigen.
Ein weiteres Thema des Wurzelchakras kann die Empfindung sein nirgendwo hinzugehören und sich nirgendwo richtig zuhause zu fühlen.
Die Angst davor, die eigenen Ziele nicht erreichen und die eigenen Bedürfnisse nicht befriedigen zu können, kann dafür verantwortlich sein, dass man sein Chakra verschließt.
Menschen, die das Gefühl haben, völlig auf sich selbst gestellt zu sein, niemanden zu haben, an den man sich um Hilfe wenden könnte, ganz allein auf der Welt zu sein, zeigen Probleme in diesem Chakra.

Folgende körperliche Probleme können Zeichen für Wurzelchakra Thema sein:

Schmerzen im unteren Rücken, Ischias, Krampfadern, Rektalprobleme, auch Tumore und Krebs in diesen Körperteilen

2. Chakra (Sexual Chakra)

Das Sakral Chakra liegt in der Wirbelsäule auf Höhe der Geschlechtsorgane.

Hier geht es um Macht und Kontrolle in der physischen Welt, auch über andere, um Geld, um Sex...
Das Gefühl, sexuell machtlos und ausgeliefert zu sein, z.b. bei sexuellem Missbrauch, aber auch in einer durch Manipulation und Kontrolle bestimmten Beziehung zu leben, zeigt sich hier häufig.
Der Glaube, sexuell nicht anziehend zu sein oder die Abneigung gegen Sexualität ist in diesem Chakra zu finden.
Eine Furcht vor Schwangerschaft und Geburt, bzw. Schuldgefühle, die die Erziehung der eigenen Kinder betreffend können das Sakral Chakra blockieren.
Themen wie ein geringes Selbstwertgefühl durch mangelndes Einkommen, Unbehagen durch das Gefühl von Anderen finanziell abhängig zu sein, Wut darüber, von Anderen manipuliert zu werden, können Einfluss auf das Sakral Chakra haben.
Auch Probleme in Hinsicht jegliche Art von Unehrlichkeit in finanziellen, sexuellen oder anderen zwischenmenschlichen Beziehungen und die Angst vor Armut, die Angst, nie genug zu haben, haben einen negativen Einfluss auf das 2. Chakra.

Auftretende körperliche Probleme können sein:

Alle Frauenleiden, wie Menstruationsbeschwerden, Unfruchtbarkeit, vaginale Infektionen, Zysten am Eierstock, Krebs der weiblichen Geschlechtsorgane,
bei Männern Impotenz, Prostata-Leiden einschließlich -krebs, wobei diese Probleme insbesondere mit dem Verlust finanzieller oder politischer Macht verbunden sind,

bei Männern und Frauen Schmerzen im Becken und unteren Rücken, Herpes und andere „sexuelle" Krankheiten, sexuelle Probleme, Bandscheiben-Verschiebungen, Nieren – und Blasenbeschwerden.

3.Chakra (Solarplexus Chakra)

Der Ort des Solarplexus Chakras ist zwischen Brustbein, Nabel und im Bereich des Solarplexus zu finden.

Persönliche Macht, Furcht vor Ablehnung, Furcht vor der Übermacht anderer, Einschüchterung, mangelndes Selbstwertgefühl, Überlebensinstinkt sind Gründe für ein gestörtes Solarplexus-Chakra. Hier liegen viele Angst- und Wutmuster, die durch einen Mangel an persönlicher Macht ausgelöst werden, tiefe innere Krisen, z.b. die Unfähigkeit, sich selbst und Anderen zu trauen, sind wichtige Themen in diesem Bereich.

Zeichen von Befangenheit und Schüchternheit, die verhindern, dass man Beziehungen aufbaut oder erfolgreiche Situationen schafft, können ein Hinweis auf ein blockiertes Chakra geben.

Die Angst, für sich selbst Verantwortung zu übernehmen und Verantwortung für die eigenen Finanzen, die eigenen Gedanken, Einstellungen und Handlungen, haben einen negativen Einfluss auf das 3. Chakra.

Themen wie Wut, weil man sich vernachlässigt fühlt, das Empfinden, übergangen zu werden, Furcht vor Kritik bzw. das Bedürfnis, andere zu kritisieren, um die eigene Macht zu spüren, Angst vor dem Versagen findet man hier häufig.

Die häufigsten Beschwerden, die durch die oben genannten Muster hervorgerufen werden, sind:

Arthritis, Magengeschwüre und andere Magenleiden, Darm- und Verdauungsprobleme einschließlich Krebs, Entzündung der Bauchspeicheldrüse, Diabetes und Krebs der

Bauchspeicheldrüse, Nierenprobleme (auch im 2. Chakra!), Leberprobleme, z.B. Hepatitis, Gallenblasenbeschwerden, Beschwerden der Adrenalin-produzierenden Drüsen, chronische und akute Magenverstimmung, Magersucht, Bulimie, Übelkeit, Grippe.

4. Chakra (HERZ-Chakra)

Dieses Chakra findet man in der Wirbelsäule auf Höhe des Herzens.

Alle Themen, die mit Liebe und dem Herzen zu tun haben, sind in diesem Chakra zu finden. Die nachfolgend aufgeführten Sorgen, Ängste und Probleme und die daraus resultierenden Verhaltensmuster beeinträchtigen insbesondere die Energie des Herz-Chakras. Gefühle und Gedanken wie die Angst, nicht geliebt zu werden, nicht wert zu sein, geliebt zu werden oder die Angst, Gefühle zu zeigen und zu erwidern sind hier angesiedelt.

Schuldgefühle jeglicher Art, weil man einen Menschen innerlich ablehnt oder vernachlässigt, z.B. die eigenen Eltern oder Kinder oder Neid, Eifersucht oder Ablehnung oder Schuldgefühle, weil man anstelle von Liebe nur Ärger, Feindseligkeit und Kritik äußern kann, sind hier zu finden.

Verhärtung der Gefühle durch Festhalten an alten Verletzungen und Wunden sowie Ängste und Verbitterung verstopfen das Chakra und lassen es nicht richtig arbeiten. Diese emotionalen Leiden und Traumata verursachen Blockierungen, die wiederum Verhaltensstörungen verursachen. Auch der physische Körper reagiert auf diese Stressfaktoren.

Häufig auftretende Symptome sind:

Herzanfälle, Vergrößerung des Herzens, Verstopfung der Arterien, Herzversagen, Asthma, Allergien, Lungenprobleme einschließlich Krebs, Bronchialkrankheiten, Lungenentzündung, Kreislaufprobleme und alle Probleme im oberen Rücken und in den Schultern.

5. Chakra (Halschakra)

Das Halschakra findet man zwischen Halsgrube und Kehlkopf.

Die Entwicklung der Willenskraft und des Selbstausdruck ist hier
angesiedelt. Einige der am häufigsten auftretenden Ängste und negativen Verhaltensmuster, die im Zusammenhang mit diesem stehen, sind die Angst, sich selbst zu behaupten und für seine Rechte einzustehen. Die Angst, die eigenen Bedürfnisse, Gefühle oder Meinungen zu äußern und die Unfähigkeit, Trauer, Schmerz oder Kummer auszudrücken einschließlich der Unfähigkeit, zu weinen, beeinflussen das Chakra.
Über Jahre angesammelter Schmerz und Scham über die vielen Gelegenheiten im Leben, bei denen man nicht wagte, für sich selbst einzustehen, blockieren zusätzlich die Energie in diesem Bereich.

Das führt zu Problemen wie:

Heiserkeit, chronische Halsentzündung, Krebs im Mund- und Rachenraum, Probleme im Gaumenbereich, Zahnprobleme, Verschiebungen im Kieferbereich, Rückgratverkrümmungen, steifer Hals, Mandelentzündungen, Spannungskopfschmerz, der vom Nacken her ausstrahlt, Schwellungen der Halsdrüsen.

Hier findet man auch die Ursachen für Drogenabhängigkeit,

Abhängigkeit von Alkohol, Zigaretten, Süßigkeiten, Essen und andere Abhängigkeiten, die man mit einem Mangel an Willenskraft und mit Lebensangst verbindet.

6. Chakra (3. Auge Stirn Chakra)

Das Stirn Chakra findet man in dem Raum zwischen den Augenbrauen. Hier ist die Intelligenz, das höhere Wissen, die Weisheit und die Intuition angesiedelt.
Außerordentlich viele Ängste und negative Verhaltensmuster hängen mit der Energie des 6. Chakras zusammen, z.B. die Angst, in sich selbst zu schauen oder die Angst vor der eigenen Intuition. Dadurch verliert man seine Empfindsamkeit. Der Missbrauch des Intellekts durch Täuschung oder zum Schaden anderer zeigen sich hier.
Die Angst, nicht intelligent genug zu sein und die Starrheit durch festgefahrene negative Verhaltensmuster, die keine positive Veränderung zulassen, Eifersucht und Neid auf die kreativen Fähigkeiten Anderer und die Weigerung, aus seinen Lebenserfahrungen Lehren zu ziehen, sind typisch für ein gestörtes Stirn Chakra. Stattdessen macht man Andere für die eigenen Probleme verantwortlich.

Aus diesen Mustern resultierende gesundheitliche Störungen sind z.B....

Gehirntumore, Gehirnblutungen, neurologische Störungen, Blindheit, Taubheit, Probleme der Wirbelsäule (hier: der ganzen Wirbelsäule), Migräne, Spannungskopfschmerz, Ängste, Nervosität, Nervenzusammenbruch, Koma, Depressionen, Epilepsie, Lernstörungen u.a.

7. Chakra (Kronenchakra)

Am Scheitel des Kopfes findet man sich das Kronenchakra.

Das Leben annehmen, die Lebensaufgabe erfüllen, den Sinn des Lebens erkennen sind die Hauptthemen in diesem Bereich. Probleme, die mit diesem Chakra zusammenhängen, betreffen immer das gesamte Leben des Menschen, z.b. das Gefühl, ein Leben in völliger Bedeutungslosigkeit zu führen oder der totalen Verunsicherung, weil man sich nicht traut, nicht glaubt oder dem Leben selbst nicht traut.

Die Angst, sich selbst zu verändern und die Beschränktheit des Denkens, sind Zeichen eines nicht gut arbeitenden Chakras. Zeigt sich eine Weigerung, innerlich zu wachsen und sich weiterzuentwickeln und damit die Verantwortung für sich selbst und die Anforderungen des eigenen Lebens zu übernehmen, kann man eine Blockade im Kronenchakra vermuten.

Krankheiten, die durch diese negativen Verhaltensmuster verursacht werden, können sein:

Nervenleiden, Störungen des Nervensystems, genetische Störungen, Lähmungen, Knochenleiden einschließlich Knochenkrebs, Multiple Sklerose u.a.

(Die Themen und Probleme der Chakren: Quelle in Anlehnung an: "Creation of Health" von C. N. Shealy u. Caroline Myss, Stillpoint, USA)

Partnerarbeit Lichtschale

Diese Übung kannst du für dich allein machen. Sehr schön eignet sie sich aber als Partnerarbeit. Zusammen können beide sich sehr schön auf die jeweilige Aufgabe konzentrieren. Es ist möglich die Übung sowohl im Sitzen als auch im Liegen durchführen:

Geh in eine meditative Stimmung. Verbinde dich mit dem Licht. Du kannst dir vorstellen, wie ein Lichtstrahl von oben auf dein Kronenchakra fällt und durch deinen Körper fließt.
Lege nun deine Hände so zusammen, dass sie eine Schale bilden. Fülle die gedanklich mit dem weißem Licht , was durch deinen Körper fließt und schütte die gefüllte Schale über dein Kronenchakra aus oder wenn du es zu zweit arbeitest über dem Kronenchakra deines Partners.
An den Partner: Achte auf dein Gefühl? Wo geht das Licht hin?
Gehe nun zum Wurzelchakra. Fülle die Schale mit rotem Licht und schütte sie dort aus.
An den Partner: Achte auf dein Gefühl? Wo geht dein Gefühl hin? Kannst du das Licht bis in das Basischakra fließen lassen?
Gehe nun zum Sakralchakra. Fülle die Schale mit orangem Licht und schütte sie aus.

An den Partner: Achte auf dein Gefühl? Wo geht dein Gefühl hin? Kannst du das Licht bis in das Sakralchakra fließen lassen?
Gehe nun zum Solarplexus Chakra. Fülle die Schale mit gelbem Licht und schütte sie aus.

An den Partner: Achte auf dein Gefühl? Wo geht dein Gefühl hin? Kannst du das Licht bis in das Solarplexus Chakra fließen lassen?
Gehe nun zum Herzchakra. Fülle die Schale mit rosa Licht und schütte sie aus.

An den Partner: Achte auf dein Gefühl? Wo geht dein Gefühl hin? Kannst du das Licht bis in das Herzchakra fließen lassen?

Gehe nun zum Kehl Chakra. Fülle die Schale mit türkisen Licht und schütte sie aus.

An den Partner: Achte auf dein Gefühl? Wo geht dein Gefühl hin? Kannst du das Licht bis in das Kehl Chakra fließen lassen?
Gehe nun zum Stirn Chakra. Fülle die Schale mit blauem Licht und schütte sie aus.
An den Partner: Achte auf dein Gefühl? Wo geht dein Gefühl hin? Kannst du das Licht bis in das Stirn Chakra fließen lassen?
Gehe nun zum Kronenchakra. Fülle die Schale mit violettem Licht und schütte sie aus.
An den Partner: Achte auf dein Gefühl? Wo geht dein Gefühl hin? Kannst du das Licht aus deinem Kronenchakra in deinen Körper fließen lassen?

R-M-T

Auf die Inhalte der Abkürzungen R-M-T (Reiki, Meditation und ThetaHealing) möchte ich nun genauer eingehen. Wie schon beschrieben handelt es sich hierbei um bekannte und teilweise schon sehr alte spirituelle Techniken und ich selber konnte, durch meine Arbeit mit diesen Techniken, erfahren, wie sie effektiv zusammenwirken. Im Drei/Einklang miteinander ergänzen sie sich sehr gut.

Reiki

Reiki ist eine alte japanische Heilmethode. Es geht um das Heilen durch das Handauflegen und fließen lassen von göttlichem Licht bzw. Lebensenergie. Die Hände werden hauptsächlich auf die 7 Haupt-Chakren aufgelegt. Hier kommen zwei wunderbare Effekte zum Tragen. Auf der einen Seite wird die körperliche Berührung genutzt, die für uns Menschen unheimlich wichtig ist. Auf der anderen Seite wird bewusst Lebensenergie, das Chi, aus den Händen in die Chakren übertragen. Die eigene Lebensenergie wird wieder aktiviert und die Selbstheilungskräfte werden unterstützt und gestärkt. Dabei ist derjenige, der die Energie weitergibt, wie bei fast allen Heiltechniken nur der Kanal, durch den die Heilkraft hindurchfließt. Der Empfänger wandelt alles für sich um.
Die regelmäßige Beschäftigung mit Reiki spricht auch verschiedene Lebensthemen, vor allem aber das Thema der Selbstliebe an. Für mich ist Selbstliebe eine Voraussetzung für bedingungslose Liebe geworden.
Doch was ist Selbstliebe? Wie viele Menschen haben Angst vor der Selbstliebe, da sie diese mit Egoismus verwechseln!? Ist es erlaubt sich selbst und seine Bedürfnisse wirklich an erster Stelle zu stellen?

Selbstliebe bedeutet für mich, die Anerkennung und das Annehmen meiner Gedanken, Gefühle und Bedürfnisse. Diese wahrzunehmen und anzunehmen, ist ein wichtiger Schritt zur Selbstliebe. Hinzu kommt die Akzeptanz dessen, was ist und ein sanfter, weicherer und liebevoller Umgang mit sich selbst. Schon Jesus sagte: „Liebe deinen Nächsten wie dich selbst." Dieses Zitat bedeutet für mich die Zustimmung, sich selbst wirklich lieben zu dürfen. Es ist die Erlaubnis sich so anzunehmen, wie man ist. Viele von uns haben ein Problem damit, sich genauso wie zu diesem Zeitpunkt ist, anzunehmen. Die Angst in den vermeintlich weniger guten Eigenschaften verhaftet zu bleiben, verhindert den Weg zur Selbstliebe. Das Gute ist, dass das Leben immer Veränderungen nach sich zieht und nichts bleibt, wie es einmal war. Auch unsere vermeintlichen Fehler können sich durch Akzeptanz dieser unterstützt durch Milde und Sanftheit verändern. Es ist bewusste Arbeit, aber sie wird immer leichter. Es geschieht immer mehr ohne Kampf und Krampf.
Bedingungslose Liebe kann nur mit einer guten Selbstliebe gelebt werden. Je mehr ich in meiner eigenen Liebe ruhe, desto weniger benötige ich mein EGO, Bewertungen, Urteile, um mich selbst zu bestätigen und mich in meinem Sein sicher zu fühlen. Ich bin mit mir zufrieden und brauche nicht mehr den Vergleich mit anderen.
„Stelle dein Licht auf den Scheffel" schrieb schon Nelson Mandela und „erlaube damit den anderen es auch zu tun". Wenn du in dir und deiner Mitte und Liebe ruhst, schaust du viel weniger im Außen, was da los ist. Du brauchst den Vergleich und die Bewertungen nicht mehr. Du bist dir deiner *Selbst-bewusst*. Dies ist ein weiterer Schritt in die bedingungslose Liebe, denn du beginnst einfach nur noch zu lieben.
Bedingungslose Liebe ist die absolute Akzeptanz dessen, was ist! Es ist die absolute Akzeptanz dessen, was in dir ist, absolute Akzeptanz, dessen was und wer der andere ist, hat oder tut, und der Ereignisse in deinem Leben. Eine Meisteraufgabe!

Wenn du Reiki praktizierst, verbindest du dich immer mit einem weißen Licht. Für mich ist es die göttliche Quelle. Aber das kann jeder sehen, wie er es sehen will und empfindet. Anfangs brauchst du noch Hilfestellungen, um an dieses Licht anzukoppeln. Diese können als eigene Bilder, die Visualisierung einer Lichtwolke, einer Licht-Dusche, eines Wasserfalls oder ähnliches dich unterstützen. Eines Tages stellst du fest, dass du diese Hilfestellungen nicht mehr benötigst, das Licht kommt von allein und der Fluss der Energie stellt sich sofort ein, wenn du die Hände auflegst. Am Anfang hat mich dieser selbstständige Fluss manches Mal irritiert, wenn ich meine Hände einfach nur mal so auf meinen Körper gelegt hatte. Doch jetzt empfinde ich gerade das als wunderschön. Das Leben wird immer leichter, wenn man erst einmal ein paar Steine zur Seite geräumt hat.

Wenn du den Weg des Reiki gehen möchtest, dann durchläufst du drei Grade oder auch Stationen. In jedem Grad findest du Lebensthemen, an denen du bewusst und unbewusst arbeitest. Du löst Blockaden auf und wirst damit deine Persönlichkeitsentwicklung anstoßen. Alle drei Grade umfassen Prozesse, die deine Bewusstseinsentwicklung und Persönlichkeitsentwicklung unterstützen. Es wird der Weg zur bedingungslosen Liebe freigemacht.
Beim ersten Grad geht es um die Öffnung für die Selbstliebe. Im zweiten Grad geht es um das Loslassen und Vergeben. Wenn du Schuld, Groll, Wut oder andere Verletzungen all die Jahre mit dir trägst, werden diese Themen auch immer wieder dein Leben bestimmen, sei es bewusst oder unbewusst. Es kann keine vollständige Heilung geschehen. Du lebst immer wieder in der Vergangenheit, du schaust immer wieder zurück. Du hast keine Möglichkeit zu erkennen, dass alles so sein sollte, um deinen Weg zu gehen. So schwerwiegend auch manches Thema im Leben ist und so schwer es auch manchmal erscheint, es gibt keinen anderen Weg als zu vergeben und loszulassen. Nur so kann sich tiefer innerer

Frieden und Selbstliebe in dir einstellen. Eine wichtige Voraussetzung für die bedingungslose Liebe und ein freies, unbeschwertes und zufriedenes Leben ist das Verzeihen und Frieden zu stiften für den eigenen inneren Frieden.

Gerade hier bietet sich eine Kombination mit ThetaHealing gut an. In den Theta-Sitzungen werden alte Themen und Glaubenssätze gesucht, gefunden und aufgelöst bzw. gelöscht. Darauf werde ich aber später genauer eingehen.

Den dritten Grad nennt man auch den Meistergrad.

Das Thema hier liegt in der Verantwortung. Es geht darum zu erkennen, dass du die Verantwortung für deine Gedanken, Gefühle und auch für alles in deinem Leben, hast und wieder übernehmen musst.

Gedanken sind Energie und diese Gedanken-Energie schickst du ins Universum. Alles, was du denkst, kommt als ein Ereignis, als eine Energieform zu dir zurück. Du erklärst dich mit dem dritten Grad bereit, wieder Verantwortung für deine Gedanken zu übernehmen. Wenn du etwas Bestimmtes und nur noch Positives in dein Leben ziehen möchtest, bedarf es zuerst positive und aufbauende Gedanken. Das bedeutet, du lernst deine Gedanken zu kontrollieren und dich auf gute Gedanken zu konzentrieren. Hier kann man wieder Techniken des Theta-Healing integrieren.

Vianna Stibal, die Begründerin des ThetaHealing hat herausgefunden, dass du, wenn du einen weniger schönen Gedanken bemerkst, diesen innerhalb von 7 Sekunden wieder löschen kannst. Er ruft dann kein Ereignis hervor. Wenn du einen solchen Gedanken der negativ gefärbt ist bemerkst, kannst du diesen sofort durch die Anweisung „Löschen, Löschen, Löschen" ungültig machen.

Das ist für die, die gerade mit der Gedankenkontrolle beginnen, sehr wertvoll. Du wirst viel achtsamer mit deinen Gedanken und hast die Möglichkeit bewusst andere Gedanken zu erschaffen. Somit wirst du immer bewusster andere Ereignisse in dein Leben ziehen. Es ist zuerst anstrengend sich auf seine

Gedanken zu konzentrieren, aber wenn man ein wenig übt, werden die negativen automatisch weniger.

Für mich ist eine Reiki-Übung auch immer eine Meditationsübung. Dazu fällt mir ein, dass man sehr häufig mit Meditation und spirituellen Techniken Askese bzw. Einfachheit verbindet.
Ja das stimmt, aber es geht nicht darum bewusst auf die Fülle im Leben zu verzichten. Es geht vor allem um ein einfacheres unkompliziertes Leben und dieses gestaltest du mit deinen Gedanken.
Je einfacher deine Gedanken sind, je mehr bist du auf das Hier und Jetzt konzentriert. Das Leben wird dann immer leichter. Einfacher! Es geht darum, wahrzunehmen, was JETZT gerade wirklich wichtig ist und sich nicht in unnötigen Gedankenketten und daraus folgenden Gedanken-Karusselle zu verstricken.
Ein einfaches Beispiel: du hast Hunger und kannst dir beim Buffet etwas zu essen holen. Ein einfacher Gedanke wäre…ich gehe jetzt und suche mir etwas Leckeres aus…ich habe Hunger…kompliziert wird es dann, wenn es zu weiteren Gedanken kommt, wie…ich kann nicht als erstes gehen, was denken die Leute, … hoffentlich gibt es auch etwas Fettarmes… ich sollte aufpassen, was ich esse… der Mann da drüben schaut aber komisch…die Frau am Nebentisch sollte auch mal auf ihre Linie achten… warum sind die Kinder so laut…wer weiß, ob das alles frisch ist…
Weißt du den ersten Gedanken noch und wird dein Hunger wirklich bei all dem Gedankenkarussell gestillt?

Wenn du den Reiki Weg gehen willst, dann solltest du dir für alle drei Abschnitte einen angemessenen Abstand zwischen den Seminaren nehmen (ich empfehle mindestens drei Monate Abstand), damit dein eigenes Körper-System die Prozesse, die sich zeigen, auch integrieren kann.

Zusammenfassend kann man sagen, dass es sich bei der Reiki -Ausbildung immer um Energieprozesse und somit Persönlichkeitsprozesse handelt. Im ersten Grad kommt die Energie von oben und öffnet dich für die Prozesse. Im zweiten Grad kommt sie von vorne und zeigt dir noch einmal deine alten Themen und im dritten Grad kommt sie von hinten und schiebt dich und deine Projekte an.

Mitten in dir

Mitten in dir

Mitten in dir,
da gibt es ein weißes Licht.
Mal spürst du es,
mal spürst du es nicht.

Mach dir bewusst, über den Scheitel tritt es ein,
es ist mehr als nur ein heller Schein.
Du nimmst das weiße Licht in dich auf,
es breitet sich in deinem Körper aus.
Ein weißes Licht hell und klar,
es tut gut und ist wunderbar.

Lass es hinein das weiße Licht,
es trägt Reinheit, Frieden und Liebe mit sich.
Berührt wird Körper, Geist und Seele, alles drei,
das weiße Licht trägt zu deiner persönlichen Heilung bei.

Mitten in dir, da gibt es ein Licht,
und nun sag, weißes Licht durchflutet mich.

Konzentriere dich auf deine Hände und auf das Licht, fülle sie mit deiner
Energie auf und lege sie dann auf eine Körperstelle, die von dir berührt werden
will. Lass dann dieses Licht über die Hände in diese Körperstelle fließen...

Diese Meditation habe ich 2004 geschrieben. Damals kannte ich nur Reiki. Heute habe ich dieses Gedicht bei der Vorbereitung eines Reiki -Online Seminar wiederentdeckt. Als ich es las, erkannte ich, was ich damals noch nicht wusste... bei allen in diesem Buch beschriebenen Techniken finden wir immer dieses Licht. Ein heilendes Licht, was uns von einer höheren Quelle geschenkt wird. Mit ihm können wir unser inneres Licht zum Leuchten bringen. Es ist das, was uns unterstützt alle Themen des Lebens zu verändern. Es lässt uns in Frieden leben, es verbindet uns mit einer höheren Quelle. Die Arbeit mit diesem Licht unterstützt uns ein leichteres und zufriedeneres Leben zu führen. Es ist Kontakt und Verbindung. Im ThetaHealing nennt man es den Schöpfer, bei der Meditation die Quelle und die Verbindung zum höheren Selbst und im Reiki ist es die Lebensenergie, die durch die Hände fließt und das innere Licht zum Leuchten bringt.
Dieses Licht ist meiner Meinung nach in vielen Menschen durch den Verstand, die vielen Gedanken und vielen Blockaden wie Verletzungen, Glaubenssätze, Erfahrungen ...fast erloschen. Man kann es durch die in diesem Buch näher beschriebenen und miteinander kombinierbaren Techniken wunderbar anfachen und zum Leuchten bringen. Für mich ist ein Mensch, der in sich ruht und strahlt, wunderschön und wunderbar.

Ich begleite nun schon 20 Jahre Menschen auf ihrem Weg, eine Zeitlang mit den Techniken Meditation und Reiki. Seit fast 2 Jahren ist nun auch noch das Theta-Healing dazugekommen. In erster Linie habe ich alles für mich, meine persönliche Entwicklung und Befreiung gelernt. Es war ein langer Weg, er war nicht immer einfach, aber ich bin drangeblieben. Heute kann ich sagen, für mich und für das Erkennen meiner Berufung haben sich all diese Anstrengungen gelohnt. Ich nehme meine Aufgaben als spirituelle Beraterin und Begleiterin an. Sie besteht darin, Menschen auf ihrem Weg zu sich selbst zu *unterstützen. Viel erlebt und viel zu erzählen habe ich, aber gerade das macht mich aus und zeigt, dass es sich lohnt … an sich selbst zu arbeiten, sich selbst und seine Themen anzuschauen… nicht wegzuschauen … durch all das hindurchzugehen…die Angst, die Zweifel, Wut und Trauer aber auch die Erfüllung von Liebe und Licht zulassen. Sich jeden Tag mal weniger, mal intensiver mit diesem Licht zu verbinden, hat mir geholfen, …und ich habe mich immer wieder bewusst mit meinen Themen, Ängsten, Gedanken, Gefühlen und Erwartungen beschäftigt.*

Zu vielen Themen habe ich in Laufe der 20 Jahre so viel gelernt. Meine Sicht der Dinge hat sich verändert und vertieft. Eine wunderbare Ruhe ist in mir entstanden, kombiniert mit Leichtigkeit und Freude…ja es hat sich gelohnt.

Sag JA

Sag Ja!
Sag Ja zu dir!
Sag Ja zu deinem Leben!
An sich zu glauben bringt Vertrauen.
Sich zu Vertrauen bringt Glauben.

Sag ja!
Sag Ja zu dir!
Sag Ja zu deinem Leben!
An sich zu glauben bringt Vertrauen.
Sich zu Vertrauen bringt Glauben.

Vertrauen, sich selbst vertrauen gibt Mut Kraft und Entschlossenheit,
hilft sich den Themen des Lebens zu stellen
Glauben, an sich zu glauben bringt Mut, Kraft und Entschlossenheit,
hilft sich den Themen des Lebens zu stellen.
Zufriedenheit, Glück und Leichtigkeit finden wir, indem wir uns unseren
Themen stellen, sie annehmen, nicht bekämpfen, sondern mit Vertrauen und
Glauben lösen.

Wenn wir uns selbst vertrauen, anderen vertrauen und an uns und das Leben
glauben, werden wir erkennen, dass das Leben leichter wird.

Sag ja!
Sag Ja zu dir!
Sag Ja zu deinem Leben!
An sich zu glauben bringt Vertrauen.
Sich zu Vertrauen bringt Glauben.
Und nun versuche in das Gefühl von Glauben und Vertrauen zu finden,
Versuche einmal wirklich Ja zu dir selbst zu sagen…

Meditation

Es gibt zahlreiche verschiedene Meditationsrichtungen und - übungen. Ein Gebet oder ein Spaziergang am See können genauso in einen meditativen Zustand führen wie eine spezielle Übung im Schneidersitz, die z.B. aus Indien stammt.

Ziel einer Meditation ist die Harmonisierung und Steigerung der inneren Lebensenergie. Der Geist wird weg von den Alltagsgedanken auf das Jetzt geführt. Mit Hilfe einer Meditationstechnik konzentrieren wir uns auf das Wesentliche und erhalten Zugang zu unserer Quelle, die uns führt und unterstützt.

Meditation ist ein Jahrtausend alte Praxis, die man in fast allen Kulturen findet. Befreit von religiösen Zuordnungen wird sie heute zunehmend zur Aktivierung der Selbstheilungskräfte und zur Stressreduktion angewandt.
Man hat festgestellt, dass sie sowohl Auswirkungen auf das allgemeine Wohlbefinden als auch auf die Gesundheit hat.

Meditation ist eine direkte Erfahrung mit dem eigenen Geist. Man erkennt immer mehr, dass der gegenwärtige Augenblick das Einzige ist, was wir wirklich besitzen.
Ziel der Meditation ist zu spüren, dass man lebendig und vollkommen im Hier und Jetzt ist.
Heutzutage ist die Meditation anerkannt als eine Methode zur Stressreduktion. Fast automatisch kommt es bei regelmäßiger Durchführung zu Veränderungen der Lebenseinstellung. Du erhältst einen anderen veränderten Blickwinkel und wirst wie von selbst achtsamer und aufmerksamer.
Körperliche Reaktionen sind sehr schnell feststellbar. Messbar zum Beispiel ist bei einer tiefen Meditation eine veränderte und verlangsamte Atem- und Herzfrequenz.

„Gott gebe mir die Gelassenheit und Ruhe, die Dinge zu

ertragen, die ich nicht ändern kann, den Mut zu ändern, was ich ändern kann und die Weisheit beide Dinge voneinander zu unterscheiden."

Ein schönes Zitat, was sehr gut ein Ziel der regelmäßigen Meditation beschreibt.

Viele Menschen sind auf der Suche. Sie spüren eine innere Unruhe, Unzufriedenheit und sehr viele können selbst in Ruhe nicht abschalten.

Stellt dir mal die Frage „Was macht mich unglücklich/unzufrieden? Was macht mich unruhig? Was bringt mich aus dem inneren Gleichgewicht?"
Man kann mindestens drei wichtige Faktoren finden, die uns häufig aus dem inneren Gleichgewicht bringen können.

Bei dem ersten Punkt geht es um die Zeit. Mit seinen Gedanken in der Vergangenheit oder Zukunft zu sein, lässt keine innere Ruhe zu. Die Frage: Wie wird es sein? Funktioniert das? Werde ich den Job bekommen, Wird er mich heiraten? lässt einen gedanklich nicht zur und in die Ruhe kommen. Es gibt keine Antwort.
Genauso verhält es sich mit der Vergangenheit. Die Gedanken, was wäre, wenn ich mich damals anders entschieden, verhalten hätte bzw. damals war alles besser… bringen uns nicht weiter - die Vergangenheit lässt sich nicht mehr ändern und die Zukunft ist noch nicht da. Das Einzige, was wirklich zählt und wichtig ist, ist der Augenblick. Der jetzige Moment war eben noch Zukunft und ist gleich schon Vergangenheit.
Ein weiterer Aspekt für Unruhe oder Unzufriedenheit kann die ständige Suche und der Wunsch nach Antworten und Erklärungen sein.
Warum ist das so? Warum passiert mir das? Unbeantwortete Fragen,-Fragen auf die es nicht wirklich eine Antwort gibt. Das Denken und die Gedanken stören das Innere so sehr, der

Mensch kann nicht abschalten. Gedanklich dreht er sich im Kreis. Er ist in seinem Gedanken-Karussell gefangen. Es muss doch, wenn ich darüber nachdenke die Lösung, die Antwort kommen, beschäftigt dann ohne Unterlass. Dieses Karussell kann man oft nur mit Hilfe von bestimmten erlernten Meditationstechniken anhalten, um auszusteigen.

Der Mensch wird nicht so sehr durch die Dinge beunruhigt, die um ihn herum passieren, sondern durch seine Gedanken über diese Dinge.

Stell dir einmal vor, dein Geist ist nichts anderes als ein mit Gedanken gefülltes Behältnis. Wichtig ist es immer wieder dieses Gefäß zu entleeren und die einzelnen Gedanken wie Wolken ziehen zu lassen. Mal gelingt es sich auf eine Sache zu konzentrieren, so dass keine ablenkenden Gedanken auftauchen, aber dann gibt es doch wieder einen Moment, wo Unruhe, Zweifel, Ängste oder auch Sehnsucht sich einschleichen. Das musst du üben…

In einer Meditation versuchen wir auf das Denken/auf die Gedanken zu schauen. Wir können nicht nicht Denken, aber wir können unsere Gedanken beobachten, ohne sie festzuhalten und sie dann einfach ziehen lassen. Auf das Denken zu schauen, heißt geistig einen Schritt zurückzutreten und nur zu beobachten. Du lässt dich nicht mehr vom Inhalt und der eigenen Interpretation eines Gedankens gefangen nehmen. Ein Gedanke wird als das registriert, was er ist (ängstlich, lustvoll), ohne automatisch zu reagieren. Du lernst frei zu entscheiden, wie du auf jeden Gedanken reagierst, anstatt deinen alten, automatischen Reaktionen zu unterliegen.

Ständig wiederkehrende, grüblerischere und selbst zerstörerische Gedanken werden erkannt und können losgelassen werden. Gedanken in Form von Erinnerungen und Plänen sind nützlich, doch ist es wichtig immer wieder unsere Aufmerksamkeit auf die Gegenwart, das Jetzt zu lenken und konzentrieren. Der dritte Grund von Unruhe oder Unzufriedenheit ist oftmals die Konzentration auf den Mangel, auf das was nicht da ist. Im Mangelzustand zu leben, zieht weiteren Mangel an. Es wird im Außen gesucht und beobachtet, man beginnt sich und sein Leben zu vergleichen und zu bewerten. Man vergießt dann schnell, was man alles wunderbares im Leben hat. Ich erinnere mich immer an den Werbeslogan: „Mein Haus, mein Auto, meine Yacht." Ein Mann erzählt von seinem Leben und legt seinem Freund Fotos von seinem Haus, Auto und Yacht auf den Tisch. Und sein Freund schaut ziemlich unglücklich aus.

Das Sammeln von Besitztümern macht nicht glücklich, das macht nicht zufrieden. Und der Vergleich mit anderen, scheinbar erfolgreichen Menschen verhindert den eigenen Weg zu finden. Der Blick ständig auf den Mangel verhindert ein zufriedenes, glückliches und erfülltes Leben.
Leichter wird es, wenn man den Blick auf sein eigenes Leben lenkt. Wenn es dir gelingt zu sagen und zu fühlen, „Ich nehme alles in Liebe an und schließe Frieden mit dem, was ist. Ich bin Ich und ich lebe mein Leben. Alles ist genau richtig und ich öffne mich dem was kommen soll," - dann stellt sich schnell Zufriedenheit und Glück ein.
Wir verpassen so viel Schönes, was für uns bestimmt ist, weil wir im Moment mit den falschen Gedanken und Wünschen beschäftigt sind.
Wunderbare Übungen, um sich aus dem Mangelbewusstsein herauszuziehen, sind Dankbarkeits-Übungen. Sie unterstützen dich, dich darauf zu konzentrieren, wieviel in deinem Leben vorhanden ist, so klein und unbedeutend und manches auch selbstverständlich zu sein scheint. Es entsteht mehr Achtsamkeit und deine Konzentration auf Gedanken der Fülle gelingt immer besser.

Dankbarkeit

Dankbarkeit

Übe dich in Dankbarkeit. Sieh, was du alles hast!

Ich Danke... Ich danke für diesen neuen Morgen!
Ich Danke... Ich danke für ein Leben in Frieden!
Ich Danke... Ich danke für meine Gesundheit!
Ich Danke... Ich danke für meine Freunde!
Ich Danke... Ich danke für meine Wohnung!
Ich Danke... Ich danke für meine Arbeit!
Ich Danke....Ich danke für mein Hobby!
Ich Danke...Ich danke für mein Haustier!
Ich Danke ...Ich danke für...

Ich danke für jeden neuen Tag mit all den Möglichkeiten, die er mir bietet, ...
Spüre wie reich du bist! ...

Nun schaue einmal für dich, wofür du in deinem Leben noch dankbar sein möchtest...

Ich Danke ...Ich danke für...

In einem Zustand von Unausgeglichenheit, Unzufriedenheit und der Suche nach dem wahren ICH spielt Dankbarkeit eine wichtige Rolle. Sie ist eine Vorstufe zur Freude. Sie ist die zweithöchste Energiefrequenz im Universum. Glück bzw. Zufriedenheit erfährst du nur, wenn du ein ganz wichtiges Gefühl, die Freude in dir entstehen lassen kannst. Das Gefühl der Freude kannst du aber nicht bewusst produzieren." Mensch freu dich doch", das ist nicht so einfach möglich. Aber Dankbarkeit kannst du bewusst hervorrufen, indem du dir selbst die vielen guten Dinge im Leben aufzählst, für die du dankbar sein kannst, willst und bist. Dann bist du dem Gefühl der Freude schon sehr nah.

Um das Gefühl der Dankbarkeit und dann der Freude bewusst zu empfinden, bedarf es der Wahrnehmung aller Gefühle auch der Traurigkeit, Einsamkeit... entscheidend ist es sich bewusst zu machen, dass jedes Gefühl in uns nur 3 Minuten gefühlt wird und dann auch wieder verschwindet. Gefühle sind Emotionen, Energie in Bewegung. Ein Gefühl kommt, möchte wahrgenommen werden und verlässt uns dann wieder. Wir halten häufig an den vielen Gefühlen fest und mit manchen kreieren wir dann unser persönliches Drama. Das freie Fließen der Gefühle und somit auch den Zustand der Zufriedenheit ist dann nicht möglich.

Dankbarkeit ist der Weg des Verzeihens. Es gibt dir die Möglichkeit allen Dingen und Erfahrungen im Leben einen Wert zu geben. Unsere Aufgabe ist es zu erkennen und anzuerkennen, alles macht und hat einen Sinn. Wenn dir dies gelingt und du dann, egal was gerade ist, Dankbarkeit entwickeln kannst, fällt es dir leichter auf die Seite, wo die Sonnenstrahlen hinfallen, zu schauen und nicht auf die Schattenseite.

Über regelmäßige und täglich ausgesprochene Dankbarkeit veränderst und erhöhst du deine Schwingung. Besonders schön ist es, wenn du dir morgens vor dem Aufstehen bewusst machst, wie gut du es hast oder es dir geht. Ebenso kannst du gedanklich abends, durch dein Tagesgeschehen gehen und dich darüber freuen, welche wundervolle Fügungen der Tag für dich bereithielt. Hierbei ist es wichtig sich bewusst auf die Erlebnisse zu konzentrieren, die gut waren! Auch in schlechten Zeiten und Krisen hält das Leben schöne Momente für uns bereit. Manchmal müssen wir nur genauer hinschauen. Wenn du diese wahrnimmst, wird alles etwas leichter.

Sich immer wieder auf die guten Aspekte oder Lernaufgaben der Erfahrungen, die man gemacht hat, zu fokussieren bedeutet auch immer wieder sein Herz zu öffnen. Ein verschlossenes Herz lässt uns keine Gefühle spüren. Nur ein offenes lässt Selbstliebe und Gefühle wie Dankbarkeit, Freude und Zufriedenheit zu.
Wenn du erkannt hast, dass du erst mal dich selbst lieben lernen darfst, um anderen wirklich Liebe geben zu können, dann werden sich Dankbarkeit und Freude wie von ganz allein entwickeln. Das habe ich in meinem Leben auf der Suche nach Liebe erfahren, erkannt und es gelingt mir immer besser.

Deine erste Aufgabe kann deshalb sein, dich und dein inneres Herzens-Gefäß mit Liebe aufzufüllen, bevor du sie an andere weitergeben kannst.
Die Selbstliebe ist das wichtigste „Heilmittel", man lernt sie im ersten Reiki-Grad kennen und übt sie dann. Es geht dabei vor allem um die Selbstannahme, so wie du JETZT in diesem Moment bist.
Es bedeutet bewusst „Ja" zum Leben zu sagen. Automatisch sagst du damit auch „Ja zu dir" und „Ja zu deiner Kraft."

Über die Dankbarkeit findest du oft in deine Kraft zurück. Unterstützt wird dieser Prozess, wenn du dich zusätzlich in der Natur aufhalst.
Die Stille in der Natur wahrnehmen, Laufen, Sitzen an einem Wasser oder am Meer, den Geräuschen der Natur zuzuhören, den Bewegungen der Natur zuzusehen, sind Momente, in

denen du dich auf dich besinnen und zurück in deine eigene Kraft finden kannst. Du kommst zur Ruhe, wirst dankbar und kannst dann für dich und in dir etwas klären.

In der Natur sagt man, dass vor allem Bäume Kraft und Energie spenden und abgeben. Viele meiner Seminare habe ich in Duisburg -Wedau gegeben. Ein wichtiger Bestandteil meiner Arbeiten sind Übungen in der Natur. Ich wohnte direkt an einem Wald, der Sechs Seenplatte und der Regatta Strecke. Beim Ausarbeiten meiner Seminare erinnerte ich mich an einen Urlaub in Kanada mit meinem damaligen Freund. Wir waren sehr viel gewandert, in einem Nationalpark mit Mammutbäumen war ich erschöpft. Mein Freund erzählte mir während der Pause, dass man festgestellt hat, dass Bäume Energieträger seien. Wenn man sie umarmen würde, dann können wir ihre Energie spüren und aufnehmen. Ich hatte zu diesem Zeitpunkt noch keinen bewussten Zugang zur Spiritualität, fand das aber irgendwie spannend und umarmte tatsächlich einen Baum. Ich fühlte mich danach gut und mir war es möglich bis zu unserem Wohnmobil weiter zu wandern. Jetzt kann man sicher sagen, wenn man dagegenreden will, ... es war die Pause, die ich hatte, ich musste eh weitergehen, da ich ja zum Auto musste ...und wenn man will, kann man sicher weitere Punkte finden, um gegen diese Energieerfahrung zu argumentieren.
Für mich war es eine besondere Erfahrung und ich spürte eine starke Verbindung mit dem Baum. Mir hat er Kraft zum Weitergehen gegeben.
Dass ich eine besondere Verbindung zu Bäumen haben werde, wusste ich zu diesem Zeitpunkt noch nicht. Dies wird später im Buch noch näher beschrieben.

Bei einem meiner Seminare hatte ich einen älteren Mann. Der Teilnehmer war sehr ängstlich, unsicher, zurückhaltend und es hatten sich bei ihm schon einige körperliche Symptome entwickelt.
Am ersten Tag des Reiki eins Seminars gingen wir in den

nahegelegenen Wald. Ich forderte meine Teilnehmer auf, sich einem Baum auszusuchen, mit ihm Kontakt aufzunehmen und ihn zu umarmen. Das fand der Mann schwierig und befremdlich, doch er konnte sich darauf einlassen. Eine weitere Übung in ersten Grad ist der „Ruf der Liebe". Die Teilnehmer stellen sich in einer Reihe auf. Dann gehe ich als Seminarleiter die Reihe durch, schüttele jedem die Hand und zu jedem einzeln sage ich: „Ich bin Anett und ich liebe mich", Nachdem ich bei allen durch bin, drehe ich mich und rufe in den Wald diesen Satz. „Ich bin Anett und ich liebe mich!" Dann sind die Teilnehmer nacheinander an der Reihe.

Für viele meine Teilnehmer war das Aussprechen des Satzes mit ihrem Namen bei den ersten Malen schon sehr schwierig. Auf der einen Seite mussten sie diesen Satz so häufig aussprechen, auch wenn sie den Inhalt häufig noch gar nicht in sich spürten, auf der anderen ihn dann auch in den Wald zu rufen. Dieser Satz, immer wieder ausgesprochen, wirkt genau wie ein Mantra oder eine Affirmation. Je häufiger du ihn sprichst, umso einfacher kann er vom Kopf ins Herz wandern und dann letztendlich auch gefühlt werden.

Nun zurück zu diesem Mann, von dem ich gerade erzählt habe. Die Teilnehmer wussten, dass sie nacheinander die Übung wiederholen mussten. Ich bemerkte, dass dieser Mann sehr unruhig wurde. Als er an der Reihe war, sah ich, dass sich mit jedem Handschlag bei ihm etwas löste. Dann schrie er regelrecht den Satz „Ich liebe mich „in den Wald. Ich hatte durch ein Gespräch nicht darauf geachtet, wohin wir gelaufen waren. Wir waren in der Nähe von einem Häuserblock gelandet und eine Frau rief aus dem Fenster zurück: Das ist wunderbar! Der Mann fing an zu lachen, er war wie ein unbeschwertes Kind und freute sich über seinen Mut und auch über die Antwort der fremden Frau.

Am zweiten Tag des Seminars war der Mann wie ausgewechselt und konnte weitere Blockaden auflösen.

Ich bin so dankbar, dass ich mich jetzt an all die Geschichten und Menschen erinnere, die mich bisher begleitet haben und denen ich ein Stück auf ihrem Weg begleiten durfte, und von ihrem Weg berichten kann.

Sich täglich mit der Dankbarkeit zu beschäftigen, kann das Glücksempfinden steigern und somit Optimismus und Lebensfreude stärken. Man hat herausgefunden, dass sich mit Hilfe von Dankbarkeitsübungen die Herzgesundheit und der Schlaf verbessern. Regelmäßig praktiziert unterstützen sie chronischen Stress zu senken. Im Leben dankbar zu sein, hilft die Selbstdisziplin zu steigern, die Motivation zu erhöhen und somit ist es sehr viel leichter wichtige Ziele zu erreichen.

Da du dich auf die Dinge, die im Leben gut sind, konzentrierst, werden Sorgen und Grübeleien verringert. Dies kann helfen Angststörungen und Depressionen zu vermeiden oder zu lindern.

Das eigene Selbstwertgefühl wird gesteigert, man konzentriert sich wieder auf seine Stärken und auf die positiven Aspekte des Lebens.

All die oben genannten Aspekte sind gute Voraussetzungen, die die Heilung von Krankheiten auf allen Ebenen unterstützen und beschleunigen.

Gerade in der Zeit, wo ich mein Buch korrigiere, hat meine Theta -Lehrerin eine Dankbarkeits- Challenge angeboten. Einen Monat lang schickt sie uns eine Audiodatei mit Themen zur Dankbarkeit und einer täglichen Übung. Für mich kam die Challenge genau zum richtigen Zeitpunkt. Ich habe dieses Buch fertig gestellt, der Lockdown ist zu Ende und ich spüre eine Erschöpfung. Auch Ängste wie es für mich weiter geht, wollen hervorkommen. Mein Gefühl ist es gerade wieder zu stagnieren. Auch wenn ich weiß, dass es nur eine Phase ist, tut es mir gerade gut mich bewusst auf das Positive in meinem Leben zu konzentrieren. Jeden Morgen und Abend dankbar zu sein für die Fülle im Leben, und auch während des Tages die ein oder andere Übung zu machen, verhindert, dass ich mich zu sehr in all dem Gefühls- und Gedankenchaos verliere.

Die magischen Worte sind DANKE DANKE DANKE..
DANKE Silwa,(Silke Wagner Henkel aus Krefeld) dass du zu diesem Zeitpunkt da warst!

Danke

Danke!
Danke!
Ich Danke!
Ich will jetzt Danke sagen ...
Danke für die Erfahrungen dieser Zeit, für Nahrung dieser Erde, für die Sonne,
für den Regen, für meinen Arbeitsplatz, für meine Gesundheit

Danke!
Ich Danke!
Ich will jetzt Danke sagen ...
Für das Vertrauen, für die Wärme, für meine Kreativität, für meinen Glauben,
für meine Freiheit, für die Freundlichkeit, für die Liebe

Danke!
Ich Danke!
Ich will jetzt Danke sagen ...
Für meine Freunde, für das Angenommen sein, für jedes Lächeln, für jedes nettes
Wort, für die Hilfsbereitschaft, für die Geborgenheit, für jedes neugeborenen
Kind

Danke!
Ich Danke!
Ich will jetzt Danke sagen ...
Für das Licht, für die Freude, für die Hoffnung, für den Neuanfang jeden Tag,
für Unterstützung von wem auch immer...

Danke!
Ich Danke!
Ich will jetzt Danke sagen ...
Danke für das Gefühl der Dankbarkeit....und jetzt hast du noch ein wenig Zeit
dankbar für die vielen großen und kleine Dinge in deinem Leben zu sein...

Meine Thetalehrerin Silke schenkte uns nach einem Seminar ein großes Bonbon-Glas. Die Idee dahinter war abends etwas auf einen Zettel aufzuschreiben, wofür man an diesem Tag dankbar war. Eine andere Möglichkeit ist den Morgen bewusst mit einem positiven Gedanken zu beginnen und diesen auf einen Zettel zu schreiben und ihn in das Glas zu legen. Nach einiger Zeit kann man dann das Glas leeren und sehen, was für wunderbare Geschenke man erlebt oder mit welchen schönen Gedanken man einen neuen Tag begonnen hatte.

In der Pandemie- Zeit mit dem zweiten Lockdown im Dezember hatte ich wieder einmal mit dieser Dankbarkeitsübung begonnen. Ich hatte mir morgens immer ein wenig Zeit genommen und überlegt, was ich am Tag zuvor Positives erlebt habe. Viele Tage waren sehr gleich, man konnte ja nicht viel unternehmen. Ich war erstaunt und glücklich, dass ich jeden Morgen einen Zettel mit einem schönen Moment des vergangenen Tages beschreiben konnte. Manches Mal war es nur ein schöner Gedanke, manches Mal konnte ich in dem, was ich regelmäßig gemacht habe wie z.B. dem täglichen Spaziergang einen schönen Moment finden, manches Mal war ich einfach nur dankbar für eine kleine Geste, ein Lächeln eines Kindes, ein Telefonat....

Was aber für mich so besonders an der Übung war, dass ich morgens schon dankbar war, dass es in dieser besonderen Zeit, vor allem für mich als Single, jeden Tag gute Momente gab. Das ich auf diese Momente bewusst achtete und sie wahrnahm, half mir durch diese ruhige Zeit ohne Verzweiflung oder ein Drama zu gehen. Ich erkannte, dass mein Leben trotz der Einschränkungen und dem „allein sein", sehr schön ist. Was mir noch einmal durch diese Übungen bewusst geworden war, dass ich für mein Leben verantwortlich bin und ich es gestalten darf, kann und muss. Sogar in dieser einschränkenden Zeit. Und ich muss sagen, für mich war es eine transformierende Zeit

Was für eine Zeit

Was für eine Zeit?

Zeit der Hoffnung, Zeit des Vertrauens,

Zeit des Zusammenhalts, Zeit der Angst,

Zeit der Einsamkeit, Zeit der Einkehr,

Zeit der Veränderung, Zeit der Bestimmung,

Zeit der Erholung, Zeit des Friedens…

Was ist das für eine Zeit?

Was ist richtig, was ist falsch?

Was zu tun und Was zu lassen?

Was zu glauben und was nicht?

Wo finde ich mich in dieser Zeit?

Was kann ich in dieser Zeit finden?

Was für eine Zeit?

Zeit der Hoffnung, Zeit des Vertrauens,

Zeit des Zusammenhalts, Zeit der Angst,

Zeit der Einsamkeit, Zeit der Einkehr,

Zeit der Veränderung, Zeit der Bestimmung,

Zeit der Erholung, Zeit des Friedens…

Was ist das für eine Zeit?

Was ist richtig, was ist falsch? Was zu tun und Was zu lassen? Was zu glauben und was nicht? Wo finde ich mich in dieser Zeit? was kann ich in dieser Zeit finden? Was für eine Zeit?

Ich kann in mein Inneres gehen und schauen, wen ich da finde…

Vielleicht finde ich einen Teil von mir den ich noch nicht gekannt, den ich noch nicht wahrgenommen, den ich immer unterdrückt habe, den ich immer leben wollten?!?

Ich bin ich, auch mit den Anteilen, die ich jetzt finde. Mit den Anteilen, die ich bisher gelebt habe. Mit den Anteilen, die ich liebe und auch denen, die ich nicht so annehmen konnte.

Offen zu sein, für das was ich finde, ist unsere Aufgabe in dieser Zeit. Offen zu sein, für all die Gefühle die ich nun empfinde. Achtsam sein mit sich, aber auch mit dem anderen.

Es ist die Zeit der Veränderung, sie kann Angst machen oder ich kann sie in Vertrauen und Hoffnung leben.

Ich kann nun prüfen, was ich leben will, womit ich Hoffnung haben, wie ich meine Angst begegnen will, wo ich den Zusammenhalt finde, was ich aus der Einsamkeit lerne, wie ich in mir einkehren, was ich verändern will, was meine Bestimmung ist, womit ich Frieden finde… ich kann nun finden, wer ich sein will

Was für eine Zeit?! Was ist das für eine Zeit? Was ist richtig, was ist falsch? Was zu tun und Was zu lassen? Was zu glauben und was nicht? Wo finde ich mich in dieser Zeit? was kann ich in dieser Zeit finden?

Zeit der Hoffnung,

Zeit des Vertrauens,

Zeit des Zusammenhalts,

Zeit der Angst,

Zeit der Einsamkeit,

Zeit der Einkehr,

Zeit der Veränderung,

Zeit der Bestimmung,

Zeit der Erholung,

Zeit des Friedens...

Also eine wertvolle Zeit, eine Zeit mit mir, Zeit in mir, eine Zeit für mich, eine Zeit die mir, die uns geschenkt worden ist...

Danke für die Zeit!

 Geschrieben April **2020**

Theta Healing

Wie schon beschrieben, wurde diese spirituelle Technik von der Amerikanerin Vianna Stibal nach und während einiger erlebten Schicksalsschlägen entwickelt. Sie wird schon seit Jahren weltweit unterrichtet und praktiziert.
ThetaHealing arbeitet sehr vielschichtig: mit einer Meditation, der Schöpferkraft, dem Aufspüren und Auflösen von limitierenden Glaubenssätzen...
Ziel dieser Methode ist den Menschen ein leichteres und gesundes Leben zu ermöglichen.

Über Meditationsübungen findet man einen Zugang zu seiner inneren Stimme, Kontakt zu unseren Begleitern, den Engeln, zu seinem höheren Selbst und dem Schöpfer. Man verbindet sich mit einem hellen weißen Licht und erfährt Heilung auf den verschiedenen Ebenen. Auch über Farbmeditationen kann man einen Kontakt zu seinem Inneren bzw. zu seinen Chakren aufbauen. Es gibt so viele wunderbare Übungen, die man durchführen kann. Hier im Buch werden einige vorgestellt, aber man findet auch in verschiedenen Büchern und Kursen unterschiedliche Übungen. Du kannst einige ausprobieren, um dann zu schauen welche für dich passen. Es gibt immer welche, die zu dir passen. Es ist ein individueller Weg und so gibt es auch individuelle Übungen... für dich.

Ähnlich arbeitet man auch im Theta Healing. Eine wunderbare Meditationsübung, um Kontakt zum Schöpfer, zu bekommen, erlernt man direkt im Theta Basic Kurs. Sie führt und unterstützt uns in einen tiefen Zustand zu kommen um Dinge, die uns nicht gefallen, zu verändern.
Die Begründerin Vianna Stibal arbeitet über den Kontakt mit dem Schöpfer und führt in diesen Zustand die Arbeit mit ihren Klienten durch. Sie empfiehlt diese Meditation täglich durchzuführen, um immer länger in diesem friedvollen Zustand zu leben und sein Leben zu gestalten.

Aus meiner jahrelangen Praxis kann ich auch nur empfehlen, sich eine Übung herauszusuchen und diese einfach über einige Monate durchzuführen. Nur so kann man Veränderungen und somit auch ihre Wirksamkeit feststellen.

Eine Meditation - oder Reiki- Übung über einen Zeitraum von mehr als drei Monaten jeden Tag durchzuführen, bedeutet in die Tiefe zu gehen.

Dies gilt aber nicht nur für Meditation- oder Reiki-Übungen, sondern auch für jede andere Art der Kreativität oder auch im Sport. Einfach mal eine Zeit ausüben, und dann spüren, was es mit einem macht.

Mein Reiki-Lehrer Peter erzählte immer die Geschichte von dem Mann, der ein tiefes Loch in seinem Garten graben möchte. Er geht jeden Tag in seinen Garten und gräbt. Nur wenn er immer an der gleichen Stelle arbeitet, kann dieses Loch wirklich tief werden.

Genau das gilt für die spirituelle Entwicklung. Durch das regelmäßige Wiederholen einer Übung entsteht eine Intensität und eine ungeahnte Tiefe.

Durch diese intensive Tiefe entdeckst du in dir vielleicht auch verschüttete Gefühle, auch Wut, Angst, Ekel, Abscheu, …die du gut verdrängt hast. Wenn du dranbleibst, hast du die Chance, sie dir dann anzuschauen, zu verarbeiten und dann gehen zu lassen.

Wenn du dich darauf einlässt, erlebst du vielleicht Gefühle in einer anderen Intensität. Unangenehme Gefühle, die unbewusst in dir schlummern, kannst du dann aber endlich entlassen. Ich habe den Mut sie noch einmal zu fühlen, um sie dann zu entlassen. Sie blockieren dich dann in deinem Leben nicht mehr.

Je mehr Mut du hast, dich deinen Gefühlen zu stellen, umso intensiver erlebst du dann das Leben.

Auch positive Gefühle wirst du in einer anderen Qualität

erfahren.

Zu Beginn kann das auch noch mal sehr verunsichernd, verletzlich oder schmerzhaft sein, da wir oft noch in Bewertungen verhaftet sind. Gute Gefühle sind positiv und ok, negative Gefühle sind nicht erwünscht. Sie sollen in unserem Bewertungsdenken nicht da sein und stören nur. Aber das Leben besteht aus Polarität, wir können das Gute nur wahrnehmen, wenn wir auch das vermeintlich Schlechte kennen. Zu erkennen, dass alles gleich-gültig ist, und es immer auf unsere Reaktion auf die Ereignisse ankommt, unterstützt uns immer mehr die Bewertungen loszulassen.

Je mehr du dich öffnest, annimmst du, loslässt und in Liebe bist, umso weniger verletzlich wirst du sein. Du erkennst, dass alles, was du erlebst dir etwas zeigen soll. Durch diese Auseinandersetzung und Erkenntnis kannst du lernen die Erlebnisse in Liebe anzunehmen und zu verändern.

Alles, was du erlebst, hast du selbst erschaffen, angezogen und soll dir als Lernaufgabe dienen.

Wir erhalten in der Schule des Lebens vom Universum so lange Lernaufgaben und Tests, bis wir unser Verhalten und unsere Reaktion darauf wirklich verändern konnten.

Mut

Mut

Nun schließe einmal deine Augen und höre mir zu:
Immer dann, wenn man liebt, ist man auch verletzlich.
Es gibt so vieles in deinem Leben, was du liebst, Menschen, Tiere,
Gegenstände...
Eine tiefe Beziehung einzugehen, bedeutet Mut zu haben.

Eine tiefe Beziehung einzugehen, bedeutet Mut zu haben.
Es bedeutet sich einlassen zu wollen.

Eine tiefe Beziehung einzugehen, bedeutet Mut zu haben.
Es bedeutet Fehler machen zu können.

Eine tiefe Beziehung einzugehen, bedeutet Mut zu haben.
Es bedeutet ein Risiko einzugehen. Es bedeutet auch Verluste und Verletzungen
zu riskieren.

Eine tiefe Beziehung einzugehen, bedeutet Mut zu haben. Es bedeutet das
Gefühl der Liebe zu erleben.

In den Situationen, in denen du eine tiefe Beziehung eingegangen bist, hast du
immer einzigartige Erfahrungen gemacht und all deine Gefühle in einer
besonderen Tiefe erlebt.

Eine tiefe Beziehung zu sich selbst einzugehen, bedeutet Mut zu haben. Es
bedeutet das Gefühl der Liebe zu erleben.

Und nun frage dich einmal, Was hindert dich daran eine tiefe Beziehung zu dir
selbst aufzubauen?
Was kannst du tun, um heute mutiger sein zu wollen?
Mach dir bewusst, je mehr du in die Tiefe gehst, je mehr du Liebe zulässt, je mehr
du in Liebe lebst, umso weniger riskierst du... Liebe ist die Essenz des
Lebens....

Meditation in Anlehnung an die tägliche Thetameditation

Vianna Stibal hat diese Meditationsübung zum Erreichen der Schöpferebene entwickelt. Sie empfiehlt: „Verwende die Meditation täglich um dich mit dem Schöpfer, mit allem, was ist zu verbinden. Je länger du die Energie halten kannst, umso leichter fällt es dir, Positives in dein Leben zu ziehen". Ich habe die Meditation mit meinen Worten abgeändert und gekürzt. In den Büchern von Vianna ist die Originalübung nachzulesen.

Es handelt sich hier um einen Übungsvorschlag. Es ist sicher einfacher mit einem erfahrenen Theta-Therapeuten diese Meditation und auch den theoretischen Hintergrund zu erarbeiten, um tiefere Prozesse zu bewegen. Dennoch soll sie in diesem Buch nicht fehlen, denn es ist eine wunderschöne Übung.

Reise zur 7.Ebenen nach Vianna Stibal

Stelle dir vor, wie du mit deinem Bewusstsein in das Zentrum der Erde eintauchst. Die Energie vom Zentrum der Erde steigt jetzt durch deine Fußsohlen durch dich hinauf und fließt durch alle deine Chakren hindurch. Sie sammelt sich über deinen Kopf in einem wunderschönen Lichtball. Schau einmal welche Farbe dieser Lichtball hat und mach dir bewusst, dass sich nun dein Bewusstsein in dieser Kugel befindet. Du schwebst in dieser Kugel über das Universum hinaus, stelle dir vor, dass du durch das Universum hindurch fliegst und schneller als Lichtgeschwindigkeit am Universum vorbei schwebst.

Du schwebst durch verschiedenen Lichtschichten, durch weiße Lichter, durch dunkles Lichtern, dann durch ein wunderschönes goldenes Licht. Stelle dir jetzt vor, dass du nun zu einem gallertartigen, die in allen Farben des Regenbogens schimmert, kommst. Du fliegst durch diese gallertartige Masse hindurch, sie verändert dabei immer wieder ihre Farbe. In der Ferne siehst du ein blauschillerndes irisierendes Licht. Es schimmert blauweiß, wie eine

Perle…Schwebe in die Richtung des Lichtes. Während du ihm näherkommst, siehst du einen rosafarbenen Nebel. Gehe weiter, bis du ihm nahe bist. Er wird dich an einen speziellen Ort bringen.

Du kommst zu einem perlmutfarbene Licht, dass die Form eines Rechtecks hat, wie ein Fenster. Dieses Fenster ist der Weg zur siebten Ebene der Existenz. Gehe durch das Fenster hindurch. Geh tief hinein.

Du siehst und spürst nun ein tiefes weißes Glühen durch deinen Körper fließen. Es fühlt sich leicht an und hat doch Essenz. Du kannst fühlen, wie es durch dich hindurchfließt, es ist, als ob es nun keine Trennung mehr zwischen deinem Körper und dieser Energie gibt. Du wirst zu allem, was ist. Keine Angst, dein Körper wird sich nicht auflösen, er wird gesund und perfekt. Genieße einen Moment diesen Zustand und dann kannst du deine Augen öffnen. Eine Zeitlang wirst du diesen entspannten Zustand halten können, je häufiger du diese Meditation übst umso länger wirst du auch im Alltag in diesem Thetazustand bleiben können

Nun folgt eine kurze theoretische Zusammenfassung dieser großartigen Technik, die ich als sehr tiefgehend und befreiend empfinde. Ich habe ThetaHealing erst vor 2 Jahren kennengelernt und sie hat eine entscheidende Entwicklung in mir vorangetrieben.

Mit allen Techniken, die ich gelernt und auch geübt habe, bin ich mir selbst immer ein Stück nähergekommen. Ich konnte immer mehr Selbst-Bewusstsein entwickeln. Doch durch die Arbeit mit ThetaHealing deckte ich noch mehr alte Verletzungen und Blockaden auf und konnte sie auflösen. Dafür bin ich sehr dankbar, denn ich spüre, nun bin ich mir selbst ganz nah. Alte Verletzungen und Verstrickungen sind aufgelöst, ich kann vieles entspannter und aus einer veränderten Perspektive betrachten. Und ich erlaube mir nun wieder, Träume und Wünsche zu haben. Das hatte ich nicht mehr zugelassen. Der unbewusste Glaubenssatz, ich bin, dass alles nicht wert, hat eine lange Zeit mein Leben bestimmt. Nun weiß und spüre ich, es ist alles möglich, was gut für mich ist. Ich verstehe nun, was es bedeutet, die Verantwortung für alles, was ich denke, fühle und tue, zu übernehmen.

ThetaHealing ist eine weitere energetische Heilmethode. Vianna Stibal, die Begründerin, erhielt im Jahr 1995 über Channelings, ihre Techniken. Seit dieser Zeit lehrt sie ThetaHealing erfolgreich in der ganzen Welt.

Eine wichtige Grundlage dieser Methode sind die Gehirnwellen, auch Gehirnfrequenzen genannt. Sie sagen etwas über die Aktivität des Gehirns aus und lassen sich in einem EEG messen
Wir unterscheiden fünf wichtige Gehirnwellen bzw.-Frequenzen: Beta, Alpha, Theta, Delta und Gamma. Unser Gehirn arbeitet

die ganze Zeit. Je nach dem, was gerade ansteht, arbeitet in und produziert es eine dieser fünf Frequenzen.

Die Frequenz wird von all dem, was du sagst oder auch tust, reguliert.
Wenn du mit jemanden sprichst, befindest du dich in der Betafrequenz. Hier bist du wach, aktiv und aufmerksam.
Wenn du dich in einem Zustand von tiefer Erholung und Meditation befindest, dann sind deine Gehirnwellen in einem Alpha -Zustand.
Während einer tiefen Entspannung, bei einer Hypnose und während dem REM-Schlaf befindest du dich in einer Theta-Frequenz. Hier findest du dann deinen Zugang zu absolut perfekter Stille.
Die Theta-Frequenz ist eine Gehirnwelle, von der Vianna Stibal erfahren hat, dass es möglich ist, alles zu erschaffen. Hier kannst du nach ihrer Philosophie die Realität augenblicklich verändern. Alles ist möglich. Auch Spontanheilungen.

Den Theta-Zustand bezeichnet man auch als das Unterbewusstsein. Hierbei handelt es sich um den Bereich, der sich zwischen unserem Bewusstsein und dem Unbewusstsein befindet. Das Unterbewusstsein speichert all unsere Gedanken und Gefühle, und leitet somit unseren Glauben und unser Verhalten.
Im Tiefschlaf arbeitet dein Gehirn in Deltawellen.
Gammawellen unterstützen die höheren Gehirnaktivitäten und somit unser Bewusstsein.

Wissenschaftler haben die Wirksamkeit von bestimmten Gehirnfrequenzen (vor allem der Alpha- und Thetawellen) erforscht und sehen ihre Effektivität als bewiesen an.
Bestimmte Frequenzen reduzieren Stress, mindern Angstgefühle, fördern die tiefe Entspannung. Es folgt dann die

Reduktion von Schmerzempfinden und erhöhten Glücksgefühlen.

ThetaHealing ist eine wunderbare Technik, die auch wieder die Selbstheilungskräfte aktiviert und innere Konflikte und Blockaden aufdeckt und dann auflöst.

Das Gehirn wird über die schon beschriebene Meditation in den Theta-Zustand versetzt, um darüber den Zugang zum Unterbewusstsein zu ermöglichen. Über diesen Zustand kann man dann auf das Unterbewusstsein einwirken und dauerhaft heilen.

ThetaHealing kann von jedem erlernt werden. Es handelt sich um eine Technik, die auf Körper, Geist und Seele wirkt.

Deshalb wirken alle „im Dreiklang" beschriebenen Techniken für sich allein, aber auch wunderbar ergänzend miteinander.

Einen besonderen tiefen Einfluss hat die Theta-Arbeit auf alle Glaubenssätze, die wir in uns tragen. Das Unterbewusstsein speichert alle Glaubenssätze, sie sind uns deshalb oft nicht bewusst. Diese unbewussten Themen blockieren und verhindern häufig ein erfülltes Leben.

Vianna Stibal hat für sich erkannt, dass Glaubenssätze auf verschiedenen Ebenen des Seins gespeichert und zu finden sind.

Sie unterscheidet zwischen Kernglaubenssätzen, genetischen -, historischen - und seelischen Glaubenssätzen.

Die Kernglaubenssätze wurden in der Kindheit gelernt und sind im Vorderlappen des Gehirns gespeichert.

Die genetischen Glaubenssätze werden in der DNA gespeichert und enthalten Erinnerungen und Erfahrungen unserer direkten Vorfahren (bis zu 7 Generationen zurück).

Die historischen Glaubenssätze enthalten Erinnerungen aus früheren Leben. Auch kollektive Erfahrungen, die der Klient miterlebt hat, sind hier gespeichert.

Glaubenssätze auf Seelenebene sind besonders tief. Sie werden in der Herzgegend gespeichert.

Um diese begrenzenden Glaubenssätze aufzuspüren, nutzt man die Technik des „Digging", des Grabens. Durch das Graben mit bestimmten Fragen im Theta Zustand kann man die Glaubensätze aufspüren, durch kinesiologische Tests bestätigen, um sie dann zu löschen oder aufzulösen und somit zu verändern.

Zusätzlich arbeitet man im ThetaHealing mit Downloads, eine Sammlung von neuen veränderten Gefühlen und Wissen, welche ins Unterbewusstsein des Klienten auf seinen Wunsch hin integriert, werden können.

Jede Heilung wird über die universelle Schöpferkraft vollzogen und durch den Therapeuten bezeugt. Er ist so etwas wie der Kanal, der sich diese Heilung anschaut, begleitet und bezeugt. Auch im Reiki ist der Anwender immer nur der Kanal. Heilung geschieht nur dann, wenn der Klient offen ist und die Energie annimmt.

Diese universelle Schöpferkraft steht jedem Menschen zur Verfügung. Mit der oben schon beschriebenen Meditation gelangt man auf diese 7 Ebene des Seins und lernt dort mit dieser Kraft zu arbeiten.
Beim ThetaHealing handelt es sich genau, wie auch Reiki und Meditation, um eine religionsübergreifende Technik und steht somit jedem Menschen zur Verfügung. In den von mir besuchten Seminaren bin ich auf unterschiedliche Menschen und Kulturen getroffen. Ich wusste zum Beispiel nicht, dass besonders in der Türkei ThetaHealing sehr verbreitet ist. Das hat mich sehr beindruckt.

Wie in vielen anderen Energietechniken und auch Religionen wird auch im Theta davon ausgegangen, dass wir ein Teil Gottes sind und alles und alle miteinander verbunden sind. Aus diesem Grund sind wir in der Lage auf diese Schöpferkraft zurückzugreifen, und die Heilung durch den Schöpfer anzuweisen. Der Theta Heiler veranlasst Heilungen und bezeugt diese, um sie wahr werden zu lassen. So verändern sich bewusste und sogar unbewusste Überzeugungen. Es kommt zur dauerhaften Veränderung und einem achtsamen, bewussten und erfüllten Leben.

Um einmal zu beschreiben, wie anders und wirksam eine Theta Sitzung sein kann, möchte ich folgende Geschichte erzählen. Da ich meistens die Inhalte der einzelnen Theta Sitzungen vergesse, und ich natürlich auch die Schweigepflicht einhalten muss, beschreibe ich nur das Ergebnis einer meiner Sitzungen. Einer guten Bekannten ging es psychisch nicht sehr gut, sie befand sich in einer Umbruchsphase. Mit Angstzuständen und einem sehr geringen Selbstbewusstsein kam sie zu mir und wollte von mir Unterstützung bzw. mehr Klarheit.
In unserer Sitzung wurde mir gezeigt, dass ein Grund für einen Teil ihrer Probleme ein Thema mit Ihrem Großvater war. Weiter wurde mir gezeigt, dass rund um ihre Geburt etwas Traumatisches passiert sein muss. Das, was wir dann gemeinsam entdeckt haben, tut hier nichts zu Sache, ganz genau weiß ich es auch nicht mehr. Der Geburtsvorgang war wohl sehr traumatisch. Durch die Sitzung und ein folgendes intensives Gespräch erkannte sie, dass die Situation um ihre Geburt entscheidenden Einfluss auf ihre im Leben immer wiederkehrenden Ängste hatte. Dahinter steckte der Glaubenssatz „es ist gefährlich zu leben."
Auch wenn ich nicht genau alle Ereignisse von diesem Trauma weiß, das, was mir aber aus dieser Sitzung in Erinnerung geblieben ist, waren jedoch die Worte meiner Klientin. „Sie hätte jahrelang Therapien gegen ihre Angststörungen gemacht, aber das Trauma während der Geburt wäre noch keinem anderen Therapeuten aufgefallen."
Wir haben mit den Techniken des R-M-T weitergearbeitet. Seit dieser Sitzung habe ich das Gefühl, dass es ihr immer besser geht und sie selbstbewusster und gelassener geworden ist.

Dies ist nur ein Beispiel für die Möglichkeiten, die R-M-T bietet, es gibt viele mehr. In dieser Geschichte kann man aber schön erkennen, dass wir an einen wichtigen Ursprung einer ihrer Glaubenssätze gelangt waren. Diese waren so unbewusst und dennoch hatten sie ihr Leben massiv beeinflusst.

Und wer heilt, hat recht sagt man doch...
Es ist für mich nicht wichtig, wie es funktioniert hat, ich weiß und fühle, dass ich geführt werde, und das Ergebnis zeigt mir, dass es gewirkt hat. Was will ich mehr?

Nun konzentriere ich mich auf die einzelnen Chakren:

Wurzelchakra

Themen des Wurzelchakra sind Urvertrauen, Vitalität, Lebenskraft, Erdung, Sicherheit, mit beiden Beinen im Leben stehen Selbstvertrauen

Baum des Lebens

Breit und kräftig steht er da
tief und fest sind seine Wurzeln,
ein zartes Grün bekleidet seine Äste
stolz steht er da und fragt nicht warum
es ist seine Aufgabe zu sein

Starke Wurzeln geben ihm die Kraft
Sich voll zu entfalten und zu stehen
nach oben hin entfaltet er seine Krone
stolz steht er da und fragt nicht warum
es ist seine Aufgabe zu sein
Stamm und Rinde erzählen von seiner Geschichte
manch abgestorbener Ast erzählt vom Leid
doch ein zarter Spross verspricht die Zukunft
stolz steht er da und fragt nicht warum
es ist seine Aufgabe zu sein

In jeder Jahreszeit
zeigt er ein anderes Kleid
ohne Furcht steht er im Wind
stolz steht er da und fragt nicht warum
es ist seine Aufgabe zu sein
es ist der Baum des Lebens
es ist das Symbol für das Leben
einfach zu sein im Leben

In den folgenden Kapiteln findest du jetzt verschiedene Arbeitsvorschläge zu den unterschiedlichen Themen der Chakren. Es handelt sich um Texte, die du als eine Meditation durchführen kannst, indem du sie liest oder dir vorlesen lässt. Hier kannst du vielleicht schon einige Blockaden oder bestimmte Themen aufspüren. Einfacher ist es, wenn man gemeinsam in einer Gruppe oder allein mit einem Therapeuten oder spirituell ausgebildeten Menschen arbeitet. In jedem Chakra findest du Affirmationen und Theta Downloads, später mehr dazu.

Es wird wahrscheinlich notwendig sein, die Übungen ein paar Mal zu wiederholen. Wenn du in einer Gruppe oder mit einem spirituell ausgebildeten Therapeuten arbeitest, wirst du viele Übungen auch nach der Arbeit mit der Gruppe oder dem Therapeuten allein weiterführen. Der Weg zu deiner Persönlichkeitsentwicklung und Heilung geht immer nach Innen und diesen Weg geht jeder für sich allein.

Alte Muster

alte Muster

Stell dir einmal vor, du gehst in einem Park spazieren.
Du bewunderst die vielen Bäume, die hier stehen, alte knorrige, junge mit einem dünnen Stamm... Bäume mit einer großen Krone ... dünne Bäume, die wenig Platz und trotzdem ihren Platz gefunden haben.
Du kommst an einen besonderen Baum, der deine Aufmerksamkeit erregt. Es ist ein alter Baum, groß, kräftig mit vielen Verzweigungen und einer dichten Krone. Du erkennst, dass dieser Baum viele Jahre dort schon steht.
Du siehst, dass er im Laufe der Zeit einige Verletzungen erlitten hat und doch ist er stark und fest.
Du trittst näher, riechst den Baum, berührst seine Rinde und spürst, ... das ist ein besonderer Baum...

Du hast einmal gehört, dass man einen Baum umarmen kann und er einem dann Energie spendet. Umarme in deine Vorstellung einmal diesen besonderen Baum und lass dich von seiner Energie durchfluten...
Du setzt dich hin und lehnst dich an diesen Baum an... du spürst, es ist der Baum der Erkenntnis in deinem Inneren und er kennt deine inneren Botschaften...
Während du so an diesem Baum lehnst...geht ein sanfter Wind durch die Baumkrone...der Baum scheint mit dir sprechen zu wollen..., wenn du ganz still wirst, dann kannst du seine sanfte Stimme hören....
Da bist du ja...wie schön...wie geht es dir? Lange habe ich auf dich gewartet- Heute will ich dir von dir und deiner Seele erzählen...
Wie oft denkst du, ich bin ich! Doch wer bist du wirklich? Ich bin Ich, doch was steht da wirklich hinter?

Bist du der oder die den du da im Spiegel siehst, frage dich, bist du nicht viel mehr?

Ich bin Ich, doch kennst du wirklich den oder die, der hinter all den Glaubenssätzen, Erziehungskriterien und Erfahrungen, die du mit dir herumträgst, steckt...

Frage dich, wer bist du wirklich, wer wärst du, wenn du all diese Muster wie Kleidungstücke ablegen würdest, eins nach dem anderen, um zu sehen was sich dahinter versteckt....

Höre einmal hin, wie der Wind sanft durch meine Krone und Blätter schwebt, das macht uns beide zu dem wer wir sind....wir gehören zusammen....erst wenn du deine alten Muster und Gedanken wie Kleider ablegst, dann entdeckst du dein wahres Ich, deine wahre Kraft und kommst in Kontakt mit deiner Seele...die Seele ist wie der Wind, sie ist wie ein Licht, das in dir erstrahlt und dich durchflutet....die Seele ist nichts anderes als Liebe die dich durchdringt, die alles durchflutet sobald du diese Liebe hinter all den Erfahrungen entdeckst...

Leg deine Muster wie Kleidungstücke ab, lass dich durchfluten und du wirst das Ich bin Ich wirklich entdecken...du wirst spüren, dass du tief verwurzelt bist mit dieser Erde, die dich trägt, stützt und nährt.

Lege Deine Muster wie Kleidungsstücke ab, lass dich durchfluten und du wirst das Ich bin Ich wirklich entdecken...du wirst spüren, dass du mit der Quelle des Seins verbunden bist...

Lege deine Muster wie Kleidungstücke ab, lass dich durchfluten und du wirst dieses Ich bin Ich wirklich entdecken. ---dann wirst du entdecken, dass du getragen und geführt bist und das Leben leicht und frei sein kann

. ...ein sanfter Wind geht durch die Krone des Baumes und wenn du willst, kannst du einmal versuchen einzelne Kleidungsstücke abzulegen /einzelne Muster abzulegen um die Liebe...und das ich bin ich zu erahnen...zu spüren...

Eine Möglichkeit alte Muster abzulegen, besteht darin, Übungen aus diesem Buch, die zu deinen Themen passen, regelmäßig durchzuführen.
Zum Beispiel hilft ein starkes und offenes Wurzelchakra in den Stürmen des Lebens zu bestehen. Oft verhindern alte Muster und Glaubenssätze, zu erkennen, wer man hinter all dem wirklich ist. Die Muster oder auch Masken zu erkennen und die nicht dienlichen abzulegen, unterstützt die Öffnung des Wurzelchakras.
Diese „-Ich bin Ich-Meditation" würde auch einen Platz bei einigen anderen Chakren finden können. Ich habe mich aber entschieden sie hier zu platzieren, denn erst wenn ich bereit bin, mir meine Muster anzuschauen und limitierende aufzulösen, kann ich das Selbstvertrauen in mich und in meine Verbindung zur Erde spüren. Meine Blockaden im Wurzelchakra dazu aufzulösen, ist ein guter Weg. Das ist eine wichtige   Basis, um sich weiter zu entfalten und entwickeln.

Für mich ist der Baum, wie schon in der ersten Meditation beschrieben, ein schönes Synonym für all das, was dieses Basis-Chakra ausmacht…tiefe Wurzeln lassen ihn nach oben hinwachsen. Ohne diese Wurzeln könnte er nicht sein. Ohne ein starkes Wurzelchakra können wir nicht „wir selbst" sein.

Der Baum ist mein Meistersymbol. Ich habe dieses Symbol während des Reiki-Seminar Grad 3 an der Nordsee gefunden.

Beim Reiki arbeiten wir auch mit energetischen Symbolen. Der „Reiki-Schüler" erhält im dritten Grad das Meistersymbol. Dr. Usui, der Begründer der Reiki-Lehre um 1922, hatte es damals für sich gefunden. Langezeit war es ein geheim gehaltenes Symbol, was nur einem „Schüler" des dritten Grades offenbart wurde. Dank dem Internet kann man jetzt auch dieses „geheime Zeichen" überall finden.
Alles ist Energie! Symbole und Bilder sind auch Energie und haben eine Wirkung, wenn wir mit ihnen in Resonanz stehen.

Ein Herz z.B. ist für viele von uns ein Symbol für Liebe. Wir haben für uns eine entsprechende Assoziation, meistens entsteht darauf eine innere Reaktion. Die Symbole des traditionellen Reiki sind japanische Symbole, man darf für sich als westlich geprägten Schüler schauen, ob sie eine Resonanz in uns bewirken.

Von daher führte mein Reiki Lehrer Peter Michael Dieckmann zusätzlich eine Meditations-Übung durch, damit jeder sein eigenes persönliches Meister-Symbol finden kann. Ein Symbol, mit dem er selbst in Resonanz gehen konnte, ein Symbol für die Bestimmung der kommenden Zeit.

Meine Reiki Seminare fanden alle in einem Hotel an der Nordsee statt. Von den Zimmern, die zur Nordsee zeigten, konnte ich immer einen kleinen Baum sehen. Nichts Besonderes, nicht groß aber für mich präsent. Mein Lehrer machte, während meines dritten Grades, mit uns die Meistersymbol-Übung, in der wir in der Meditation um unser persönliches Symbol bitten durften. Er sprach davon, dass entweder in dieser Meditation oder im Laufe des Tages eine Botschaft, ein Symbol auftauchen würde.

In der Meditation bekam ich keine Botschaft und kein Bild. Nach der Übung gingen wir schweigend am Strand spazieren. Ich hing meinen Gedanken nach. Wie ein Blitz sah ich auf einmal den kleinen Baum, der vor dem Hotel steht, vor meinem Auge. Es war mir sofort klar, das ist mein Meistersymbol. Es gab für mich keinen Zweifel und kein Hinterfragen. Der Baum und gerade dieser Baum ist mein Meistersymbol. Ich bin anschließend zu ihm hingegangen und habe entdeckt, dass es eigentlich zwei Bäume sind, die miteinander verbunden und ineinander verschlungen sind. Für mich, die auf der Suche nach Liebe war, zusätzlich eine wunderschöne Botschaft. Es ist möglich aus zwei zu einem zu werden und dennoch ich selbst zu bleiben. Immer wenn ich an diesem Ort an der Nordsee bin, schaue ich nach diesem Baum, der mein Freund geworden ist. Ich fasse ihn an und fühle mich bei ihm zuhause.

Mit meinem Meistersymbol kann ich mich sehr gut identifizieren. In meiner Arbeit als Lehrerin sprechen viele Teilnehmer davon, dass sie meine Bodenständigkeit sehr schätzen...für mich ist diese Bodenständigkeit meine Wurzel. Im Laufe der vielen Jahre bin ich gewachsen und habe viele neue unbekannte Facetten an mir kennengelernt. Wie bei einem Baum können sich die Teilnehmer bei mir anlehnen, ausruhen, Kraft und Energie schöpfen, um dann weiterzugehen. Wie eine Rast an einem Baum. So sehe ich auch meine Arbeit...den Menschen, Halt, Mut und Kraft zu geben, um ihren eigenen Weg zu finden und ihn gehen zu können.

Doch nun erst einmal zurück zu dem Baum als Symbol für mein Leben. Ein Baum hat, wenn er gesund ist, tiefe Wurzeln, die ihm Halt geben und versorgen. In meinem Inneren habe ich auch tiefe Wurzeln, sonst hätte ich meine Geschichte nicht überlebt. Meine Wurzeln sind mein Mitgefühl, meine Kraft und eine tiefe Liebe.
Es gab im Laufe meines Lebens eine Zeit, in der ich diese Gaben absolut abgelehnt hatte. Doch führte mich das Universum immer wieder in Situationen, in denen ich gerade diese Bodenständigkeit und Liebe brauchte. Und diese dann natürlich auch immer wieder lebte. Seit 30 Jahren arbeite ich als Physiotherapeutin an einer Förderschule mit körperlich behinderten Kindern. Hier wurden immer wieder meine Liebe, mein Mitgefühl und meine Kraft gefragt und gefordert. Es war gar nicht möglich, diese Fähigkeiten in meinem Beruf nicht einzubringen und auch noch heute arbeite ich sehr gerne mit diesen wundervollen Kindern. Den Sterbeprozess der Eltern von Freunden, aber auch meiner Eltern konnte ich mit dieser Gabe begleiten und den Menschen aber auch mir selbst eine große Stütze in dieser Zeit sein.
Dennoch habe ich diese Fähigkeit manchmal nicht mehr schätzen können. Es gab immer wieder Situationen, in denen ich das Gefühl hatte, nur in Notsituationen und zur Unterstützung, gebraucht und deshalb geschätzt wurde. Oft bin

ich mit den Veränderungen, die sich, nachdem die Notsituation bewältigt war, ergaben nicht zurechtgekommen. Vieles habe ich falsch verstanden und falsch interpretiert – Oft haben sich dann die Wege getrennt.
Jetzt nehme ich meine Gaben in Liebe an, schätze und verstärke sie durch mein tägliches Sein.

Verwurzelt zu sein, bodenständig zu sein und Bodenhaftung zu haben ist für mich und meine Arbeit mit den Kindern und meinen Klienten ganz wichtig.
Wir sind angetreten, dieses Leben mit all den Herausforderungen, die es uns bietet, zu leben.
Nur wenn du dich verwurzelt fühlst, kannst du den Sturm, den das Leben uns zur Entwicklung immer wieder mal schickt, bestehen. Das Wurzelchakra wird auch Basischakra genannt. Es ist unsere Basis, mit der wir und von der wir unser Leben gestalten müssen. Ein gut geöffnetes und harmonisch arbeitendes Chakra gibt uns Urvertrauen, Vitalität, Lebenskraft, Erdung, Sicherheit das Gefühl mit beiden Beinen im Leben zu stehen. Diese Aufzählung kann man sicher noch erweitern. Es sind wichtige Voraussetzungen für ein gutes Selbstvertrauen. Das Basischakra muss im Lot sein, damit alle anderen Chakren gut arbeiten können. Das Chakren System funktioniert wie ein Zahnradsystem, die Räder arbeiten miteinander und wenn es an der Basis schon harkt… wie sollen dann die anderen Chakren in ihre Funktion richtig arbeiten können?

Feuermeditation

Die folgende Feuermeditation findest du abgewandelt für jedes Chakra. Feuer hat eine große Kraft und kann deshalb innere Blockaden auflösen. Es gibt zahlreiche spirituelle Rituale, mit denen du unangenehme Themen mit einer Feuerübung loslassen kannst. Es entwickelt sich aber auch die Kraft der Erneuerung mit diesen Ritualen. Wenn du etwas Altes und nicht mehr dienliches bewusst gehen lässt, entsteht automatisch Platz für etwas Neues. Da wir die Schöpfer unserer Realität sind, können wir für uns dann wunderschönes und dienliches erschaffen. Von daher findest du in jedem Chakra diese Übung, um die hier angesiedelten Blockaden abzugeben und Neues kreieren zu können.

In der Feuer-Meditation findest du am Ende immer eine Affirmation als Stärkung. Du kannst dir eine für dich passende Affirmation heraussuchen und sie austauschen oder ersetzen. Natürlich besteht auch die Möglichkeit eigene Affirmationen zu nutzen.
Später findest du in jedem Kapitel auch Theta Downloads, die jeweils dein entsprechendes Chakra stärken können.
Gut gewählte Theta Downloads, Affirmationen und die Verknüpfung mit Chakren Themen kannst du wunderbar nutzen, um eine Harmonisierung und daraus resultierenden Heilung eines Chakras anzubahnen.

Affirmationen sind positiv formulierte und selbstbejahende Sätze. Diese wiederholst du, liest oder denkst du mehrmals täglich, um deine innere Gedankenwelt zu verändern und zu kontrollieren. Man sagt, dass nach etwa 21 Tagen dein Körper die veränderten Verhaltensweisen und Gefühle, die die Affirmation bewirken will, verinnerlichen kann.

Du kannst allein nur mit Affirmationen das jeweilige Chakra unterstützen und stärken, wenn es nicht zu stark blockiert ist. Harmonisiere regelmäßig deine Chakren und du wirst mehr Selbstliebe, Selbstvertrauen, körperliche und seelische Heilung erfahren. Vor allem Selbstliebe und Selbstvertrauen kann nur dann wahr und echt entstehen, wenn der innere Energiefluss frei und ungehindert ist. Eine weitere Möglichkeit auf alle Chakren gleichzeitig Einfluss zu nehmen, ist die folgende Übung. Um Veränderungen spüren zu können, solltest du sie mindestens drei Wochen lang einmal täglich durchführen

Feuer der Erde

Die Übung kannst du im Sitzen oder Liegen machen:

Schließe deine Augen und lass deinen Atem fließen. Lass alle Alltagsgedanken mit der Ausatmung los und atme ganz bewusst über dein Kronenchakra ein heilendes, beruhigendes Licht ein. Mache dies so lange, bis du das Gefühl hast, ganz bei dir angekommen zu sein.
Stell dir einmal das Wurzelchakra wie eine Schale vor. Groß und ausladend liegt diese Schale in deinem Becken. Schau einmal welche Farbe diese Schale hat, wie sie aussieht, ist sie eher schlicht oder außergewöhnlich verziert.
Nun konzentriere dich einmal auf den Bereich, der gerade auf der Erde aufliegt, sind es die Füße, ist es das Gesäß oder ist es der gesamte Körper... je nachdem wie du dich zu dieser Meditation positioniert hast.
Spüre einmal den Kontakt, der jetzt entstanden ist. Mache dir einmal bewusst, dass du von der Erde getragen wirst, genauso, wie du es jetzt spürst...getragen und gestützt, ja sogar unterstützt. Mache dir dieses Gefühl noch einmal bewusst, spüre noch einmal tief hinein in das Gefühl getragen und gestützt zu werden. Lasse einmal all deine Anspannung, Körperspannung und Kontrolle bewusst los und gib dich diesem Gefühl einmal ganz und gar hin... du wirst getragen, gestützt und unterstützt...Frage dich einmal, wie fühlt es sich an, kann ich mich fallen lassen und es zulassen? Frage dich, was brauche ich mehr um dieses Gefühl des Getragen werden, Gestützt werden zulassen zu können? Sind es vielleicht starke Wurzeln, die wie ein Baum mit seinen Wurzeln mit der Erde verbunden und gehalten ist, die dir fehlen? Oder sind diese nicht stark

genug? Stelle dir jetzt vor, wie du einmal ganz bewusst deine Wurzeln tief hinab in die Erde aufbaust und spürst. Sie einmal vor deinem geistigen Auge, wie du starke und kräftige Wurzeln tief in die Erde laufen lässt und sie sich dort verankern. Über diese Wurzeln kann jetzt die wunderbare Erdenergie in dein Becken fließen. Spüre wie ein warmer roter Strom die Wurzeln hochsteigt und sich in deiner Schale im Becken sammelt. Dieser Strom von Energie sammelt sich in deinem Becken und du kannst dir nun vorstellen, dass diese Energie unheimlich stark ist. Sie entfacht in deiner Schale ein Feuer, ein Feuer, dass all die Themen, die hier feststecken in dieser Schale verbrannt werden. Ich habe Vertrauen, dass diese Energie genau, dass vernichtet, was dir für ein offenes Chakra fehlt. Ich gebe dir die Erlaubnis, dass du frei sein willst und darfst und übergib einmal bewusst oder auch unbewusst, diesem Feuer all das zu verbrennen, was hier blockiert.

Nimm dir die Zeit, die du dafür brauchst, ...

Wenn du das Gefühl hast, dass all das, was zu diesem Zeitpunkt verbrannt werden soll, auch verbrannt ist, dann atme einige Male tief ein und aus. Beruhige dich selbst, indem du dir sicher sein kannst, alles geschieht nur zu meinem höchsten und besten Wohl.

Konzentriere dich noch einmal auf deine Wurzeln und auf diese Schale in deinem Becken. Spüre einmal wie ein vielleicht noch kraftvollerer Strom aus deinen Wurzeln in deine Beckenschale sprudelt und dich vital und kraftvoll werden lässt. Spüre wie jetzt diese Schale mit Vitalität und Lebensenergie aufgefüllt wird. Sage dir im Stillen: Ich weiß und verstehe, wie es sich anfühlt, tief mit meiner Basis und mit der Erde verwurzelt zu sein.

Übung Chakren Harmonisierung

Schließe deine Augen und atme einige Male tief ein und aus. Dann lass deinen Atem einfach fließen.

Lege deine Hände auf dein Wurzelchakra, dem Genitalbereich, und sprich für dich mehrmals laut oder leise:
-Ich werde getragen-
lass deine Hände noch einen Moment liegen

Lege deine Hände auf dein Sakralchakra, dem Bereich unterhalb des Bauchnabels, und sprich für dich mehrmals laut oder leise:
-Ich lebe meine Kreativität-
lass deine Hände noch einen Moment liegen

Lege deine Hände auf dein Solarplexus Chakra, dem Bereich oberhalb des Bauchnabels, und sprich für dich mehrmals laut oder leise:
-Ich ruhe in meiner Mitte-
lass deine Hände noch einen Moment liegen

Lege deine Hände auf dein Herzchakra, auf deine Brust, und sprich für dich mehrmals laut oder leise:
-Ich bin Liebe-
lass deine Hände noch einen Moment liegen

Lege deine Hände auf dein Kehl Chakra, dem Halsbereich, und sprich für dich mehrmals laut oder leise:
-Ich lebe meine Wahrheit-
lass deine Hände noch einen Moment liegen

Lege deine Hände auf dein Stirn Chakra, dem Stirn -und Hinterkopf Bereich, und sprich für dich mehrmals laut oder leise:
-Ich folge meiner Intuition -
lass deine Hände noch einen Moment liegen

Lege deine Hände auf dein Kronenchakra, auf deinen Scheitel, und sprich für dich mehrmals laut oder leise:

-Ich bin verbunden-
lass deine Hände noch einen Moment liegen

Lege eine Hand auf dein Wurzelchakra und die andere auf dein Kronenchakra
und sprich für dich mehrmals laut oder leise:
-Ich werde getragen und bin verbunden-
lass deine Hände noch einen Moment liegen

Lege eine Hand auf dein Sakralchakra und die andere auf dein Kronenchakra
und sprich für dich mehrmals laut oder leise:
-Ich lebe meine Kreativität und folge meiner Intuition-
lass deine Hände noch einen Moment liegen

Lege eine Hand auf dein Solarplexus Chakra und die andere auf dein Halschakra
und sprich für dich mehrmals laut oder leise:
-Ich ruhe in meiner Mitte und lebe meine Wahrheit –
lass deine Hände noch einen Moment liegen

Lege eine Hand auf dein Herzchakra und sprich für dich mehrmals laut oder
leise: -Ich bin Liebe -
lass deine Hände noch einen Moment liegen

Affirmationen für das Wurzelchakra:

Zu den einzelnen Chakren habe ich ein paar gängige Affirmationen aus dem Internet gesammelt. Einige habe ich dann mit einem Text, einer Übung oder einer Meditation verbunden. Du kannst jede Übung oder Meditation mit den hier aufgeführten Affirmationen oder deinen eigenen kombinieren. So entsteht dein eigenes Übungsprogramm.

Ich bin sicher, geborgen und beschützt. Ich bin voller Lebensenergie.

Ich bin geerdet.

Ich habe einen festen Platz in dieser Welt.

Ich bin zentriert.

Ich fühle mich geborgen und sicher.

Die Erde trägt und nährt mich.

Ich bin zuhause.

Ich spüre tiefes Vertrauen in mir.

Ich vertraue darauf, dass mir immer alles zur Verfügung steht, was ich zum Leben brauche.

Ich öffne mich neuen Möglichkeiten.

Ich vertraue darauf, dass alles gut ist, so wie es ist.

Ich vertraue mir selbst und dem Leben.

Ich schenke meinem Körper Wertschätzung und Liebe, so wie er gerade ist.

Ich höre auf meinen Körper und verstehe seine Bedürfnisse.

Ich bin in Harmonie mit meinem Körper.

Ich bin dankbar, dass ich vertrauen kann.

Alles ist Energie. Auch Worte sind Energie und Schwingung. Deshalb erklärt es sich, dass gut ausgewählte Affirmationen und Mantren mit ihrer Energieschwingung Einfluss auf den Körper, die Chakren und den Geist haben können. Als Energiewesen reagieren wir, besser gesagt unsere Zellen, auf eintreffende Schwingungen. Wenn eine bestimmte Frequenz auf unseren Körper trifft, verändert sich auch dort die Energieschwingung. Ein einfaches Beispiel: Wenn wir auf einen Menschen treffen, der sehr schlecht gelaunt ist, dann müssen wir aufpassen und uns schützen, um nach dem Treffen nicht von seiner schlechten Laune angesteckt zu sein.

Bei einer Störung oder Blockade in einem bestimmten Chakra ist die Energieschwingung der Zellen in diesem Bereich verändert. Durch die Zuführung einer besonderen Schwingung in Form einer Affirmation, Musik oder Energieübertragung wird die „Störung", also die Schwingung in diesem Bereich „angestoßen" und sie kann sich wieder neu ausrichten.

Bewusst habe ich diese Wirkung bei einer Klangschalenfortbildung erfahren dürfen. Schwingung von Energie verändert etwas im Körper! Während meiner Ausbildung zur psychologischen Beraterin konnten wir einige Ausbildungsbereiche auswählen, in denen wir uns spezialisieren wollten. Diese Ausbildungen fanden deshalb nur zu bestimmten Zeiten statt, sonst musste man sehr lange auf die Wiederholung des Kurses warten. Zum Termin einer Klangschalenfortbildung, die ich gebucht hatte, war ich sehr schwer erkältet und fühlte mich ziemlich krank. Doch wollte ich unbedingt die Fortbildung machen bzw. schauen, wie lange ich durchhalten würde. In der Vorstellungsrunde erklärte ich, dass ich nicht wüsste, wie lange ich wegen der Erkältung dabeibleiben könne. Die Dozentin hörte mir zu und sagte spontan: „Du wirst bis zum Ende bleiben und am Abend bist du wieder fit". Und sie hatte recht. Wir arbeiteten viel und auch immer wieder gleichzeitig mit verschiedenen Klangschalen, sie erzeugen eine geballte Kraft an Schwingung mit ihren Klängen, die natürlich auch auf meinen Körper traf. Wie schon beschrieben, ist bei einer Krankheit oder anderen Blockade die Schwingung der Zellen in diesem Bereich verändert. Durch eine heilende Schwingung wie Klang, Worte, Musik, Reiki, werden die Zellen aktiviert, sich neu auszurichten und dann wieder optimal zu schwingen.

Was soll ich sagen, ich hatte bis zum Abend durchgehalten und mich auch gut gefühlt und am Ende des Kurses war sowohl der Schnupfen als auch der Husten wie weggeblasen. Diese Erkenntnis hat mich sehr beeindruckt, seitdem glaube ich, dass alternative Heilmethoden ihre Berechtigung haben und wirken. Allein bei kleineren Beschwerden und in Kombination mit schulmedizinischen Maßnahmen als Unterstützung bei größeren Beschwerden. Natürlich spielen die Offenheit und Bereitschaft des Klienten eine wichtige Rolle. Ist ein Mensch verschlossen, dann ist er auch verschlossen gegenüber heilender Schwingung.

Wie schon beschrieben entsteht durch unsere Gedanken unsere Realität. Alles, was wir Denken kommt als ein Ereignis zu uns zurück.

Wenn wir immer wieder das Gleiche denken, kann dieser Gedanke durch unseren kritischen Filter des Bewusstseins ins Unterbewusstsein hindurchsteigen. Er wird dann zu unserem Glaubenssatz. Diese manchmal unbewussten Überzeugungen haben wiederum Einfluss auf unsere Realität. Das bedeutet im Umkehrschluss natürlich, wenn wir unsere Glaubensätze und Überzeugungen verändern, dann verändern sich auch automatisch unsere Erfahrungen und unsere Realität.

Mit Hilfe von Downloads aus dem ThetaHealing können wir unsere Überzeugungen, Gefühle und Programme, die uns nicht mehr dienlich sind, umwandeln und verändern.

Downloads entfalten sich wie Samen, die in dein Unterbewusstsein gelegt werden. Durch deine Bereitschaft diesen Pflanzenkeim aufzunehmen, kann er sich erst entwickeln. Neue Glaubensätze und Programme können dann in deinem Leben entwickeln. Um einen Download, also den Samen, zu akzeptieren und aufzunehmen, musst du bewusst Ja sagen! Erst durch diesen Entschluss kann der Samen in dir wirken und wachsen.

Mit schönen Downloads kann ein Therapeut, aber auch du selbst, neue oder veränderte Gefühle in dein System aufnehmen. Dafür ist ein meditativer Zustand hilfreich, notwendig und wichtig. Natürlich kann man diese Downloads auch wie eine Affirmation so lange in Gedanken wiederholen, bis sie sich im Unterbewusstsein gefestigt haben.

Da es sich dann um ein mentales Training handelt, ist es wichtig, die Übung wirklich nicht zu unterbrechen. Um neue Glaubenssätze zu

verinnerlichen, braucht das Unterbewusstsein mindestens 21 Tage. So lange; besser noch länger; solltest du ein oder zwei Downloads oder denken und sprechen, wenn du ihn als Affirmation nutzen möchtest. Gleiches gilt auch für die Affirmationen.

Ansonsten sind diese hier beschriebenen Downloads mir vom Schöpfer für alle, auch die bisher noch kein ThetaHealing gemacht haben, übermittelt worden. Du kannst sie in einem meditativen Zustand laut aussprechen oder dir vorlesen lassen und dann darauf mit einem Ja antworten.

Sei ruhig neugierig und versuche es einmal:

Downloads Wurzelchakra

Ich weiß und verstehe, wie es sich anfühlt, tief mit meiner Basis mit der Erde verwurzelt zu sein.

Ich verstehe, dass ich sicher sein kann und von der Erde getragen werde.

Tief verwurzelt, sicher und getragen, kann ich mich meinen weltlichen Themen stellen und die höchste Perspektive des Schöpfers von Heilung und Leben kennen lernen.

Im Vertrauen in den Schöpfer und in dem Schutz der Mutter Erde beginne ich zu wachsen und zu transformieren.

Mit Hilfe der höchsten Perspektive des Schöpfers gelange ich mit Freude und mit Leichtigkeit, getragen von der Erde, in die Fülle und in den inneren und äußeren Reichtum.

Ich erkenne mit Hilfe des Schöpfers, dass ich der/die sein darf die ich bin und dass in vollem Umfang. Ich erfahre die höchste Perspektive des Schöpfers von Selbstvertrauen. Getragen durch die Erde und durch die Arme und Weisheit des Schöpfers lerne ich mich, meine Bedürfnisse und meine Fähigkeiten ohne Drama kennen und lieben. Ich entwickle das Vertrauen in mich, in den Schöpfer, in das Sein und das Leben.

Ich weiß und verstehe wie ich mir ohne Gefahr und Drama alle Verletzungen, die ich hier im Wurzelchakra gespeichert habe, zu meinem höchsten und besten Wohl in angemessener Geschwindigkeit auflösen und dem göttlichen Licht übergeben kann. Ich bin mir sicher, dass ich getragen und unterstützt werde von dem Schöpfer oder einer anderen Kraft, die in diesen Momenten bei mir ist. Ich vertraue darauf, dass sich diese Dinge so zeigen, dass ich gut damit umgehen kann., Ich weiß und verstehe, dass ich in diesen Momenten unterstützt werde und ich mir vergeben kann, dass ich diese Blockaden aufgebaut und so lange zugelassen habe, Ich weiß und verstehe, dass alles notwendig war, um mich auf meinem Lebensweg zu bringen und ich diese nun in Liebe und Dankbarkeit aufarbeiten und löschen kann.

Ich kenne die höchste Perspektive von Weiblichkeit. Ich lasse alle Themen und Verletzungen des Frau-Seins der Vergangenheit hinter mir und los, um mich einer erfüllenden und glücklichen Weiblichkeit zu öffnen. Ich darf wieder vollkommen Frau sein und werde dabei unterstützt in meinem Schoß das zu empfangen, was mir aus Ehrlichkeit und aus Liebe geschenkt wird. Ich heile mein Wurzelchakra und kann ein erfülltes Leben leben.

Der innere Baum

Der innere Baum

*Stell dir einmal vor
dass vor deiner Geburt ein kleiner Same in dich hineingepflanzt worden ist.
Es könnte der Samen eines Baumes sein.*

*Es ist der Same deiner Fähigkeiten und Talente.
Mach dir einmal bewusst, dass jemand dies für dich gewählt hat. Es gibt eine
Kraft, die dich stützt und trägt. Ich bin dankbar, dass ich vertrauen kann.*

*Während deines Lebens wird sich dein Samen entfalten,
immer wieder werden sich Fähigkeiten und Talente zeigen.
Sie werden wachsen und sich entwickeln.*

*Mach dir einmal bewusst, dass jemand dies für dich gewählt hat. Es gibt eine
Kraft, die dich stützt und trägt. Ich bin dankbar, dass ich vertrauen kann.*

*Es ist wie bei einem Baum,
bei dem man nicht weiß, wohin er wächst.
Du wirst immer wieder neue Äste und Seitentriebe,
neue Möglichkeiten bei dir entdecken.*

*Ein Baum bedarf, bis er zu seiner vollen Größe gewachsen ist,
sehr viel Pflege und Fürsorge.
Mach dir jetzt einmal bewusst,
dass nur du selbst der Gärtner deines inneren Baumes sein kannst.
Nur durch deine Pflege und Fürsorge können sich deine Fähigkeiten und Talente
entfalten.*

Lass sie nicht verkümmern.

Gib deinen Fähigkeiten und Talenten die notwendige Nahrung,
um zu wachsen.

Gib deinen Fähigkeiten und Talenten die notwendige Wärme und Sonne
um zu wachsen.

Gib deinen Fähigkeiten und Talenten die notwendige Liebe
um zu wachsen.

Lass deinen inneren Baum wachsen und
mach dir dabei bewusst, dass jemand dies für dich gewählt hat. Es gibt eine
Kraft, die dich stützt und trägt. Ich bin dankbar, dass ich vertrauen kann.

Glauben

„Ich träumte eines Nachts, ich ging am Meer entlang mit meinem Herrn. Und es entstand vor meinem Auge, Streiflichtern gleich, mein Leben. Für jeden Abschnitt, wie es mir schien, entdeckte ich je ein Paar Schritte im Sand; die einen gehörten mir, die anderen meinem Herrn.

Als dann das letzte Bild an uns vorbeigeglitten war, sah ich zurück und stellte fest, dass viele Male nur ein Paar Schritte im Sand zu sehen waren. Sie zeichneten die Phasen meines Lebens, die mir am schwersten waren. Das machte mich verwirrt, und fragend wandte ich mich an den Herrn:
„Als ich dir damals alles, was ich hatte, übergab, um dir zu folgen, da sagtest du, du würdest immer bei mir sein. Doch in den tiefsten Nöten meines Lebens seh' ich nur ein Paar Spuren im Sand. Warum ließest du mich gerade dann allein, als ich dich so verzweifelt brauchte?"

Der Herr nahm meine Hand und sagte: „Geliebtes Kind, nie ließ ich dich allein; schon gar nicht in den Zeiten, da du littest und angefochten warst. Wo du nur ein Paar Spuren im Sand erkennst, da habe ich dich getragen!"

(Margret Fishbeck)

Ich liebe diesen Text, denn er zeigt, dass uns gerade in schweren Zeiten Vertrauen fehlt. Wir spüren dann häufig nicht, dass wir getragen, unterstützt und geführt werden. Doch wir sind niemals allein.
Geborgenheit bietet Vertrauen, aber in den Stürmen des Lebens spüren wir nicht immer diese Sicherheit. Hier spielt ein Glaube die entscheidende Rolle. Wenn ich von Glauben spreche, dann meine ich damit nicht den christlichen Glauben, sondern eine tiefe innere Sicherheit, die nicht zu erschüttern ist.
Einige Menschen haben diesen tiefen Glauben, der sie gerade in und durch Krisenzeiten trägt und begleitet.
Wo kommt dieser starke Glauben her?
Genau erklären kann man es nicht, er ist begründet in Gedanken, Überzeugungen und Einstellungen, aber auch

einem tiefen Gefühl und Wissen, dass man nicht erklären kann. Da wo Glauben ist, ist auch Hoffnung, und wo Hoffnung ist, geschehen Wunder.

Eine „wunderbare „Botschaft, denn Wunder brauchen wir immer wieder in unserem Leben. Ein Glaube kann so stark und unerschütterlich sein, dass er einen großen Einfluss auf unser gesamtes Leben und auch auf unseren Körper haben kann. Man ist von etwas fest überzeugt und sich sicher. Dieser tiefe Glaube ist meiner Meinung nach ein Grund für die Heilung von Menschen auch nach einer Placebo-Gabe.

Was macht denn nun diesen Glauben aus?

Glauben bedeutet zu wissen, dass man an jedem neuen Tag auch neu anfangen kann. Jeder neue Tag ist eine neue Chance. Kannst du das für dich wahrnehmen und auch daran glauben?

Glaube bedeutet darauf zu vertrauen, das Wunder geschehen und Träume wirklich wahr werden können.

Kannst du das für dich spüren und glauben? Vertraust du und glaubst du an Wunder?

Glaube bedeutet die eigene innere Stärke und den Mut, diese im Inneren zu suchen und zu finden. Kannst du das glauben und spüren, dass du stark und mutig bist?

Glaube bedeutet zu wissen, dass wir diesen Weg bisher nicht allein gehen mussten und auch in der Zukunft nicht allein gehen werden. Kannst du das glauben und spüren, dass du begleitet und beschützt bist?

Wenn du einmal zurückschaust, frage dich, ob du nicht immer Hilfe bekommen hast?   Frage dich einmal, wann, wo und wie du vielleicht Unterstützung erhalten hast? Konntest du sie immer sehen? Konntest du sie immer annehmen?

Glaube bedeutet zu wissen, das Leben ist ein Geschenk. Es liegt an uns, diese Geschenke zu erkennen und zu schätzen. Kannst du das Leben als Geschenk erkennen und schätzen?

Glaube bedeutet zu erkennen, alle Ereignisse in unserem Leben sind, Lernaufgaben, keine Strafen oder das Schicksal. Das Leben besteht aus wundervollen Überraschungen, die nur darauf warten zu geschehen. Alles ist möglich. Wir haben es in der Hand all unsere Hoffnungen und Träume zu erreichen. Kannst du das für dich spüren und glauben?

Zum Thema Manifestieren von Wünschen und Träumen findest du schöne Übungen in den verschiedenen ThetaHealing Seminaren. Es gibt neben den drei Basiskursen der Grundausbildungen vielfältige weitere Seminare. Im Seminar „Manifestation und Fülle", zum Beispiel, findest du zahlreiche Übungen, die unsere Blockaden zu Reichtum und Fülle aufspüren und auflösen. Du erkennst welche Glaubensätze dich daran hindern, alles, was du dir wünscht und wirklich gut für dich ist, zu erreichen. Auch hier gilt es die Blockaden, die man in Hinblick auf Glauben, Vertrauen und Fülle hat, zu lösen, um den inneren und äußeren Reichtum zu manifestieren.

Das Leben ist ein Geschenk, bist du bereit, es zu glauben und für dich zuzulassen!?!

Suche

Suche

*Du bist auf dem Weg,
du bist auf der Suche
auf der Suche nach Antworten!
Du bist auf dem Weg:
du bist im Kopf, weil du dich fragst, wer bin ich, was bin ich, was soll ich tun...
und du siehst die Blumen am Wegesrand nicht, die dich in diesem Moment
erfreuen sollen...
Du bist auf dem Weg,
du bist auf der Suche
auf der Suche nach Antworten!*

*Du bist auf dem Weg:
Du bist im Kopf, weil du dich fragst, wer bin ich, was bin ich, was soll ich tun...
und verpasst den Augenblick, den dein Herz dir schenken will.*

*Du bist auf dem Weg,
du bist auf der Suche
auf der Suche nach Antworten!
Du bist auf dem Weg:
Du bist im Kopf, weil du dich fragst, wer bin ich, was bin ich, was soll ich tun...
und du findest doch die Antwort nicht!*

*Du bist auf dem Weg, weil du gehen willst, weil das das Leben ist, weil dein
Herz und dein Vertrauen dich führen ...
...und du wirst finden, du wirst dich selbst finden und all das, was wirklich
wichtig ist, wird dich auf diesem Weg finden...*

*Und nun sage dir selbst...ich bin auf dem Weg, ich bin auf dem Weg begleitet
von meinem Herzen und dem Vertrauen ...
ich bin auf dem Weg und lasse es so kommen wie es kommen soll...
ich bin auf dem Weg und lasse es so kommen wie es kommen soll...*

und dann frage dich einmal wie fühlt sich das für dich an...

Vertrauen

Aus einem tiefen Glauben entsteht tiefes Vertrauen. Es gibt zwei Arten des Vertrauens, die eng miteinander in Verbindung stehen. Einmal das Vertrauen zu und in sich selbst und seinen Fähigkeiten, zum anderen das Vertrauen in und zu anderen Menschen...

Ich spüre tiefes Vertrauen in mir...

Schließe deine Augen und höre mir zu. Ich spüre tiefes Vertrauen in mir...
Vertrauen zum Leben und zu Menschen zu haben ist nicht immer leicht.
Manches Mal werden wir enttäuscht und nehmen uns vor, dass passiert mir nicht wieder!
Vertrauen lässt sich erschüttern,
Vertrauen lässt sich wieder lernen und wieder aufbauen
Ich spüre tiefes Vertrauen in mir...
Liebe, Glaube, Mut, Kraft und vor allem Freunde im Leben sind wichtig für dein Vertrauen
Mache dir einmal bewusst, in deinem Leben gibt es Menschen, die dich begleiten.
Sie sind da, weil sie dich schätzen, dich mögen, dich lieben.
Sie sind da, weil du ihnen und sie dir das Gefühl von Nähe und Geborgenheit vermitteln.
Einige Menschen sind im Moment sehr nah, andere leben weiter entfernt und manche siehst du sehr selten.
Ich spüre tiefes Vertrauen in mir...
Liebe, Glaube, Mut, Kraft und vor allem Freunde im Leben sind wichtig für dein Vertrauen
Es gibt ein Band zwischen den Menschen. Es ist das Band der Freundschaft, es besteht aus Liebe, Vertrauen, Geduld und Geborgenheit.
Das Band der Liebe und Freundschaft hat immer wieder unterschiedliche Farben.
Das Band der Liebe und Freundschaft ist mal locker geflochten, mal ist es stark und fest.
Das Band der Liebe und Freundschaft schafft Freiheit und Geborgenheit.

Das Band der Liebe und Freundschaft besteht aus Taten, Worten und
Berührungen.
Ich spüre tiefes Vertrauen in mir...
Liebe, Glaube, Mut, Kraft und vor allem Freunde im Leben sind wichtig für
dein Vertrauen
Und nun hast du einige Minuten Zeit zu sehen, welche Bänder du geflochten
hast, wie feste oder locker sie sind. Welche Bänder bedürfen einer Veränderung
und vielleicht magst du auch einmal Danke sagen.
Danke sagen zu den Menschen, die dich lieben und die du liebst
Vielleicht gelingt es dir dann, das tiefe Gefühl von Vertrauen zu spüren...
Ich spüre tiefes Vertrauen in mir...

Ich spüre tiefes Vertrauen in mir...

...bedeutet die Erwartung und den Glauben zu haben, dass
Ereignisse einen guten Verlauf nehmen.
Ob jemand Vertrauen oder Misstrauen entwickelt, liegt oft an
den Erlebnissen in der Kindheit. Entscheidend ist dabei häufig
die Verlässlichkeit und Stabilität des Elternhauses. Mit anderen
Menschen und Beziehungen gehen wir unreflektiert genauso
um, wie wir es als Kinder selbst erfahren haben.
Sich auf jemanden einzulassen und jemanden anderen zu
vertrauen, bedeutet sich zu trauen. Dieses sich trauen hat
immer mit Mut zu tun.
Für mich ist es so ermutigend zu wissen, dass negative
Erfahrungen aus der Kindheit, auch die zum Thema Vertrauen,
wandelbar sind. Vertrauen zu entwickeln kannst du lernen,
wieder eine wunderbare Botschaft.
Wichtig bei diesem Lernprozess sind positive Erfahrungen.
Es gilt auf diesem Weg auch zu erkennen, dass etwas
„Größeres", hinter allem steht. Durch diese größere Macht wirst
du wie in der kleinen Geschichte getragen und beschützt. Alles
macht einen Sinn und hat einen Sinn!
Dieser Glauben kann sich auch nur durch positive Erfahrungen
entwickeln.

Die größte Herausforderung für viele verletzte Menschen bedeutet, einen Schritt mit Vertrauen immer wieder zu wagen. Schritte zu gehen und es zu wagen, den Mut zu haben einem Menschen oder „einfach" nur dem Leben zu trauen bzw. zu vertrauen. Menschen werden durch häufig Enttäuschungen misstrauisch und entwickeln eher eine feindselige Haltung gegenüber anderen oder dem Leben.

Ihr Misstrauen ist für sie ein Schutzschild, es soll sie vor weiteren schlechten Erfahrungen bewahren. Doch dieses Schutzschild führt zu vielen Blockaden. Durch diese Abgrenzung kann auch viel Schönes und Positives nicht hindurch. Ein Kreislauf, da durch die fehlenden positiven Erfahrungen, das Misstrauen immer weiter genährt wird. Schutz ist dann, wenn du dich bedroht fühlst, notwendig. Es ist nach einer bedrohlichen Situation aber wichtig, dieses Schutzschild wieder herunterzunehmen und wegzulegen. Das gelingt immer leichter, wenn du immer mehr in Liebe und Vertrauen lebst. Dann kommt im Laufe der Zeit der Zeitpunkt, wo du keinen Schutz mehr benötigst. Unsere Lernaufgabe ist es zu erkennen, alles, was uns begegnet und was wir erfahren, wie ein Spiegel zu sehen. Das Universum schickt uns immer wieder Aufgaben, damit wir uns weiterentwickeln können. Wenn wir uns das, was uns an einer Begegnung oder Ereignis triggert, genau anschauen, erkennen wir, was wir für uns daraus noch lernen und verändern können. Robert Betz, ein spiritueller Coach, nennt Menschen, die uns nerven, stören oder triggern „Arschengel". Sie sind uns geschickt worden um an dem, was in uns noch geheilt werden muss, arbeiten zu können. Sie sind sehr unangenehm, aber sie zeigen uns sehr genau, wo wir nochmal hinschauen können. Deshalb beschreibt er, dass wir mit diesem Wissen dankbar für jeden „Arschengel", dem wir begegnen, sein sollten.

Wenn du dich dem stellst, was dir gezeigt wird, dann wirst du nach einer Zeit des Übens kein Schutzschild des Misstrauens mehr benötigen, sondern du kannst eine positive Haltung trotz deiner vielleicht schlechten Erfahrungen anderen gegenüber aufbauen. Je mehr du die Themen, die du mit dir schleppst, aufarbeitest umso leichter fällt es dir in Liebe zu leben. Das Schöne ist, du wirst in dieser Haltung immer weniger Situationen erleben, in denen du dich verletzt oder verraten fühlst.

Vertrauen ist ein tiefes Gefühl, ohne genau zu wissen, warum es in dir ist. Wie schon beschrieben braucht tiefes Vertrauen ein Gefühl von Glauben und Urvertrauen in das Leben, in das Sein, in einen Gott und eine Bestimmung. Mit diesem Gefühl kannst du dann ein „vermeintliches Risiko" eingehen und das Leben wagen. Während du dein Leben lebst, erfährst du, dass du getragen wirst. Das macht Mut und lässt immer seltener Hoffnungslosigkeit und Misstrauen zu.
Vertrauen bedeutet, von den Fußspuren, die in dem oben genannten Gedicht beschrieben worden sind, zu wissen, und daran zu glauben, dass es diese Macht gibt, die uns trägt. Mach dich einmal mit dem Gedanken vertraut, es hält dich eine Hand und hinter allen steckt ein Plan der göttlichen Führung.

Zu Glauben und zu Vertrauen bedeutet   ohne Zweifel und Angst in dem Strom des Lebens zu schwimmen. Unser Leben ist so häufig von Kontrolle und Plänen bestimmt. Oft sind wir schon seit der Kindheit verplant und in feste Strukturen gezwängt.
Wie schwer ist es für uns Erwachsene bei den vielen Erwartungen sich fallen zu lassen, loszulassen und sich einfach dem was kommen soll, zu überlassen.
Das würde bedeuten darauf zu vertrauen, dass alles zur rechten Zeit in dein Leben kommt. Das ist eine Kunst und braucht Geduld. Das müssen lernen. Mit dem Wissen, dass du mit deinen Gedanken deine Realität kreierst, kannst du dich auf all die positiven Gedanken und Wünsche konzentrieren und dann zufassen, wenn das Leben dir die entsprechenden Geschenke offenbart.

Geduldig *abzuwarten ist eine Kunst. Ich erinnere mich an eine Klientin, die ein Thema mit Vertrauen und Geduld hatte. Nachdem sie einen neuen Job angefangen hatte, war sie Feuer und Flamme diesen auszufüllen und sehr engagiert. Die Auflagen, mit denen COVID 19 uns alle einschränkten, brachten natürlich auch ihren Energiefluss vor allem in ihrem sozial ausgerichteten Beruf ins Stocken. Obwohl sie in dieser Zeit auch umgezogen war, diese neue Stelle gefunden und auch noch eine zusätzliche Ausbildung beendet hatte, quälte sie sich immer wieder mit dem Gefühl nicht gut genug zu sein und immer zu wenig zu tun. Vor allem für ihr Glück glaubte sie noch mehr tun zu müssen. Im Laufe dieser schwierigen Zeit hatte sie ihren Glauben an sich selbst und an das Leben verloren. Sie war in ihrem Gedanken-Karussell, „ich mache das nicht gut genug, ich muss mehr machen aber wie?" gefangen. Ihr innerer Antreiber, „ich muss perfekt sein", zeigte sich sehr deutlich und wurde immer dominanter. Es kamen dann auch viele weitere Themen und Blockaden zu Tage. Hinzu kam, dass sie nicht sehr geduldig war, das große Ergebnis, den Erfolg ihrer Arbeit an sich wollte sie sofort sehen oder spüren. Obwohl sie auch schon Kurse zum Thema Selbstliebe belegt hatte, war ihr in dieser Krise der Zugang zu ihren eigenen Gefühlen verschüttet. Sie konnte ihre schönen Erfolge und Schritte, die sie gegangen war, nicht erkennen, wahrnehmen und auch nicht feiern. Irgendetwas in ihr trieb sie an, dass sie mehr tun müsste, sie immer noch mehr leisten müsste. Ausruhen, Erfolge feiern und einmal abwarten, was das Leben ihr schenken wollte, fiel ihr zu diesem Zeitpunkt schwer. Auch der Zugang zu spirituellen Weisheiten, die sie kannte, war scheinbar verschlossen.*

Wir arbeiteten zusammen, doch ich hatte oft das Gefühl, dass sie aus einer Sitzung herausging und glaubte, nun ist alles gut. Leider geht es nicht so schnell. In der Mitte des Lebens hat man einige Blockaden, Glaubenssätze und Verhaltensweisen aufgebaut, es braucht eine Zeit und konsequentes Tun, damit sie sich auflösen und unser Handeln nicht mehr beeinflussen.

An einem Morgen ging es ihr nicht so gut und sie hatte sich einen Termin beim Arzt gemacht. Sie wollte von ihren Problemen erzählen und hoffte, dass er ihr schnellstmöglich einen Psycho-Therapeuten besorgen würde. Sie glaubte, dass der Arzt ihr nur eine Therapie verschreiben würde, sie aber im Job weiterarbeiten könne, was ich in ihrem Zustand aber nicht glauben konnte. Ich zeigte ihr die zwei Wege auf, die sie jetzt gehen konnte. Einmal der Weg der Krankheit, sie hätte sicher einen Krankenschein und Tabletten zu Beruhigung bekommen. Tabletten wollte sie eh nicht nehmen, sie würden bei ihr nicht wirken… sie wollte einfach nur eine Therapie. Ich erklärte ihr, dass es eine Zeit lang dauern würde, bis sie einen Platz bei einem guten Therapeuten finden würde. Sie würde so lange in einem Vakuum leben.
Der andere Weg sei sich weiter alternative Hilfe zu holen. Wir hatten schon ein wenig gearbeitet. Ich konnte schon ihre Erfolge sehen. Sie selbst sah sie nicht und hatte zahlreiche Selbstzweifel. Aber eigentlich wollte sie lieber den alternativen Weg gehen. Da ich zu diesem Zeitpunkt noch nicht so viele Sitzungen gegeben hatte, empfahl ich ihr meine Theta Lehrerin, die auch Heilpraktikerin ist. Sie könne dann danach immer noch einen Arzttermin machen. Sie entschied sich für den alternativen Weg, arbeitete mit meiner Lehrerin und konnte einige Themen lösen. Daraufhin fasste sie wieder Zuversicht. Wir haben dann weitergearbeitet und sie konnte einige Blockaden lösen, Themen erkennen, Verhaltensweisen verändern und ihr Selbst-Bewusstsein steigern.
Sie ist in ihrem neuen Job noch sehr unsicher. Diese Unsicherheit hatte sie während der Corona-Krise und ihrer persönlichen Krise ihren Kollegen immer wieder offen gezeigt. Durch diese Unsicherheit bezog sie dann auch alles, was im Job passiert oder nicht passiert war, auf sich selbst. Vieles, was sie gar nicht betraf, hatte sie auf ihr vermeintliches Unvermögen

bezogen. Doch durch intensive Gespräche erkannte sie, dass sie an und mit diesen Situationen lernen, konnte. Das gelang ihr immer besser. In den vielen Gesprächen wünschte sie sich auch immer wieder Unterstützung im Job, jemanden mit dem sie sich austauschen könnte...und manches Mal war sie immer wieder dabei alles zu schmeißen. Während unserer gemeinsamen Arbeit erkannte sie aber, dass es hier auch für ihre Zukunft diese Themen zu lösen galt. Sie stellte sich immer wieder diesen Herausforderungen. Eines Morgens bekam ich eine Nachricht von ihr, dass im Rahmen von Umstrukturierungen sich ihr Team erweitern würde. Es gäbe dort einen Mitarbeiter, der ähnlich für die Arbeit brannte wie sie und mit dem sie sich vorstellen konnte, gut zusammenarbeiten zu können. Sie war glücklich.

Dieses Beispiel zeigt, dass wir uns alles manifestieren können und alles zu einer Zeit zu uns kommt, wenn es gut für uns ist. Im Glauben und Vertrauen ist es leichter, diese Zeit geduldig abzuwarten. Meine Klientin hat diese Erkenntnis gefunden, hat aber noch mit vielen Selbstzweifeln zu kämpfen. Aber sie ist auf dem Weg und ich bin mir sicher, dass sie auf diesem Weg etwas ganz Besonderes findet: Sich selbst!

Ich bin dankbar, dass ich vertrauen kann

Ich bin dankbar, dass ich vertrauen kann

Erfahrung
Intuition
Inneres Wissen
Vertrauen
Ich bin dankbar, dass ich vertrauen kann

Glaube
Intuition
Inneres Wissen
Vertrauen
Ich bin dankbar, dass ich vertrauen kann

Liebe
Intuition
Inneres Wissen
Vertrauen
Ich bin dankbar, dass ich vertrauen kann

Leben
Intuition
Inneres Wissen
Vertrauen
Ich bin dankbar, dass ich vertrauen kann

Vertrauen
Intuition
Inneres Wissen
Vertrauen
Ich bin dankbar, dass ich vertrauen kann

Sakralchakra:

Themen des Sakralchakra sind Lebenslust und Schaffenskraft
Fluss der Lebensenergie, Kanal für die kreative Energie des
Lebenssein, Erfahren der Welt, Lebendigkeit,
Verlangen/Begehren, Lebensfreude, Emotionen, Lust,
Sexualität, Kreativität und schöpferische Kraft

Feuer der Kreativität

Ein Funke

Wie bei einem Streichholz

Er entzündet sich auf einmal in dir

Feuer der Kreativität

Plötzlich ist er da

Plötzlich ist er in dir

Plötzlich nimmt er Raum ein und will wachsen

Ein Funke

Wie bei einem Streichholz

Er entzündet sich auf einmal in dir

Feuer der Kreativität

Eine Flamme entsteht, erst klein,

manches Mal kann sie zu einem Feuer werden

mal leuchtet es hell, mal schimmert es nur, es knistert und lodert

Ein Funke

Wie bei einem Streichholz

Er entzündet sich auf einmal in dir

Feuer der Kreativität

Er breitet sich aus, er bringt Wärme, bringt Energie, bringt Schwung   lässt
das was da in dir wachsen will, entstehen

Feuer der Kreativität

Zuerst ein kleiner Funke   Dann wird es zum

Feuer deiner Kreativität

König oder Bettler

Es gibt eine gebende und nehmende Energierichtung. Der Fluss der Lebensenergie zeigt sich immer in einer gebenden Richtung. Das Schöne ist, dass das, was du aus freiem Herzen und mit Liebe und Freude verschenkst, um ein Vielfaches zu dir zurückkommt. Lebenslust, Lebensfreude und Lebendigkeit strömt dann fast von allein. Die Lebens-Energie, die durch uns hindurchfließt, will immer etwas erschaffen. Ihr Ziel ist es kreative Prozesse zu bewegen. Sie fließt frei, wenn wir unsere individuelle Kreativität leben. Sie ist bei jedem anders und diese Fähigkeiten und Talente wollen entdeckt und gelebt werden. Es gibt eine gebende und nehmende Energierichtung. Menschen, die immer nur die nehmende Energie leben, ziehen im Außen bei der anderen Energie ab. Man nennt diese Menschen auch „Energieräuber". Sie nutzen die nehmende Energie und ziehen sie von dem Gegenüber ab. Manches Mal fällt uns das erst zu spät auf. Wir fühlen uns dann leer, erschöpft, müde oder genervt.

Auf der einen Seite können wir uns vor diesen „Energieräubern" schützen und uns abgrenzen, auf der anderen dürfen und sollten wir sie aber auch aus unserem Leben entlassen. Die nehmende Energierichtung erneuert sich im Gegensatz zu gebenden nicht, das heißt es muss immer wieder ein neuer Anker von dem „Räuber" gesetzt werden, um Energie zu erhalten. Wenn man das nicht mehr zulässt, dann wenden sich diese Menschen häufig einem anderen zu, bei dem sie dann Energie rauben können.

Die gebende Energie ist wie ein Kreislauf, der nicht endet. Wie eine Quelle, aus der ständig und unerschöpflich frisches Wasser fließt. Diesen Kreislauf hemmen wir aus verschiedenen Gründen immer wieder in unserem Leben. Mit Hilfe von unterschiedlichen Techniken kann man die Quelle in sich wieder aktivieren und seine Lebensfreude und Lebensenergie zurückgewinnen. Leichtigkeit kommt hinzu und das Leben kann wieder als ein Wunder betrachtet werden.

Stell dir einmal die Frage: Was kannst du besser? Geben oder Nehmen?

Mach dir einmal bewusst, der Gebende hat eine gewisse Macht. Er kann sich „eher" wie ein König fühlen. Es ist immer ein gutes Gefühl, wenn man gibt, egal ob aus einem freien Herzen oder mit einem Hintergedanken. Der König hat die Macht, er entscheidet, was, wann und wie er gibt.

Wichtig ist es aus freien Herzen, ohne Absicht und Berechnung all das nach Außen fließen zu lassen, was man schenken will. So ist es möglich in einen freien Energiefluss zu kommen. Ich schreibe gerade an diesem Kapitel, während es die große Unwetterkatastrophe im Sommer 2021 in NRW und Rheinland-Pfalz gab. Mich beeindruckte sehr, wie viele Menschen aus freiem Herzen ihre Unterstützung auf unterschiedliche Weise angeboten haben. Ein gutes Gefühl, dass es Menschen gibt die Menschen in der Not helfen. Auch ich habe auf verschiedenen Ebenen versucht mit meinen Spenden zu unterstützen. Es war mir ein tiefes inneres Bedürfnis. Auch wenn ich nur in einem kleinen Rahmen helfen konnte, haben diese Zuwendungen mein Gefühl verändert. Ich spürte verstärkt das Fließen meiner Energie.

Es gab einmal eine Zeit, da war es mir sehr wichtig „gebraucht" „zu werden. Zu dieser Zeit war mir das nicht bewusst. Ich hatte keinerlei Selbst-Bewusstsein und wusste meinen eigenen Wert nicht zu schätzen. Immer, wenn ich Menschen unterstützen konnte, was auf der einen Seite auch meine Gabe ist, hatte ich gleichzeitig das Gefühl endlich wer zu sein. In diesen Zeiten, in denen ich Menschen unter die Arme greifen konnte, entwickelte sich auch in mir das Gefühl, dass ich etwas wert bin. So kreierte ich mir immer wieder Situationen, in denen ich Menschen in Notsituationen oder auch anderen Situationen unter die Arme greifen konnte. Die Menschen haben diese Hilfe sehr gerne angenommen, ich fühlte mich ihnen nah und wertvoll.

Irgendwann veränderte sich die Situation und somit auch das „gebraucht" werden und daraus folgend oft die Beziehungen. Da ich mich tief im Inneren wertlos fühlte und ich meine Energie aus dem Helfen gezogen hatte, brach für mich dann recht häufig eine Welt zusammen. Ich war so verunsichert, konnte häufig mit der veränderten Situation nicht mehr umgehen. Der Glaubenssatz, nun werde ich allein gelassen da ich nicht mehr gebraucht werde, wurde immer wieder aufs Neue bestätigt. Ein Teufelskreislauf, da mein Selbst-Bewusstsein natürlich immer geringer wurde. So kreierte ich mir weitere Situationen, in denen ich mir selbst dieses Gefühl der Wertlosigkeit bestätigte. Ich war an einem Punkt angekommen, dass ich Menschen nicht mehr helfen und unterstützen wollte. Ich hatte den Glauben an mich verloren.

Durch den Kontakt mit den spirituellen Techniken habe ich meinen eigenen Wert in mir wiedergefunden. Ich wurde meiner inneren Themen, Ideen und Wertvorstellungen immer bewusster und bringe jetzt auch diese immer mehr nach außen. Meine aus dem Herzen fließende Unterstützung ist wieder da. Immer mehr ohne Erwartungen an den anderen kann ich die Liebe wieder nach Außen strömen lassen. Hinzu kommt, dass ich gelernt habe mich immer besser abzugrenzen.

Ein Beispiel aus dem letzten Jahr möchte ich erzählen. Eine sehr gute Freundin, die eine wirklich schwere Kindheit hatte, befand sich durch private Veränderungen in einer psychischen Krise. Alte Themen, die sie schon einmal bearbeitet hatte, kamen noch einmal hoch und wollten erneut angeschaut und verarbeitet werden. In den Jahren zuvor wurde meine Freundin von einer alternativ ausgebildeten Therapeutin sehr gut begleitet. In dieser Krise rief sie mich an und war verzweifelt. Sie wollte sich selbst in eine psychische Klinik einweisen lassen, obwohl sie selbst als ausgebildete Psychologin wusste, dass in einer Klinik erst einmal nur die Symptome mit Medikamenten ruhiggestellt werden.

Nach einem langen Gespräch konnte ich sie überzeugen, dass sie zuerst einmal zu ihrer Hausärztin geht und sich direkt einen

Termin bei ihrer damaligen Therapeutin macht. Was sie auch tat. Sie bekam von der Hausärztin ein leichtes Medikament zur Beruhigung ihrer Symptome und sie konnte mit ihrer Therapeutin viele Themen aufarbeiten. Während dieser Zeit habe ich sie als Freundin begleitet, unterstützt und getragen. Dann kam Corona...sie war sehr verunsichert. In dieser Zeit arbeitete ich für mich bereits intensiv mit Theta Healing und konnte ganz tiefe innere Themen lösen. Ich nutzte die ruhige Zeit sehr stark für mich und so ging es mir während des ersten Lockdowns gut. Für mich war es ein wenig wie eine Reha, die ich noch nie hatte. Ruhe, Zeit für mich, und das Auflösen von belastenden Themen....

In einem Telefonat erzählte sie mir von ihrer Angst, die sie ihre Aussage nach aber gut im Griff hatte. Sie hatte Techniken erlernt, die sie jetzt anwenden konnte. Ich beschrieb meine innere und persönliche positive Entwicklung, die für mich gerade im Mittelpunkt stand. Da ich weiter mit meinen Prozessen beschäftigt war, hatte ich mich einige Tage bei ihr nicht gemeldet. Das kannte sie nicht von mir. Ich war mit mir und meinen Themen beschäftigt und ging davon aus, dass sie sich melden würde, wenn etwas ist. Einen kurzen Zeitraum hatten wir keinen Kontakt.

Irgendwann kam dann von ihrer Seite der Wunsch nach einem Gespräch. In diesem Telefonat erzählte sie mir, dass sie mich gebraucht hätte. Sie wollte mir mitteilen, dass sie enttäuscht sei, dass ich mich nicht gekümmert hätte. Da bin ich sehr heftig geworden. Auch wenn sie für sich nur aussprechen wollte, was sie fühlte und dann auch akzeptiert hatte, dass ich mit mir selbst beschäftigt war, wurde ich sehr emotional. Man kann mir meine Fehlentscheidungen und Fehlverhalten aufzeigen, damit kann ich umgehen. Ich find das nicht großartig, denn ich kann dann auch daran nichts mehr verändern. Aber ich lass es sacken und nehme das an, was für sich für mich stimmig anfühlt. Doch ihr Wunsch mir ihre Gefühle mitzuteilen mit der Aussage, enttäuscht zu sein, wollte ich so nicht stehen lassen. Anderthalb Jahre war ich fast täglich für sie da. Das sie mir jetzt

vorgeworfen hatte, ich wäre nicht da gewesen, sie hätte mich gebraucht, hat mein inneres Thema berührt. Gebraucht werden und ein von ihrem suggerierten Schuldgefühl, nicht da gewesen zu sein. Dennoch war ich authentisch, ich brauchte die Zeit für mich. Wenn sie sich gemeldet hätte, was sie sonst auch immer getan hatte, wäre ich für sie da gewesen. Nur in meinem Kopf war ich zu diesem Zeitpunkt für mich die wichtigste, nicht sie. Etwas ganz Neues für mich und ich bin sehr froh darüber. Auch wenn sie nicht verstanden hat, warum ich so heftig geworden bin und sie mir nur ihr Gefühl ausdrücken wollte, war meine Grenze überschritten worden. Ich bin immer für die Menschen da, wenn sie mich um etwas bitten. Aber es ist nicht meine Aufgabe zu spüren, was der andere gerade braucht und ihn glücklich zu machen. Ich kann ihn auf dem Weg begleiten, wenn er diesen Wunsch hat, aber ich bin nur für mich und mein Leben verantwortlich.
Heute, ein Jahr später, würde ich nochmals anders reagieren, und mehr Liebe und Frieden in die Situation fließen lassen wollen. Dennoch habe ich entschieden, dass ich mir von einem Menschen, den ich jahrelang begleitet habe, nicht sagen lassen möchte, er wäre enttäuscht von mir, er hätte mich gebraucht. Ich habe mich deutlich abgegrenzt und mich zurückgezogen. Meine persönliche Entwicklung habe ich weiter vorangetrieben, die Freundschaft konnten wir nicht mehr leben.

Der Nehmende fühlt sich „eher" wie ein Bettler. In ihm entsteht häufig das Gefühl zutiefst dankbar sein zu müssen. Viele Menschen entwickeln zusätzlich das Bedürfnis, das wieder gutzumachen oder auszugleichen.
Der Beschenkte darf erkennen, dass alles, was er erhält, wirklich ein Geschenk ist. Er darf erkennen, dass er so wertvoll ist, all das zu erhalten, einfach nur so ohne Leistung oder Gegenleistung. Wenn es
aus einem freien Herzen und ohne Erwartung gegeben wird, ist es natürlich leichter.

Für viele Menschen ist die Bitte um Hilfe schwer, in diesem Moment hat man das Gefühl die Kontrolle abzugeben. Es scheint, so dass man sich in die Hand eines anderen gibt. Die Befürchtung von der Entscheidung des anderen abhängig zu sein, macht es kompliziert. Hinzu kommt häufig die Einstellung vieler, dass man den anderen nicht zur Last fallen will oder darf.

Hier fällt mir die folgende Geschichte ein. Ich war mit meinen Freundinnen verabredet, wir saßen in einem kleinen Restaurant. Eine dieser Freundinnen, als ein Einzelkind sehr behütet aufgewachsen, erzählte, dass ihr Vater ins Krankenhaus gekommen war. 10 Jahre zuvor war ihm wohl während des Urlaubs meiner Freundin eine Niere entfernt worden. Ihre Mutter erzählte ihrer Tochter eher beiläufig, in einem Nebensatz, von der OP ihres Vaters. Sie sprach nur davon, dass ein paar Zellen nicht in Ordnung waren.
Nun hatte sich herausgestellt, dass diese Zellen gestreut haben.
All das erzählte uns unsere Freundin mit einem Ausbruch einer Vielfalt von Gefühlen. Sie hätte jetzt erst realisiert, dass es damals Krebs gewesen ist. In den letzten Wochen hätte sie bemerkt, ihre Eltern würden so wenig von sich, ihrem Leben, ihren Gedanken und Gefühlen erzählen. Mit dem Gefühl, dass ihre Eltern (beide an die 80 Jahre alt) sich auch in alltäglichen Kleinigkeiten nicht helfen lassen wollten, kam sie nicht gut zurecht. Sie war traurig, wütend, fassungslos ...für sie gut war, dass sie über all dies reden und die Vielfalt ihrer Gefühle zulassen konnte. In unserem Gespräch haben wir dann alle festgestellt, dass gerade viele alte Menschen nicht zur Last fallen möchten. Sie sehen in ihren Kindern immer noch ihre Kinder und erkennen nicht, dass es in ihrer Beziehung auch immer ein Geben und Nehmen geben darf. Dass sie jahrelang gegeben haben und jetzt auch von ihren Kindern etwas annehmen können, fällt ihnen so unendlich schwer. Hier ist der Energie-Kreislauf gestört. Meine Freundin wird eine große Anstrengung aufbringen müssen, diesen Kreislauf der Energie

zwischen ihren Eltern und sich in die fließende Richtung zu bringen.

Natürlich gibt es auch die andere Gruppe von Senioren, die die Anspruchshaltung haben, mir muss jetzt alles gegeben werden. Auch hier ist der Kreislauf gestört, die Beziehungen sind nicht mehr von Ehrlichkeit und Herzlichkeit geprägt.

In diesem Jahr war ich 10 Tage an der Ostsee. Nach dem langen zweiten Lockdown und den ständig wechselnden Bedingungen an den Schulen spürte ich wie urlaubsreif ich war. Ich saß im Bikini am Strand und stellte fest, dass ich in dem letzten Jahr auch „körperlich älter" geworden bin. Da ich in den letzten Jahren sowohl geistig als auch körperlich sehr aktiv war, fühle ich mich innerlich sehr jung. Auch kann ich mich erinnern, dass mein Vater mit Mitte 70 einmal zu mir gesagt hatte, dass er sich innerlich wie 45 fühlte. Das kam mir in den Sinn, als ich so am Strand saß und meine körperlichen Veränderungen sah. Innerlich fühle ich mich wie 35. Ich habe zwar eine Zeit noch über dieses Thema Alter nachdenken müssen, bin dann aber doch noch auf ein StandupBrett gestiegen und habe etwas Neues damit ausprobiert…

Meine 80-jährige Nachbarin erzählte mir etwas ähnliches. Sie wurde in diesem Frühsommer am Fuß operiert und sie bat mich ihr 6 Wochen lang einmal am Tag eine Thrombosespritze zu geben. Auch wenn ich nur 5- 10 Minuten unten bei ihr war, hat man sich so einiges erzählt. Wir sprachen über die Familie, sie erzählte mir, dass alle Mitglieder ihrer Familie sehr früh gestorben wären. Mit einer tiefen Ernsthaftigkeit sprach sie davon, ihr Ziel wäre es gesund alt zu werden. Ich staunte nur, denn meiner Meinung nach hat sie dieses Ziel längst erreicht. Für sie war es jedoch immer noch ein Ziel in der Zukunft. Ein offenes Sakralchakra ist meiner Meinung auch dafür verantwortlich, dass Menschen sich innerlich jung fühlen und sich immer wieder auf neue Abenteuer einlassen.

Eine schöne Übung, um zu spüren, wie es ist Hilfe zu geben und anzunehmen ist die, wenn man sich die Augen verbindet und sich von jemand führen lässt. Es hängt von der Führung und Unterstützung ab, wie man sich dabei fühlt. Eine gute sichere Hilfe macht dann auch sicher, kaum Hilfestellungen machen auch erstmal sehr unsicher.

Probiere diese Übung doch einmal aus und frage dich, wie fühlt es sich an? Für den „Blinden" aber auch für den „Führenden und Helfenden"?

Diese Übung zeigt, wie wichtig es sein kann, um Unterstützung zu fragen und sie anzunehmen. Um Hilfe zu bitten, bedeutet die Kontrolle abzugeben, aber auch Vertrauen zu entwickeln. Sowohl für den Hilfesuchenden wie auch dem Hilfespendenden zeigt sich, dass man mit den Augen des anderen sehen lernen kann. Dieses, mit den Augen des anderen zu sehen, ist auch für die spirituelle Entwicklung wichtig. Vieles ist anders als es scheint. Nicht mit seinen Augen und seinen Interpretationen auf eine Situation zu schauen ist die Kunst, sondern eine neutrale Perspektive einzunehmen. Jeder Mensch hat seine Geschichte und seine Themen und somit Gründe, warum er sich so verhält. Häufig treffen Menschen Entscheidungen, die nicht gegen uns gerichtet sind, auch wenn wir das manches Mal genauso interpretieren. Unser Gegenüber ist für sich verantwortlich und trifft immer nur eine Entscheidung für sich. Das zu erkennen, macht Beziehungen leichter. Es bedeutet nicht alles zu entschuldigen und gutzuheißen, sondern das Drama und die Verletzbarkeit herauszunehmen.

In diesem Zusammenhang darfst du dir dann überlegen, ob du dich noch weiter für etwas entschuldigen möchtest. Es gibt keine Schuld, jeder handelt aus seiner Sicht genauso wie er es in dem Moment glaubt tun zu müssen. Schuld bedarf einen Richter in unserem Leben. Aber brauchen wir den, wenn wir uns immer mehr auf ein liebevolles und wahrhaftes Leben konzentrieren?

Die Energie von Entschuldigung

In einem Seminar haben wir über dieses Wort Entschuldigung und die Energie, die dahintersteht, gesprochen. Es wird unbewusst eine Schuld, die vermeintlich dahintersteckt, angenommen. Nach diesem Gespräch habe ich einmal darüber nachgedacht, wo und wie oft ich Entschuldigung sage. Dabei ist mir aufgefallen, dass ich dieses Wort wie viele andere sicher auch häufig, wie ein Ritual gebrauche. Zum Beispiel nutzte ich es für mich oft im Supermarkt. Die Verkäuferinnen räumen etwas ins Regal und ich will wissen, wo etwas steht. Wie oft habe ich dann gesagt...Entsch... Aber warum? Nachdem mir dies bewusst geworden ist und ich ja keine Schuld auf mich nehme, wenn ich etwas wissen will, suchte ich nach einem Ersatz. Ich muss mich nicht für die Unterbrechung des Verkäufers entschuldigen, aber was sagen, da ich ihn ja doch in seiner Arbeit unterbreche.
Zuerst suchte ich nach der entsprechenden Floskel, nun nutze ich ..."Darf ich sie etwas fragen? Darf ich sie kurz stören." Eine veränderte Energie. Doch muss ich mich immer wieder erinnern diese Worte zu nutzen, denn das alte Entsch.... ist so präsent. Wie so viele andere Verhaltensweisen, Denkweisen und Glaubenssätze, die uns eigentlich nicht dienlich sind.

In Beziehungen tauschen wir uns auch immer im Wechsel mit gebender und nehmender Energie aus. Dabei ist es wichtig um Hilfe zu bitten und diese ohne Bedenken anzunehmen. Es bedarf jedoch immer wieder Mut dies zu tun, was eigentlich schade ist. Je mehr du in der Selbstliebe bist, umso einfacher wird es. Doch damit der Kreislauf im Fluss bleibt, ist es wichtig einen Energieausgleich zu tätigen. Dieser kann in einer kleinen Gegenleistung, in Form von Geld oder auch einer liebevollen Geste, ein Lächeln oder einer Umarmung vollzogen werden. Es reicht oft nur eine kleine Geste, dass dürfen wir uns bewusst machen. Diese sollte auch freiwillig mit einem offenen freudigen Herzen geschehen.

In unserem Leben kommen wir immer wieder in Situationen der Veränderungen, in denen für uns Unterstützung wichtig ist. Dies zu erkennen, die Hilfe zu suchen und anzunehmen ist eine wichtige Lernaufgabe und auch ein wichtiger Schritt in einer Persönlichkeitsentwicklung. Wir sind hier nicht allein, sondern wir sind alle miteinander verbunden.

Seit dem ich die ThetaHealing Ausbildung gemacht habe, spüre ich sehr deutlich diese Verbundenheit auf der menschlichen Ebene. Früher konnte ich mich nicht so sehr auf Menschen einlassen, glaubte aber, dass wir von Lichtwesen wie Engel oder unseren verstorbenen Verwandten begleitet, geschützt und unterstützt werden. Manchmal spüre ich ihre Anwesenheit, sehe in der Meditation ihr Licht und spüre ihre Umarmung, manchmal bestelle ich einfach nur den Parkplatzengel. Wenn ich an einen bestimmten Ort einen freien Parkplatz brauche, dann bestelle ich beim Parkplatzengel dort gedanklich einen freien Platz. Wenn ich diesen Gedanken sofort loslasse, dann finde ich in der Regel immer genau dort einen Parkplatz. Wenn ich aber an dem Gedanken hängenbleibe oder nur kurz zweifele, dann habe ich schon, dass ein oder andere Mal etwas länger suchen müssen.

Meine Mutter ist sehr früh an Krebs verstorben. Ich war Anfang 30 und habe sie bis zum letzten Atemzug auf ihrem Weg begleitet. Sie hatte ein bestimmtes Parfüm, was sie gerne auflegte. Noch viele Jahre nach ihrem Tod roch ich, gerade in Situationen, in denen ich traurig war oder manchmal auch nur so, ihr Parfum. Es war immer sehr tröstlich dies zu riechen. Zu spüren und zu glauben, dass sie in diesem Moment mir irgendwie nah ist, hat mir Halt und Kraft gegeben.

Nun noch einmal zurück zu der menschlichen Verbindung untereinander. Meine Theta Lehrerin hat eine WhatsApp Gruppe eingerichtet, in der Menschen aus ihren Seminaren sich austauschen können. In dieser Gruppe sind Menschen, mit denen ich Seminare zusammen gemacht habe, aber auch welche, die ich gar nicht kenne. Trotzdem fühlen wir uns miteinanderverbunden. Wichtige Informationen, Engelbotschaften oder aber die Bitte um Unterstützung bei der eigenen Heilung oder von Freunden, Verwandten oder Tieren kann hier hineingestellt werden. Es ist sehr berührend und unterstützend, wenn man erfährt, wie viele fremde Menschen einfach an bedingungslose Liebe, Heilung und Tipps verschenken.

Das Leben ist Veränderung

Das Leben ist Veränderung

Das Leben ist Veränderung.
Du kannst die Veränderungen in deinem Leben nicht kontrollieren.
Du kannst das Leben nicht kontrollieren. Gib die Kontrolle ab und fließe mit
dem Leben. Entwickele Vertrauen zum Leben.

Veränderung ist der Fluss des Lebens.
Ein Fluss lässt sich nicht in seinem Fließen blockieren.
Blockiere nicht die Veränderungen in deinem Leben.
Blockiere nicht dein Leben. Gib die Kontrolle ab und fließe mit dem Leben.
Entwickele Vertrauen zum Leben.

Veränderungen erscheinen im ersten Augenblick nicht immer wünschenswert.
Entdecke eine Kraft in dir, die dich in deinem Leben unterstützt.
Entdecke die Menschen in deinem Leben, die dich begleiten.
Du wirst immer begleitet,
schau einmal genau hin
Du erhältst immer Hilfe, schau einmal genau hin.
Gib die Kontrolle ab und fließe mit dem Leben. Entwickele Vertrauen zum
Leben.

Entwickele Vertrauen zu dir selbst.
Vertrau deinen Gedanken.
Vertrau deinen Handlungen.
Vertrau deinen Entscheidungen.
Vertrau deinen Gefühlen.
Entwickele Selbstvertrauen,
Gib die Kontrolle ab und fließe mit dem Leben.
Das Leben ist nicht getrennt von dir.

Ich bin das Leben.
Ich gebe Kontrolle ab und fließe mit dem Leben.
Ich entwickele Vertrauen in das Leb

Feuer der Kreativität:

Schließe deine Augen und lass deinen Atem fließen. Lass alle Alltagsgedanken mit der Ausatmung los und atme ganz bewusst über dein Kronenchakra ein heilendes, beruhigendes Licht ein. Mache dies so lange, bis du das Gefühl hast, ganz bei dir angekommen zu sein.

Stell dir einmal das Sakral-Chakra wie eine Schale vor. Groß und ausladend liegt diese Schale in deinem unteren Bauchraum. Schau einmal, welche Farbe diese Schale hat, wie sie aussieht, ist sie eher schlicht oder außergewöhnlich verziert. Nun konzentriere dich einmal auf den Bereich, der gerade auf der Erde aufliegt, sind es die Füße, ist das Gesäß oder ist es der gesamte Körper... je nachdem wie du dich zu dieser Meditation positioniert hast.

Spüre einmal den Kontakt, der jetzt entstanden ist. Mache dir einmal bewusst, dass du von der Erde getragen wirst, genauso, wie du es jetzt spürst...getragen und gestützt, ja sogar unterstützt. Mache dir dieses Gefühl noch einmal bewusst, spüre noch einmal tief hinein in das Gefühl getragen und gestützt zu werden. Lasse einmal all deine Anspannung, Körperspannung und Kontrolle bewusst los und gib dich diesem Gefühl einmal ganz und gar hin... du wirst getragen, gestützt und unterstützt...Frage dich einmal, wie fühlt es sich an, kann ich mich fallen lassen und es zulassen? Frage dich, was brauche ich mehr um dieses Gefühl des Getragen werden, Gestützt werden zulassen zu können? Sind es vielleicht starke Wurzeln, die ich wie ein Baum mit seinen Wurzeln mit der Erde verbunden und gehalten ist, die dir fehlen? Oder sind diese nicht stark genug? Stelle dir jetzt einmal vor, wie du einmal ganz bewusst deine Wurzeln tief hinab in die Erde aufbaust. Sieh einmal vor deinem geistigen Auge, wie du starke und kräftige Wurzeln tief in die Erde laufen lässt und sie sich dort verankern. Über diese Wurzeln kann jetzt die wunderbare Erdenergie in dein Becken fließen. Dieser Strom von Energie sammelt sich in deiner Schale, hier wir die Energie zu einem wunderbar warmen Orange verwandelt Dieser Strom von Energie sammelt sich in deinem Becken und du kannst dir nun vorstellen, dass diese Energie so stark ist, dass sie in deiner Schale ein Feuer entfacht. Ein Feuer, dass all die Themen, die hier feststecken in dieser Schale verbrannt werden. Ich habe Vertrauen, dass diese Energie genau, dass vernichtet, was ein offenes Chakra verhindert. Gebe dir die Erlaubnis, dass du frei sein willst und darfst, übergib einmal bewusst oder auch unbewusst, diesem Feuer all das zu verbrennen, was dieses Chakra blockiert.

Nimm dir die Zeit, die du dafür brauchst, ...

Wenn du das Gefühl hast, dass all das, was zu diesem Zeitpunkt verbrannt werden soll, auch verbrannt ist, dann atme einige Male tief ein und aus. Beruhige dich selbst, indem du die sicher sein kannst, alles geschieht nur zu meinem höchsten und besten Wohl.

Konzentriere dich noch einmal auf deine Wurzeln und auf diese Schale in deinem Becken. Spüre einmal wie ein vielleicht noch kraftvollerer Strom aus deinen Wurzeln in deine Beckenschale sprudelt und dich vital und kraftvoll werden lässt. Spüre wie jetzt diese Schale mit Vitalität und Lebensenergie aufgefüllt wird. Sage dir im Stillen: Ich fühle mich leicht, beweglich und voller Lebenslust.

Downloads zum Sakralkchakra

Ich kenne und lebe die höchste Perspektive des Schöpfers von Lebendigkeit und Kreativität.

Ich bin in vollkommener Sicherheit meine Kreativität und Lebendigkeit auszudrücken und in die Welt zu bringen.

Es ist mein Geburtsrecht, voller Tatendrang, Emotionen, Freude und Verlangen durch das Leben zu gehen.

Es ist der Wunsch und Wille des Schöpfers, dass ich heil, gesund und voller Schaffenskraft in meinem Leben sein kann.

Ich weiß und verstehe, wie ich den Fluss der Lebensenergie sicher für mich nutzen kann und das Licht, Wärme und Liebe in die Welt zu bringen.

Ich weiß und verstehe, wie ich frei und ohne Blockaden meine Sexualität ausleben kann, ohne zu verletzen und verletzt zu werden.

Ich kenne die höchste Perspektive von weiblicher Kreativität. Es ist mein Geburtsrecht diese in die Welt zu bringen. Ich weiß und verstehe, wie es sich anfühlt meine Weiblichkeit und damit verbunden meine Kreativität in die Welt zu bringen. Ich bin sicher und geschützt und vertraue dem Schöpfer, dass es sein Wille ist und er mich unterstützt.

Ich kenne die höchste Perspektive des Schöpfers von Vollkommenheit. Ich weiß, dass ich mit meinem Sein vollkommen bin, wenn ich meine Lebensenergie frei fließen lasse. Ich weiß und versteh, wie es sich anfühlt meine Lebensenergie unkontrolliert fließen zu lassen und weiß, dass sie mich dann in mein wahres Sein führen wird.

Die Perle des Lebens

An einem meiner Meditationsabende habe ich eine Perlenkette herumgegeben und meine Gedanken zur Bedeutung einer Perle meinen Teilnehmern mitgeteilt: Für mich und viele andere ist eine Perle ein Symbol für Vollkommenheit, doch was steht dahinter? Vollkommenheit ist das, nachdem wir Menschen häufig im Leben streben. Aber geht das eigentlich? Eine Perle entsteht nur dann, wenn eine Muschel verletzt wird. Ein Sandkorn dringt in sie ein. Doch anstatt sich daran „zu stören und zu jammern", baut die Muschel eine Perlmuttschicht Schicht für Schicht um die verletzte Stelle, um sich zu schützen, bis eine Perle entsteht. Verletzung und Wachstum gehören im Leben zusammen.

Leben ist Wachstum, Leben kann nicht enden. Daher kann es in der Zukunft auch im Leben kein Ende unseres Wachstumes geben. Unsere Aufgabe ist es zu erkennen. dass wir aus all dem was uns widerfährt Perlen werden lassen können. Auch wir Menschen verändern uns ständig und wachsen, es wäre schade, wenn dieses Wachstum ein Ende hätte, wir nicht mehr neugierig wären, nichts mehr zu entdecken hätten....

Das Leben ist wie eine Abenteuerreise. Die Seele will alle Erfahrungen machen, sie bewertet nicht, für sie ist alles gut und erfahrenswert. Jede Erfahrung ist eine Perle für sie.

Wir haben in den verschiedenen Leben, schon viel erlebt und erfahren. Alles Perlen, die unser Sein vollkommen werden lässt.

Leben

Leben

Das Leben ist ein Abenteuer. Es ist wie eine Reise, von der du nicht weißt, wie sie sein wird.

Leben bedeutet Veränderung. Es gibt keinen Stillstand.
Akzeptiere und du wirst frei sein. Nimm das Leben an. Habe keine Angst.

Das Leben ist ein Abenteuer. Es ist wie eine Reise, von der du nicht weißt, wie sie sein wird.

Leben bedeutet Wachstum. Du kannst deine Entwicklung nicht stoppen.
Akzeptiere und du wirst frei sein. Nimm das Leben an. Habe keine Angst.

Das Leben ist ein Abenteuer. Es ist wie eine Reise, von der du nicht weißt, wie sie sein wird.

Leben bedeutet den Weg in das Unbekannte. Du kannst deinen Weg nicht planen. Akzeptiere und du wirst frei sein. Nimm das Leben an. Habe keine Angst.

Das Leben ist ein Abenteuer. Es ist wie eine Reise, von der du nicht weißt, wie sie sein wird.

Leben bedeutet den Umgang mit Gedanken und Gefühlen. Du kannst sie nicht immer verdrängen.
Akzeptiere und du wirst frei sein. Nimm das Leben an. Habe keine Angst.

Das Leben ist ein Abenteuer. Es ist wie eine Reise, von der du nicht weißt, wie sie sein wird.

Leben bedeutet positive und negative Erfahrungen zu machen. Deshalb bist du dieses Leben angetreten.
Akzeptiere und du wirst frei sein. Nimm das Leben an. Habe keine Angst.

Das Leben ist ein Abenteuer. Es ist wie eine Reise, von der du nicht weißt, wie sie sein wird.

Leben bedeutet Liebe. Lass die Liebe leben.
Liebe und du wirst frei sein. Nimm das Leben an. Habe keine Angst.

Das Leben ist ein Abenteuer. Es ist wie eine Reise, von der du nicht weißt, wie sie sein wird. Der Tod ist noch ein viel größeres Abenteuer. Nimm das Leben und den Tod an. Habe keine Angst...

Affirmationen zum Sakral Chakra

Ich bin in Kontakt mit meinen Gefühlen, Ich genieße die Fülle in meinem Leben.

Ich habe Zugang zu meiner Kreativität und bringe zu zum Ausdruck.

Ich wertschätze mich und den Ausdruck meiner Gefühle.

Ich lasse selbstkreierte Hindernisse los.

Ich bin schöpferisch.

Ich genieße das Leben.

Ich kann mich fallenlassen und mich hingeben.

Ich gebe Kontrolle ab und fließe mit dem Leben.

Ich fühle mich leicht, beweglich und voller Lebenslust.

Ich genieße meine Beziehungen und meine Kommunikation.

Ich erlaube mir Sinnlichkeit und Sexualität.

Ich bin in Kontakt mit meinen Gefühlen.

Ich genieße es, eine wunderbare Liebesbeziehung zu haben.

Ich bin dankbar, dass ich das Leben genießen kann.

In Zeiten von Gesundheits-, Ernährungs- und Bewegungs -
Wellen frage ich mich manches mal, was es bedeutet, das
Leben zu genießen. Es ist wichtig gesund zu essen, sich zu
bewegen und auch zu überlegen, welche Nahrungsmittel mir
guttun und welche ich vermeiden oder reduzieren sollte.
Für mich gibt es keine Festschreibung, wie es wirklich gut ist.
Jeder ist individuell und sollte seinen Weg finden. Doch ist die
Außenwelt immer noch so prägend, dass einige nach einem
Ziel streben, dass aus meiner Sicht nicht immer ihrem Typ
entspricht. Seit 30 Jahren habe ich fast das gleiche Gewicht
und trage auch seit dieser Zeit die gleiche Kleidungsgröße. Ich
bin nicht schlank, da ich gerne esse und auch schon mal gerne
ein Glas Sekt oder einen Cocktail trinke. Aber ich bin auch nicht
dick, ich glaube, für mich das rechte Maß gefunden zu haben.
Alles in Maßen, auch mal drüber, mal richtig feiern und
genießen, aber im Alltag in einem für mich richtigen Maß essen
und trinken. Freundinnen erzählen mir schon mal, dass sie,
wenn sie frustriert sind, eine ganze Tüte Chips oder eine ganze
Tafel Schokolade essen würden, das kenne ich von mir nicht.
Auch hier kann ich aus irgendeinem Grund ein gutes Maß
halten.
Nun erzähle ich zwei Beispiele, die ich nur von außen
beobachtet und mir meine Gedanken dazu gemacht habe. Mit
diesen beiden Personen habe ich nie über meine
Beobachtungen gesprochen. Es ist auch nicht meine Aufgabe,
ihr Verhalten zu bewerten. Da ich sehr an Menschen und deren
Lebenswegen interessiert bin, schaue ich gerne genau hin und
fühle rein - oft habe ich die Möglichkeit mit dem ein oder
anderen über meine Beobachtung zu sprechen. Häufig werden
sie dann auch in dem Gespräch bestätigt.
Meine ältere Nachbarin, von der ich schon berichtet habe, lebt
und ernährt sich sehr bewusst und sehr gesund. Sie lebt schon
sehr lange allein und ernährt ihren Geist immer wieder mit
hoher geistiger Kost. Einfach mal einen trivialen Roman
genießen, einfach mal ein Stück Kuchen genießen... das
kommt für sie nicht in Frage. Mir steht es nicht zu, dies zu

bewerten oder zu beurteilen, doch sehe ich sie immer sehr kontrolliert und strukturiert in ihrem Alltag. Kann sie ihr Leben genießen…? Ist sie dankbar, dass sie ihr Leben genießen könnte…?

Auf der anderen Seite hatte ich eine Freundin, die immer am Limit lebte. Sie genoss das Leben in vollen Zügen, Essen, Trinken, Feiern, …alles immer am Limit. Sie ist leider mit 47 an Krebs gestorben. Noch im Hospiz, zumindest, solange sie es noch konnte, zeigte sie in ihrem Handystatus, was sie alles noch genoss. Das andere Extrem…konnte sie wirklich ihr Leben genießen? War sie dankbar, dass sie ihr Leben genießen könnte…

Ich bin dankbar, dass ich das Leben genießen kann

Ich bin dankbar, dass ich mein Leben genießen kann

Ich bin dankbar, dass ich mein Leben genießen kann

Ein Geschenk, mein Leben
Voller kleiner und großer Überraschungen
Ich bin dankbar, dass ich mein Leben genießen kann

Freude, ein Moment des Glücks
Hoffnung, Frieden
Ich bin dankbar, dass ich mein Leben genießen kann

Urlaub, Weite, Kraft
Sonne, Wind, Natur
Ich bin dankbar, dass ich mein Leben genießen kann

Bestimmung, Kreativität
Entfaltung, innere Bereicherung
Ich bin dankbar, dass ich mein Leben genießen kann

Wein, Brot, eine warme Mahlzeit, eine Feier
Genuss mit allen Sinnen
Ich bin dankbar, dass ich mein Leben genießen kann

Ich bin dankbar, dass ich mein Leben genießen kann

Weil ich all das wahrnehmen und genießen kann, was ich habe
Weil ich mich entscheide, auf die Sonnenseite meines Lebens zu schauen
Weil ich die Wahl habe, was ich genießen möchte
Weil ich der wichtigste Mensch in meinem Leben bin

Ich bin dankbar, dass ich mein Leben genießen kann

Solarplexus Chakra

Themen des Solarplexuschakra sind Mentales, Gedanken, Glaubenssätze, Persönlichkeit, Selbstsicherheit, Willen, Macht, Handeln, Kontrolle, innere Identitäten, niederer Verstand und Intellekt, Unterbewusstsein

Kraft für das Leben

Ein See
weit, breit und ruhig
Ein Stein, er sinkt
Wellen, Bewegung
Tiefe, Ruhe, Weite
Kraft für das Leben

Aufgehende Sonne
Ein Leuchten
Immer größer, Immer weiter, Immer heller
Wärme und Klarheit
Kraft für das Leben

Kraft für das Leben
Tiefe
Wärme, Ruhe, Klarheit, Liebe, Licht
Kraft für das Leben

Der Solarplexus ist dein vitales Energiezentrum, was dir ermöglicht, dein Leben zu steuern, zu führen und klare Grenzen zu setzen. Dieses Chakra ist der Ursprung deiner Selbstachtung und der Selbstliebe.

Je offener und ausbalancierter du hier bist, umso leichter und klarer kannst du Grenzen im Außen setzen. Diese werden dann von deinem Gegenüber deutlich erkannt und respektiert. Du lebst deine Wahrheit, ohne dich dafür schuldig zu fühlen. Eine wunderschöne Affirmation für das Solarplexus-Chakra lautet: „Ich ruhe in meiner Mitte!"

Gerade Frauen versuchen ständig, dafür zu sorgen, dass es den anderen gut geht und vergessen dabei häufig ihre eigenen Bedürfnisse und Gefühle zu beachten. Du allein bist für deine Gefühle und deine Bedürfnisse verantwortlich. Wenn du erst einmal für dich erkannt hast, dass du gut für dich sorgen darfst, wirst du stark, klar und kraftvoll. Dann gelingt es dir immer besser ein ausgewogenes Gleichgewicht zwischen deinen Bedürfnissen und dem Umsorgen der anderen zu schaffen. So kannst du mit deinem inneren und äußeren Reichtum die Welt beschenken.

Das Solar-Plexus Chakra wird auch als Macht-Chakra bezeichnet. Viele Menschen haben ein Problem mit dem Thema Macht und dieses Wort ist bei ihnen negativ geprägt. Macht bedeutet in der spirituellen Entwicklung, du lebst dein Leben mit dem Bewusstsein der Selbstverantwortung Du bist der Schöpfer deiner Welt und darfst dort im Mittelpunkt stehen. Ein vitales Solar-Plexus-Chakra führt dich automatisch in die Kraft deiner wahren Kreativität. Das ist deine Macht im Leben. Ist das Chakra nicht ausbalanciert, kann es sein, dass ein Mensch versucht die Macht über andere an sich zu reißen. Dieses Streben hat einen negativen Einfluss auf das eigene Verhalten und auf die Umwelt. Das hat aber nichts mit der Selbstermächtigung und Selbstverantwortung zu tun.

Nichts mehr zu negieren, immer wieder ein Ja zu dem sagen, was gerade ist. Ja sagen zu sich selbst, stärkt das Solarplexus

Chakra. Es werden sich ungeahnte Schätze in dir zeigen, wenn dir dieses Ja immer mehr gelingt.

Wir sind leider immer noch darauf gepolt, zu registrieren und darauf zu achten, wo wir nicht perfekt sind. Wir finden Gründe warum, man das Ja nicht leben kann. Eine schöne Übung ist es, sich einmal am Tag vor einen Spiegel zu stellen und Ja zu sich selbst zu sagen. Intensiver wird die Übung, dieses Ja mit einem „Ich liebe mich" zu verstärken. Regelmäßig durchgeführt, spürst du schnell, wie stark deine Ängste vielleicht doch noch sind. Wir haben Angst vor dem Verlassen werden, vor der Einsamkeit, vor den Ansprüchen, Angst davor nicht zu gefallen… Nach diesem Erkennen führt ein regelmäßiges Durchführen der Übung dich nach einiger Zeit in das wahrhafte Gefühl des Ja.

Spiegelbild Sag JA zu dir

Spiegelbild Sag Ja zu dir

Schließe deine Augen und stelle dir vor du stehst vor einem großen Spiegel. Der Spiegel ist so groß, dass du dich vollständig sehen kannst.

Stell dir einmal vor, du schaust in diesen Spiegel und beantworte dir die Frage:
Wenn ich wirklich Ja zu mir sage, dann...?
Wiederhole den Satz   ...Wenn ich wirklich Ja zu mir selbst sage, ...dann geht es mir gut...oder dann spüre ich gar nicht wer ich bin...dann weiß ich, was ich will...dann fühle ich meine Angst vor der Einsamkeit...

Lass die Antworten kurz wirken und frage dich einmal, trifft einer dieser Sätze zu...oder kommen dir sogar andere Sätze?
Lass einfach alles stehen, was dir in den Sinn kommt...ohne zu bewerten und ohne zu kritisieren...Höre einmal hin und lass die Antworten kommen.
Wenn ich wirklich Ja zu mir sage...

Nun lege einmal deine Hände auf den Bauch und sprich einmal leise für dich:
Es ist mein Geburtsrecht mit und in Selbstsicherheit zu leben.
Schenke dir dann selbst ein lächelndes Ja. Schenke es einmal deinen Organen, deiner Haut, deinen Muskeln, deiner Seele, deinen Gefühlen, deinem inneren Kind, deinem Verstand...
Schenke ein lächelndes Ja, allem, was dich ausmacht und schau in den Spiegel und sieh was sich verändert...

Körper und Seele

Körper und Seele kannst du nicht als getrennte Einheiten sehen. Dein Körper und deine Seele sind untrennbar miteinander verbunden.
Wenn es der Seele gut geht, ist der Körper gesünder und kraftvoller.
Umgekehrt gilt, wenn der Körper krank ist, hat das auch Auswirkungen auf unser seelisches Befinden.
Die Seele hat sich in deinen Körper inkarniert. Sie will sich hier auf der Erde entfalten. In jedem Leben entwickelt sie Eigenschaften und macht vielfältige Erfahrungen, die sie dann im weiteren geistigen Leben nutzt und braucht. Die Seele bewertet nicht in gut also richtig oder schlecht also falsch, sondern sie will die gesamte Vielfalt aller Gefühle und Möglichkeiten erfahren. So warst du in einem Leben schon mal Täter, in einem anderen Opfer...

Neue, veränderte Situationen in unserem Leben bedeuten für unseren Körper immer Stress und Arbeit. Wenn wir etwas als sehr bedrohlich wahrnehmen oder uns hilflos fühlen, dann führt dieses Gefühl auch im Körper zu Veränderungen. Wir erkennen diese Reaktionen daran, dass wir nicht mehr richtig tief atmen, die Schulter hochziehen, uns klein machen, das Adrenalin im Körper ansteigt....
Seelische Krisen bringen unseren Körper auch durcheinander. Wir können nicht verhindern, dass er auch reagiert. Wir können ihn aber dabei unterstützen, schnell wieder ins Gleichgewicht zurückzukehren.

Positive Gefühle haben positive Auswirkungen auf unseren Körper. Er wird gesünder, wenn es uns seelisch gut geht. Dankbarkeit unterstützt z.B. unser Wohlgefühl.

Unsere Gefühle beeinflussen uns bis in die kleinste Zelle. Sie stärken oder schwächen, je nach Stimmungslage, unsere

Abwehrkräfte. Wenn wir uns wohlfühlen und innerlich friedlich sind, zeigt sich dies auch immer in einer kraftvolleren Immunabwehr.
Ängste, Anspannungen, Sorgen, Hilflosigkeits- oder Einsamkeitsgefühle führen schnell zu einer Schwächung unserer inneren Selbstheilungskräfte.

Das Zwerchfell und die darunter liegenden Organe, gehören zum so genannten „Sonnengeflecht", dem Solarplexus.
Das Zwerchfell agiert als Zwischenspeicher für Emotionen. Hier treffen die Emotionen auf den Körper und werden als erstes wahrgenommen. Der Solarplexus wird auch als das zweite Hirn bezeichnet. Man hat festgestellt, dass dort das Nervensystem anatomisch eine sehr ähnliche Struktur wie das Gehirn aufweist und auch ähnlich funktioniert. Man findet außerdem Zelltypen, Wirkstoffe und Rezeptoren wie im Gehirn.
Kopf- und Bauchhirn stehen im ständigen Kontakt, sie arbeiten dennoch autonom voneinander. Während 90 Prozent der Informationen vom Darm in Richtung Gehirn geschickt werden, wird dort vieles gefiltert und nicht bewusst erfahren. Von den vielen Informationen, die das Bauchhirn tagtäglich zum Gehirn schickt, nehmen gesunde Menschen nur die wenigsten wahr. Nur zehn Prozent der Informationen gehen in die andere Richtung, also vom Gehirn zum Bauch

Eine erhöhte Sensibilität oder zu viel Stress zeigt sich häufig in körperlichen Symptomen wie Bauchschmerzen, Blähungen, Durchfall oder Verstopfung aber auch in anderen Symptomen wie Migräne und Schlafstörungen.

Der Solarplexus ist ein Muskel, der normalerweise wie eine Kuppel in unserem Bauchraum hängt. Wenn wir gestresst, ängstlich oder überfordert sind, dann atmen wir nicht mehr richtig, sondern meist sehr flach. Der Solarplexus verspannt, wie aller andere Muskel bei Überbelastung oder Stress, sich auch. Im schlimmsten Falle kommt es zu einem Zustand einer Verspannung, so dass er wie eine gerade Muskelplatte in unserem Bauchraum hängt. Diese Platte lässt dann auch keinen fließenden Kontakt mehr zum Gehirn zu. Es kommt zu einer Trennung vom unteren und oberen Bauch-Raum im Körper. Hier sind oft tief verborgenen Mängel und Konflikte gespeichert.

Feuer der Macht:

Schließe deine Augen und lass deinen Atem fließen. Lass alle Alltagsgedanken mit der Ausatmung los und atme ganz bewusst über dein Kronenchakra ein heilendes, beruhigendes Licht ein. Mache dies so lange, bis du das Gefühl hast, ganz bei dir angekommen zu sein.

Stell dir einmal das Solarplexus Chakra wie eine Schale vor. Groß und ausladend liegt diese Schale in deinem Becken. Schau einmal welche Farbe diese Schale hat, wie sie aussieht, ist sie eher schlicht oder außergewöhnlich verziert.

Nun konzentriere dich einmal auf den Bereich, der gerade auf der Erde aufliegt, sind es die Füße, ist es das Gesäß oder ist es der gesamte Körper... je nachdem wie du dich zu dieser Meditation positioniert hast.

Spüre einmal den Kontakt, der jetzt entstanden ist. Mache dir einmal bewusst, dass du von der Erde getragen wirst, genauso, wie du es jetzt spürst...getragen und gestützt, ja sogar unterstützt. Mache dir dieses Gefühl noch einmal bewusst, spüre noch einmal tief hinein in das Gefühl getragen und gestützt zu werden. Lasse einmal all deine Anspannung, Körperspannung und Kontrolle bewusst los und gib dich diesem Gefühl einmal ganz und gar hin... du wirst getragen, gestützt und unterstützt...

Stelle dir jetzt einmal vor, wie du ganz bewusst deine Wurzeln tief hinab in die Erde aufbaust. Sieh einmal vor deinem geistigen Auge, wie du starke und kräftige Wurzeln tief in die Erde laufen lässt und sie sich dort verankern. Über diese Wurzeln kann jetzt die wunderbare Erdenergie in dein Solarplexus Chakra fließen. Spüre wie ein warmer Strom die Wurzeln hochsteigt und sich in deiner Schale im Solarplexus Chakra sammelt. Dieser Strom von Energie sammelt sich in deiner Schale, hier wir die Energie zu einem wunderbar warmen Gelb verwandelt. Du kannst dir nun vorstellen, dass diese Energie so stark ist, dass sie in deiner Schale ein Feuer entfacht. Ein Feuer, dass all die Themen, die hier feststecken in dieser Schale verbrannt werden. Habe Vertrauen, dass diese Energie genau, dass vernichtet, was dir für ein offenes Chakra fehlt. Gebe dir die Erlaubnis, dass du frei sein willst und darfst und übergib einmal bewusst oder auch unbewusst, diesem Feuer all das zu verbrennen, was dieses Chakra blockiert.

Nimm dir die Zeit, die du dafür brauchst, ...

Wenn du das Gefühl hast, dass du all das, was zu diesem Zeitpunkt verbrannt werden soll, auch verbrannt ist, dann atme einige Male tief ein und aus. Beruhige dich selbst, indem du dir sicher sein kannst, alles geschieht nur zu meinem höchsten und besten Wohl.

Konzentriere dich noch einmal auf deine Wurzeln und auf diese Schale. Spüre einmal wie ein vielleicht noch kraftvoller Strom aus deinen Wurzeln in deine Solarplexus Chakra sprudelt und dich vital und kraftvoll werden lässt. Spüre wie jetzt diese Schale mit Selbstvertrauen und Lebensenergie aufgefüllt wird. Sage dir im Stillen: Ich ruhe in mir selbst, ich habe Kraft und Selbstvertrauen.

Allein mit Atem- und Dehnübungen kann man diesen Muskel wieder entspannen damit er sich zurück zur Kuppel bilden kann. Es ist dabei möglich, dass sich dabei auch all die Konflikte und Gefühle lösen, die zu diesem Zustand geführt haben. Deshalb sollte man sanft und achtsam sein und bei stärkeren Konflikten einen Therapeuten aufsuchen, der einen unterstützt und auffängt.

Ich habe die Speicherung von Gefühlen und Konflikten im Bauchraum selbst immer wieder erfahren, als ich am Anfang meiner spirituellen Entwicklung war. Wenn mich ein Thema sehr gestresst hatte oder schon lange existierte und es sich durch eine Übung löste, dann spürte ich gleichzeitig auch wie sich in meinem Bauch etwas löste. Manches Mal musste ich dann auf die Toilette laufen. Ich hatte das Gefühl ich musste mich erbrechen. Das, was sich als Knoten in mir gelöst hatte, wollte raus aus mir.

Wenn der verspannte Solarplexus Bauch -und Brustraum voneinander trennt, raubt dieser Zustand uns unsere Vitalität. Erschöpfung stellt sich sehr viel schneller ein. Ängste entwickeln sich und beherrschen uns und unser Verhalten. Alle diese negativen Gefühle wiederum rufen unser Denken auf den Plan. Es entsteht der Wunsch und das Gefühl, alles muss kontrolliert und beherrscht werden. Es wird immer schwerer einfach freudvoll zu sein und zu handeln. Durch die Kontrolle unserer Handlungen versuchen wir jetzt das Leben zu meistern. Wir verlieren unsere Spontaneität und somit auch die Kreativität.

Eine meiner Lieblingsübungen ist die „Ich lebe bewusst aus meiner Mitte". Sie öffnet sanft und vorsichtig den Solarplexus und du kannst spüren, wie sich er sich öffnet und du voll in deiner Mitte ankommst.

Ich lebe bewusst aus meiner Mitte

Ich lebe bewusst aus meiner Mitte

Schließe deine Augen und spüre einmal in den Bereich deines Zwerchfells hinein. Es liegt unterhalb der Rippen im Bauchraum. Lege deine Hände einmal auf diesen Bereich und atme tief ein und aus. Spüre wie sich der Bauch hebt und wieder senkt. Mit der Einatmung hebt sich der Bauch, mit der Ausatmung wird er wieder flach.

Lege nun deine Hände in deinen Schoß und mach dir bewusst, dass der Solarplexus ein Muskel ist. Ein Muskel, der sich zusammenziehen kann oder der sich bewusst aufdehnen kann. Stelle dir nun vor deinem geistigen Auge vor, wie sich das Zwerchfellmuskel bei jeder Einatmung nach unten hin öffnet, aufdehnt und ausweitet.
Stell dir vor, wie das Zwerchfell sich weitet und sich mit der Einatmung immer tiefer, wie eine Schale in dein Becken legt und ausbreitet… Das Zwerchfell wird weit und wird zu einer Schale in deinem Becken….

Nun spreche für dich einige Male das Mantra: Ich lebe bewusst aus meiner Mitte…

Nun lege dich oder nur deinen Kopf mit seinem Denken mit jedem Ausatmen in diese Schale hinein. Spüre, dass du dich in dieser Schale fallen lassen kannst, dass du von ihr getragen wirst, dass du dich hier vollkommen wohl fühlen kannst, geborgen und sicher…
Wenn du das Gefühl hast, du bist ganz in dieser Schale angekommen, dann spüre nach, wie es sich anfühlt, dass du jetzt bewusst aus deiner Mitte leben kannst
Ich lebe bewusst aus meiner Mitte…

Geschichte mit dem gelben Trenchcoat...

Ein offenes Solarplexus Chakra zeigt sich in einem guten Selbstbewusstsein. Ich hatte viele Jahre kein Vertrauen in mich und wollte deshalb auch im Außen nicht auffallen. Ich fühlte mich wie eine graue Maus und wollte nicht gesehen werden. Das veränderte sich „Gott sei Dank" im Laufe meiner Entwicklung mit Hilfe von Reiki, doch es brauchte viel Zeit. Auf meinem Weg lernte ich immer besser zu spüren, wann es mir gut ging und wann nicht. Mein Solarplexus war, wenn es mir gut ging, wesentlich offener, die Energie meiner regelmäßigen Reiki Übung konnte besser aufgenommen werden und frei hineinfließen. Äußerlich spürte ich es, da ich dann selbstbewusster durchs Leben gehen konnte.

Spannend ist es, heute kann ich das viel besser erkennen und spüren als damals. Natürlich bin ich durch die Arbeit an mir auch nicht mehr verschlossen, aber es gibt immer noch Tage, an denen ich merke, dass etwas im Solarplexus Chakra arbeitet. Das erforsche ich dann und kann dieses Thema mit meinen Übungen und der Auseinandersetzungen, was dahintersteckt, auflösen.

Als ich mit dieser Arbeit anfing, war ich noch von vielen Selbstzweifeln geprägt. Wenn diese gepaart mit meinen Verletzungen und Unsicherheiten stärker wurden, dann verschloss ich auch unbewusst mein Solarplexus Chakra stärker. Innerlich konnte ich das noch nicht einordnen, aber ich möchte eine Geschichte erzählen, die dies im Außen sehr schön beschreibt.

Samstags bin ich mit einer Freundin häufig nachmittags nach Duisburg in die Stadt gefahren. Ich wohnte in

Wedau, einem wunderschönen Vorort von Duisburg.
Hier war ich von Natur umgeben und die Nähe zur
Stadt war perfekt. An diesen Nachmittagen bummelten
wir durch die Geschäfte und suchten häufig zum
Abschluss ein schönes Restaurant auf, um gemeinsam
zu essen. Ich liebe es gemeinsam mit Menschen zu
essen.

An diesem Samstag fanden wir in einem Sale-Verkauf
einen wunderschönen gelben Trenchcoat. Mir ging es
an diesem Tag nicht so gut. Das Gelb strahlte und
leuchtete und dies sprach mich an. Ich fand den Mantel
sehr schön, zog ihn an und er passte perfekt. Als ich
mich aber im Spiegel sah, fühlte ich mich sofort
unwohl...damit falle ich ja auf, alle werden mich
anstarren und denken, was trägt die denn. Ich werde
angeschaut...solche Gedanken schossen mir durch den
Kopf. Der Mantel ist hübsch, aber nicht richtig für
mich...Diese Gedanken und die daraus resultierenden
Gefühle spürte ich auch sofort in einem Unwohlsein in
meinem Körper. Traurig und enttäuscht brachte ich ihn
wieder zurück...

Am nächsten Morgen in der Meditation und Reiki
Übung spürte ich eine Blockade im Solarplexus, die
Energie wollte nicht frei fließen. Mir wurde bewusst,
dass die negative Stimmung gepaart mit dem Gefühl
der Wertlosigkeit in mir, für dieses Unwohlsein beim
Tragen des gelben Mantels verantwortlich war.
Nachdem ich das erkannt hatte und auch auflösen
konnte, spürte ich, dass ich nun zumindest an guten
Tagen diesen Trenchcoat tragen könne. Ich fuhr am
Montag direkt wieder in die Stadt, leider war der Mantel
nicht mehr zu finden.

Dennoch bin ich dankbar für dieses Erlebnis, denn ich konnte lernen, dass Farben uns den Zustand unsere Chakren aufzeigen können. Gelb ist die Farbe des Solarplexus Chakras. An diesem Tag konnte ich gelb nicht tragen, da mein Chakra nicht offen war.

Du kannst bewusst mit Farben über Kleidung und Accessoires bestimmte Chakren stärken und ausgleichen.

Spannend finde ich auch, dass ich in dieser Zeit, in der ich dieses Buch schreibe, die Farbe Gelb sehr mag und auch häufig trage. Ich habe meine innere Mitte gefunden und bin sehr viel selbst-bewusster geworden. Aber ich spüre auch deutlich, wenn ich mal nicht so stabil bin. Dann fällt es mir schwerer etwas Gelbes und Auffallendes anzuziehen. Dennoch kann ich mit den Techniken, die ich nun kenne und mit dem Bewusstsein, dass ich mein Chakra gerade jetzt stärken kann, wenn ich es will, dann trotzdem etwas Gelbes anziehen. Sehr oft bemerke ich, dass sich dann auch recht schnell innerlich etwas verändert.

Affirmationen zum Solarplexus Chakra

Ich lebe die Fülle und habe genug Energie, um meine Bedürfnisse zu realisieren.

Meine Bedürfnisse sind erfüllt.

Ich bin positiv.

Ich bin motiviert. Ich bin stark.

Ich erschaffe mein Leben.

Ich begegne meinen Mitmenschen auf Augenhöhe.

Ich ruhe in mir selbst, ich habe Kraft und Selbstvertrauen.

Aus der Kraft meiner Mitte strahle ich Mut und Stärke aus.

Ich habe jetzt die Energie zu handeln und mache meine Träume und Visionen wahr.

Ich bringe mein Selbst und meine Willenskraft zum Ausdruck.

Ich übernehme Verantwortung für mein Denken und Handeln.

Ich setze meine Ideen in Handlung um.

Ich handele intuitiv und tue nur noch das, was sich richtig anfühlt.

Ich bin dankbar für meine Fähigkeit, mutig und entschlossen handeln zu können.

Die Kraft der Energie

Die Kraft der Energie von Worten wie bei den Affirmationen habe ich schon beschrieben. An dieser kleinen Geschichte glaube ich, erkennt man sehr schön, den Einfluss von Farben auf den Zustand des Menschen. Oft ist es uns nicht bewusst, wie wir gerade ein geschwächtes Chakra stärken könnten. Warum wir uns gerade in dem Kleidungsstück mit einer bestimmten Farbe an diesem Tag nicht wohlfühlen, können wir uns nicht erklären. Dass das korrespondierende Chakra dann gerade nicht frei arbeitet, wissen wir nicht.

Bei meiner täglichen Chakren-Reiki-Übung bemerke ich, wenn ein Chakra nicht frei arbeitet. Manches Mal unterstütze ich es dann neben dem Händeauflegen mit einer bewussten Farbmeditation, (zwei Übungen habe ich hier schon beschrieben) und oder mit einem entsprechend farbigen Accessoire, Strümpfe, Schmuck oder ähnlichem. Wenn ich mich in einem Kleidungsstück (bzw. der Farbe) besonders wohlfühle, fällt mir oft auf, dass dieses Chakra sehr offen ist...

Kleinere Themen kannst du auch mit Hilfe der Chakren-Farben auflösen. Es ist aber trotzdem wichtig achtsam zu schauen was vielleicht sonst noch nötig ist. Denn irgendetwas hat ja einen Einfluss gerade auf das Chakra gehabt.

Bei größeren Blockaden, die man zu Beginn einer spirituellen Entwicklung auch immer in und an den Chakren finden kann, sollte man sich die Unterstützung eines erfahrenen Therapeuten suchen. Aber es hilft immer mit Farben, Gewürzen, Edelsteinen etc. das Chakren System und die Heilung zu unterstützen.

Eine regelmäßige Chakren Arbeit, in welcher Form auch immer, unterstützt eine harmonische Verteilung der Lebensenergie. Der Mensch fühlt sich gesünder und vitaler.

Wie schon beschrieben, kannst du auf verschiedene Arten mit den Chakren arbeiten. Es gibt Chakren -Yoga und Chakren -Meditationen. Mit speziellen Gewürzen und Lebensmitteln kannst du auch bewusst positiv auf die Chakren einwirken. Du kannst aber auch mit entsprechenden Edelsteinen arbeiten.

Heilsteine waren schon im Mittelalter bekannt. Hildegard von Bingen beschrieb früh die Wirkung und den Einsatz bestimmter Steine.

Wie und warum Heilsteine wirken können, kannst du, wenn du darüber mehr wissen willst, in zahlreichen Büchern und Artikeln nachschlagen.

Es gibt Chakren Steine, die man sehr schön zu Unterstützung der Chakren-Energie-Arbeit zum Beispiel mit Reiki nutzen kann. Diese speziellen Steine stimmen mit den Farben der einzelnen Chakren überein. Meistens arbeite ich intuitiv mit den Edelsteinen. Neben den Chakren- Steinen nutze ich aber auch sehr gerne den Bergkristall oder Rosenquarz, denn beide haben sowohl auf den Körper und auch auf die Seele eine positive Wirkung.

Eine meiner Klientinnen rief mich an und bat um einen Termin. Als sie kam, konnte sie nur sehr beschwerlich die Treppe raufgehen. Sie sprach davon, man hätte bei ihr Rheuma festgestellt. Ich sah sie an und bekam die Information, es ist ein rheumaähnlicher Schub, aber kein klassisches Rheuma. Sie befand sich in einer sehr belastenden privaten und beruflichen

Situation und ihre gesamte Energie sammelte sich im Kopf mit Grübeln, Gedanken und Sorgen.

Ich gab ihr Reiki und konnte sehr deutlich spüren, wo und in welchen Chakren sie zu viel und wo sie zu wenig Energie hatte. Es gelang uns diese Über/Unterenergie schon bei dieser ersten Sitzung gut auszugleichen. Als sie ging, hatte sie viel weniger Schmerzen und kam relativ leicht die Treppe herunter. Wir arbeiteten dann einige Male in kurzen Abständen miteinander. Vor einer Sitzung erzählte sie mir, sie hätte vor allem abends immer brennende und heiße Hände. Intuitiv legte ich ihr die Chakren Steine auf ihre Haupt Chakren. Da ihr die Schulter, Arme und Hände sehr wehtaten, legte ich ihr zusätzlich zwei Bergkristalle in die Hände. Alles intuitiv und von einer inneren Kraft geführt. Dann führte ich auch über alle Steine meine Reiki-Anwendung durch. Gerade in ihren Händen spürte ich eine Überenergie, die nicht abfließen konnte. Immer wieder ließ ich die Energie auf die zwei Bergkristalle in ihren Händen fließen und gab dort immer wieder sehr lange Reiki. So lange, bis ich spüren konnte, dass ihre Energie wieder frei aus ihren Händen abfließen konnte. Sie empfand und beschrieb nach der Anwendung die Bergkristalle als kühlend, ihre Schmerzen waren sehr viel weniger geworden. Eine Woche lang hatte sie das verschriebene Kortison genommen, was auf jeden Fall auch den Schmerzustand meiner Klientin beeinflusst hat. Für uns beide war es aber entscheidend, dass sie nach den Anwendungen immer schmerzfreier nach Hause fuhr. Nach wenigen Sitzungen ging es ihr wieder gut, wir hatten natürlich auch viel gesprochen und uns ihre aktuellen Themen angeschaut. Bei der nächsten Blutkontrolle konnte man keine Rheumawerte mehr feststellen.

Das, was mich aber am meisten beeindruckt hatte, war das diese Klientin zu mir kam und sagte, „ich vertraue dir. Ich will gesund werden und sein." Es wäre, vor allem in ihrer schwierigen privaten Situation jetzt ein leichtes gewesen, den

Weg der Krankheit zu wählen und ihn zu gehen. Sie hätte aussteigen können, längere Zeit nicht mehr arbeiten gehen müssen und sich gehen lassen können. Für mich war es schön zu sehen, dass sie die Verantwortung für sich und ihr Leben übernahm. Sie wollte gesund werden und sein. Das war eine sehr wichtige Voraussetzung, dass die Reiki-Anwendung so gut wirken konnte.

Ich bin davon überzeugt, diese Verantwortung für sich selbst und der Willen gesund zu sein, ist eine der wichtigsten Voraussetzungen in allen medizinischen Bereichen, wo Heilung stattfinden soll.

Ich erschaffe mein Leben

Ich erschaffe mein Leben

Leben ist Veränderung
Leben ist Wandel
Leben ist Wachstum
Ich bin das Leben

Ich erschaffe mein Leben

Angst kommt und geht
Angst ist immer anders
meine Angst kann ich beeinflussen
ich bin das Leben

Ich erschaffe mein Leben

Leben ist Veränderung
Leben ist Wandel
Leben ist Wachstum
Ich bin das Leben

Ich erschaffe mein Leben

Menschen kommen und gehen
die Menschen in meinem Leben sind immer anders
Beziehungen in meinem Leben sind von mir beeinflussbar
Ich bin das Leben

Ich erschaffe mein Leben

Leben ist Veränderung
Leben ist Wandel

Leben ist Wachstum
Ich bin das Leben

Ich erschaffe mein Leben

Ereignisse in meinem Leben geschehen
Ereignisse in meinem Leben sind immer anders
Die Ereignisse in meinem Leben sind von mir beeinflussbar
Ich bin das Leben

Ich erschaffe mein Leben

Leben ist Veränderung
Leben ist Wandel
Leben ist Wachstum
Ich bin das Leben

Ich erschaffe mein Leben

Gedanken kommen und gehen
Gedanken sind immer andres
meine Gedanken sind von mir beeinflussbar
ich bin das Leben

Ich erschaffe mein Leben

Gefühle kommen und gehen
Gefühle sind immer anders
meine Gefühle sind von dir beeinflussbar
Ich bin das Leben

Ich erschaffe mein Leben

Downloads Solarplexus Chakra

Ich bin sicher und entspannt, um meine Glaubensätze zu erkennen und aufzulösen. Es ist mein Geburtsrecht mit und in Selbstsicherheit zu leben.

Ich erkenne und verstehe die höchste Perspektive des Schöpfers von freiem Willen. Ich bin bereit meine Macht und Verantwortung für mich und das Leben zu übernehmen. Ich bin sicher und werde vom Schöpfer getragen, so dass ich diese Macht zum Besten Wohl aller nutzen.

Ich weiß, wie es sich anfühlt vollkommen in meiner Mitte zu sein, aus dieser Mitte zu leben und meine Wahrheit und meine Gefühle nach außen zu bringen.

Ich kenne die Perspektive des Schöpfers von in seiner Mitte ruhen. Ich bin sicher und kann in dieser Mitte alle notwendigen Erfahrungen ohne Drama erleben und an ihnen wachsen. Ich habe ein Recht darauf eine feste starke innere Mitte zu haben, mit deren Hilfe ich gelassen, selbstbewusst und mit viel Kraft mich den Themen des Lebens stelle.

Ich kenne die Perspektive des Schöpfers eine starke Mitte zu haben und weiß, wie ich diese schützen und erhalten kann. Alle Energien, die mir nicht guttun, können diesem inneren Gleichgewichts nichts anhaben. Ich bin sicher und geführt, so dass ich diese Kraft, die ich aus dieser inneren Mitte ziehe, immer zum besten und höchsten Wohle aller einsetzen werde.

Ich weiß und verstehe, wie es sich anfühlt voll in meiner Kraft und Mitte zu sein, aus dieser zu leben und meine Lebensenergie und meine Kreativität hier herauszuschöpfen.

Ich weiß und verstehe, dass es möglich ist, kraftvoll meinen Alltag zu leben. Es ist mein Geburtsrecht gesund und vital zu leben und mein Licht nach außen scheinen zu lassen. Ich kenne die höchste Perspektive des Schöpfers von Kraft und Vitalität und habe von ihm die Werkzeuge erhalten, um diese für mich und mein Leben zu festigen und zu stärken.

DANKE

Danke!

Danke! Ich Danke!
Ich will jetzt Danke sagen ...
Ich bin dankbar für meine Fähigkeit, mutig und entschlossen zu sein.

Danke! Ich Danke!
Ich will jetzt Danke sagen ...
Ich bin dankbar für meine Fähigkeit, mutig und entschlossen zu sein.
Ich bin dankbar ich selbst zu sein.

Danke! Ich Danke!
Ich will jetzt Danke sagen ...
Ich bin dankbar für meine Fähigkeit, mutig und entschlossen zu sein.
Ich bin dankbar für meine Kraft und Stärke.
Ich bin dankbar ich selbst zu sein.

Danke! Ich Danke!
Ich will jetzt Danke sagen ...
Ich bin dankbar für meine Fähigkeit, mutig und entschlossen zu sein.
Ich bin dankbar für meine Kraft und Stärke.
Ich bin dankbar ich selbst zu sein.
Ich bin dankbar, dass ich nichts anderes als Liebe sein kann

Danke! Ich Danke!
Ich will jetzt Danke sagen ...
Ich bin dankbar für meine Fähigkeit, mutig und entschlossen zu sein.
Ich bin dankbar für meine Kraft und Stärke.
Ich bin dankbar ich selbst zu sein.
Ich bin dankbar, dass ich nichts anderes als Liebe sein kann
Ich bin dankbar für meine Fähigkeit, mutig und entschlossen zu sein.

Herzchakra

Themen des Herzchakra sind Liebe, Vertrauen, Hingabe, Schmerz, Trauer, Vergebung und Karma.

Die Kraft des Herzens

Die Kraft des Herzens liegt in der Liebe- sie ist unergründlich, sie geht ihre eigenen Wege, Liebe ist einfach da...

Die Kraft des Herzens liegt in der Liebe- sie ist unergründlich, sie geht ihre eigenen Wege, Liebe lässt in dir ungeahnte Kräfte frei werden...

Die Kraft des Herzens liegt in der Liebe- sie ist unergründlich, sie geht ihre eigenen Wege, Liebe siegt immer, findet immer den richtigen Weg...

Die Kraft des Herzens liegt in der Liebe- sie ist unergründlich, sie geht ihre eigenen Wege, Liebe lässt sich nicht kaufen, Liebe lässt sich nicht bestechen...

Die Kraft der Liebe liegt im Herzen- sie ist unergründlich, sie geht ihre eigenen Wege, Liebe kann man nur durch die eigene Öffnung erfahren...

Die Kraft der Liebe liegt im Herzen- Liebe kann man nur durch Kontakt erfahren, Kontakt mit dem Leben...

...lebe, liebe und erfahre die Kraft des Herzens

Selbstliebe

Für uns Menschen ist es oft sehr schwer, Selbstliebe vollständig zu leben und zu empfinden. Falsch verstandene Rücksichtnahme, Fürsorge, die Suche der Liebe in einer Partnerschaft aber auch Gefühle von Wertlosigkeit verhindern gelebte Selbstliebe.

Meine Erfahrung hat mir gezeigt, dass du Selbstliebe erlernen kannst. Hierbei handelt es sich um einen Lernprozess, den man immer wieder wiederholen und erneuern muss, bis diese Liebe vollkommen in unserem System integriert ist. Mal fühlt man sich sehr stark in der eigenen Liebe, dann triggert uns aber doch wieder ein Thema, eine weitere Blockade wird aufgedeckt. Du kannst dir diesen Prozess wie das Schälen einer Zwiebel vorstellen, Schicht für Schicht. Immer mehr musst du abtragen, um an den Kern zu kommen. So kannst du dir das auch mit tiefen Blockaden vorstellen. Natürlich entstehen während dieser Arbeit dann auch immer wieder Selbstzweifel. Das Gefühl, vielleicht ist man es nicht wert oder man kann sich selbst nicht genug lieben, wenn sich doch schon wieder fehlende Selbstliebe zeigt, kann aufbrechen. Viele unserer Themen blockieren die absolute Selbstliebe und können wunderbar durch die verschiedenen Techniken aufgelöst werden. Schicht für Schicht, wie bei einer Zwiebel.

Die Kraft des eigenen Herzens führt zur Selbstliebe!
Deine Beziehung zu anderen sind immer nur Spiegelbilder der Beziehung zu dir selbst.
Wenn du dich selbst liebst, liebst du automatisch auch deine Mitmenschen. Wenn du dich selbst hasst, fühlst oder erfährst du Hass von deinen Mitmenschen oder du empfindest ihnen gegenüber Hass.
Oft lieben wir, haben aber bestimmte Erwartungen und Vorstellungen wie eine Beziehung zu sein hat und wie wir Liebe zurückerhalten wollen. Wer ohne Bedingungen und ohne

Erwartungen liebt, der erhält um ein Vielfaches Liebe zurück, häufig anders als man sie verschenkt hat.

Ich habe gelernt, dass ich erst mal mich selbst lieben lernen muss, bevor ich einem anderen wirklich bedingungslos, d.h. erwartungslos, Liebe schenken kann.

Ein kleines Beispiel, damit du es dir leichter vorstellen kannst. Stelle dir dein Herz wie einen großen Krug vor. Erstmal füllst du diesen, d.h. dein inneres Herzens-Gefäß mit einem Licht aus Liebe. Du füllst dieses Gefäß so voll, bis es beginnt überzusprudeln. All das, was in dem Krug ist, gehört dir. All das, was übersprudelt kannst du wunderbar an andere weitergeben. Es fließt von allein nach außen…

Selbstliebe ist das Heilmittel!

Die Selbst-Annahme, so wie du JETZT, genau in diesem Moment bist, lässt dich Selbstliebe empfinden. Nur wenn du dich im Hier und Jetzt vollkommen annimmst, wirst du auch über deine volle Kraft verfügen.

Viele Menschen verwechseln Selbstliebe mit Egoismus. Beim Egoismus dreht man sich nur um sich selbst. Wenn man genau hinschaut, stellt man fest, es handelt sich hier eigentlich auch nur um das Fehlen von Liebe!

Egoismus ist ein Re-Agieren aus Angst. Es geht nur ums reine Überleben. Man könnte zu kurz kommen und nicht im Mittelpunkt des Geschehens stehen. Das hat nichts mit Liebe zu tun.

Egoismus bedeutet ganz einfach, dass es keinen Raum für die Mitmenschen gibt. Es gibt somit keinen Raum für die Zeitgenossen, so kann man diese auch nicht lieben. Alles dreht sich nur um einen selbst. Der Egoist liebt sich im Grunde selbst eigentlich nicht genug und braucht immer eine Bestätigung im Außen. Es fehlt ihm das Vertrauen ins Leben. Er wird versuchen alles zu kontrollieren. Sein Ziel ist es für sich allein gut zu sorgen. Das Universum erscheint nur deshalb so bedrohlich, weil es ihm schwer fällt anzunehmen, was gerade ist. Alles wird bewertet und beurteilt und muss in eine bestimmte Richtung laufen.

Veränderbar ist alles! Indem du immer wieder bewusst „Ja zum Leben" sagst, gibst du die Kontrolle ab und vertraust dem Fluss des Lebens. Veränderungen treten automatisch ein. Mit dem „Ja zum Leben" sagst du auch „Ja zu dir" und „Ja zu deiner Kraft".
Selbstliebe kann deshalb auch bedeuten:
„Ich vertraue mir und ich vertraue dem Leben und dem Universum! (meiner Seele und oder einem Gott)"
Selbstliebe ist das „JA zum Leben" und das „JA zur Existenz des Universums" und das „Ja zu Allem-was-ist". Durch dieses „Ja" kommt das Leben wieder zum Fließen.

Meditation und Übung für das Herzchakra

Schließe die Augen und höre mir zu:
Frage dich einmal: Kannst du das? Ist es dir möglich?
"Ich nehme mein Leben und mein Schicksal an, genauso wie es ist."
Kannst du das? Ist es dir möglich? Habe keine Angst davor!

"Ich nehme mein Leben und mein Schicksal an, genauso wie es ist."
Kannst du das? Ist es dir möglich? Habe keine Angst davor!
Spüre nur so kann alles gut werden. Du nimmst alles als deine Manifestationen
an, du nimmst alles an, was zu dir gehört. Du nimmst alles an, was dein Leben
und dein Schicksal beeinflusste. Diese Annahme führt dich in die
Selbstverantwortung.

"Ich nehme mein Leben und mein Schicksal an, genauso wie es ist."
Kannst du das? Ist es dir möglich? Habe keine Angst davor!
Mache dir einmal bewusst, solange du dein Leben und dein Schicksal nicht
annimmst, bist du immer im Kampf und du machst dich zum Spielball äußerer
Umstände. „Ich nehme mein Leben und mein Schicksal an, genauso wie es ist."
Kannst du das? Ist es dir möglich? Habe keine Angst davor!

Diese Annahme ist Selbstliebe und ein wichtiger Schritt der Liebe. Selbstliebe
und Liebe ist ein Heilmittel.
"Ich nehme mein Leben und mein Schicksal an, genauso wie es ist."
Lege deine Hände auf deine Brust und sage dir im Stillen: "Ich nehme mein
Leben und mein Schicksal an, so wie es ist."
Stell dir jetzt vor, wie in dein Herz ein warmes, helles Licht hineinfließt. Sieh
nun das dein Herz sich füllt mit diesem Licht. Und dann stelle dir vor wie dieses
Licht aus deinem Herzen ausströmt.
Dieses Licht wird immer grösser und heller, dein Herz strahlt wie ein Stern.
Dieses Licht strahlt über deinen Körper hinaus in die Welt.
Lass dieses Licht, dein Licht und die Liebe, deine Liebe um den ganzen Erdball
fließen. Alle Menschen, Tiere, Pflanzen und auch die Erde ...alle werden darin
eingehüllt.

Selbstliebe ist ein Prozess, der sich entwickeln wird, wenn du sie immer wieder übst. Eine Übung, die ich im Reiki Grad Eins mit den Teilnehmern durchführe, zeigt auf, dass es erst einmal leichter ist sanft und milde mit sich selbst umzugehen, um diesen Prozess zu unterstützen und um ihn immer weiter zu vertiefen...

Lege dir für diese Übung einen Spiegel bereit. Du wirst während der Übung in deinen Augen das Mitgefühl finden. Versuche ehrlich zu dir sein, aber dann auch sanft und milde. Es ist eine Übung, die dich langsam ins Mitgefühl bringen soll.

Mitgefühl

Schließe die Augen und entspann Dich. Frage Dich einmal:
Was empfinde ich, wenn ich auf der Straße ein Kind weinen sehe?
Was empfinde ich, wenn ich eine alte Frau sehe, die nicht über die Straße kommt?
Was empfinde ich, wenn eine junge Frau mit einem beschwingten Lächeln mir entgegenkommt?
Was empfinde ich, wenn ein Mensch vor meinen Augen hinfällt?
Was empfinde ich beim Anblick eines strahlenden Babys?

*Sieh einmal, dass du in allen Situationen **Mit-Gefühl** zeigst.*
*Du empfindest **Mit-Gefühl** mit dem Menschen, der dir begegnet.*
*Du empfindest **Mit-Gefühl** für einen Menschen, den du vorher nie gesehen hast und wahrscheinlich auch danach nie wieder sehen wirst.*

Nun frage Dich: Was empfinde ich, wenn ich mir selbst begegne?
*Zeige ich in den verschiedenen Situationen des Tages **Mit-Gefühl** mit mir selbst?*
Wie begegne ich mir selbst?
Nun frage dich:
*Was hindert mich daran, mir selbst mehr **Mit-Gefühl** entgegenzubringen…?*
Was hindert mich daran, mich selbst so zu nehmen, wie ich bin?

Und nun sieh: Du bist ein Teil vom Universum. Nur mit dir, so wie du bist, ist das Universum existent. Ohne Dich gäbe es das Universum nicht.

*Nun öffne die Augen und schau in den Spiegel. Deine Augen sind ein wichtiger Teil von dir. Sie helfen dir, die Welt zu sehen. Sie sind die Werkzeuge, über die du **Mit-Gefühl** entwickeln kannst.*
Sie können kritisch mit der Welt umgehen oder sie können milde sein. Du hast die Wahl.
*Diese Augen, die du da siehst, sind auch die Werkzeuge, die dir helfen **Mit-Gefühl** und Milde dir gegenüber zu entwickeln. Du hast die Wahl.*
Schau dir diese Augen noch einmal genau an, sie sind ein Teil von dir und du bist ein Teil des Universums. Ohne dich gäbe es das Universum nicht. Du hast die Wahl.
Sage Dir im Stillen:
„Ich habe die Wahl. Ich kann entscheiden, wie meine Augen sehen."
*Nun hast du die Möglichkeit ab jetzt mehr **Mit-Gefühl** für Dich zu entwickeln.*
Du bist der Boss. Wenn du diese Entscheidung für dich getroffen hast, sage laut zu dir selbst:
Ich entscheide mich dafür, mehr Mit-gefühl für mich zu haben!

Mit dieser Entscheidung mehr **Mit-Gefühl** für dich selbst zu haben, kommst du der Selbstliebe ein Stückchen näher. In diesem Mitgefühl findest du auch den „Trick zur Selbstliebe":

Kritisiere dich niemals mehr selbst, verurteile dich nicht mehr. Und zwar genau ab jetzt! Es ist gut so wie du bist, genauso wie du jetzt bist. Entwickle einfach mehr Mitgefühl für dich selbst. Erkenne dich und deine Bedürfnisse an!

Aber es soll sich doch noch etwas ändern! Ich will doch noch etwas an mir ändern! Ich bin doch so wie ich jetzt bin nicht gut genug! Vielleicht denkst du das gerade. Einige Teilnehmer der Seminare denken das auch und fragen sich, wie sie das umsetzen können.
Mach dir noch einmal bewusst, das Leben bedeutet immer Veränderung: Wachstum, Veränderung und Wandel, das kommt von ganz allein. Dafür musst du nicht viel tun. Im Gegenteil, diesen Wandel aufzuhalten, kostet wertvolle Energie. Und die Akzeptanz dessen, was ist, lässt Energie frei werden, um Wandel und damit persönlichen Veränderungen Platz zu machen.

Selbstkritik ist in unserer heutigen Zeit alltäglich. Durch die sozialen Medien werden wir mit Idealbildern berieselt, wie jemand oder etwas zu sein hat. Am Arbeitsplatz herrscht oft mehr Leistungsdruck als Motivation und Anerkennung. Und so wird immer wieder der Glaubenssatz: „Du bist nicht gut genug!" verstärkt.

Das Gegenteil von Selbstkritik ist Selbstliebe!

„Kritisiere dich niemals mehr selbst, verurteile dich nicht mehr. Und zwar ab jetzt. Genauso wie du jetzt bist. Entwickle mehr Mitgefühl für dich selbst. Erkenne dich und deine Bedürfnisse an!"

Schon Jesus sagte, „Liebe deine Nächsten wie dich selbst."
Viele interpretieren dies als helfendes Handeln zum Wohle der
Mitmenschen. Außerdem impliziert es häufig, dass du dich
selbst zurücknehmen solltest und dass Wohl der anderen im
Vordergrund stehen muss. Aber Jesus sagte auch, „Liebe den
anderen wie dich selbst," dieser Satz wird häufig nicht mit
interpretiert. Für mich bedeutet es: Schenke deinem
Gegenüber genauso viel Liebe wie du dir schenkst. Du darfst im
Zentrum der Liebe stehen und das, was du in dir spürst,
weitergeben. Erst wenn du dich wahrnimmst, spürst und liebst,
bist du auch in der Lage diese Liebe vollkommen im Außen zu
leben und weiterzugeben.

*Zwei meiner drei Brüder sind an Parkinson erkrankt. Einer von
ihnen lebt schon seit fast 40 Jahren in Kanada. In der Kindheit
hatten wir kein gutes Verhältnis. Durch die Entfernung haben
wir uns noch mehr auseinandergelebt. Drei bis vier Mal im Jahr
telefonieren wir, für mich ist das ausreichend. Da er nicht mehr
regelmäßig deutsch spricht und seine Sprache schon sehr
verwaschen ist, sind für mich unsere Gespräche immer sehr
anstrengend. Natürlich weiß ich um seine Krankheit und dass er
wahrscheinlich irgendwann nicht mehr telefonieren kann. Er
wird aller Wahrscheinlichkeit auch in Kanada sterben und
begraben werden. Manchmal macht dieses Wissen mich
traurig, doch ich weiß und akzeptiere es.*
*Im Frühjahr dieses Jahres hatte dieser Bruder eine Phase, wo
er sich gewünscht hatte, dass wir regelmäßiger telefonieren.
Bei mir kamen fast gleichzeitig zwei Gefühle hoch. Zum einen,
ich will das nicht, ich kann und will mich jetzt nicht schon wieder
um jemanden kümmern, auf der anderen Seite ein schlechtes
Gewissen und das Gefühl egoistisch zu sein. Ich habe mich
„gefühlt" in den letzten 20 Jahren immer um andere gekümmert
und mich dabei oft vergessen.*
*Zurzeit versorge ich in einem für mich angemessenen Rahmen
den anderen kranken alleinlebenden Bruder, der bei mir in der*

Nähe im betreuten Wohnen lebt. Dort wird mir ein Teil der Versorgung abgenommen, was sehr gut für mich ist.

Nun ist vollkommen klar, auch ich darf auf mich und meine Gefühle und meine Bedürfnisse achten und sie wichtig nehmen. Nach einem kleinen inneren Kampf, in dem ich für mich klar bekommen musste, dass ich wichtig, erkannte ich, es ist ok, es nicht zu tun. So konnte ich den Wunsch meines Bruders nach häufigeren Telefonaten ohne schlechtes Gefühl ablehnen.

Mein anderer Bruder Thomas ist auch Single und benötigt schon recht viel Unterstützung. Einmal in der Woche mache ich für ihn z.B. einen Großeinkauf. Eine Bekannte von ihm hatte dies während einer meiner Urlaube übernommen. Sie ist Rentnerin und hat entsprechend viel Zeit (obwohl Rentner ja nie Zeit haben). In den zwei Wochen hatte sie dann meinen Bruder geschnappt und ist mit ihm durch Aldi gelaufen. Als ich zurückkam, meinte mein Bruder, seine Bekannte hätte gesagt, dass ich das auch machen solle. Da bin ich sehr vehement geworden. Ich bin berufstätig und habe auch ein Leben. Mein Bruder ist gehbehindert und der wöchentliche Einkauf hätte die doppelte Zeit gebraucht. Die Bekannte versuchte mir unbewusst vorzuschreiben, was ich zu tun hätte. Sie hat mir unbewusst ein schlechtes Gewissen gemacht. Ich bin froh, dass ich dies aber schnell bemerkt und meinem Bruder das Angebot gemacht habe, er solle doch dann mit ihr gehen. Ich hätte dann mehr Zeit für mich. Es stellte sich heraus, dass es ihm eigentlich gar nicht so wichtig war. Heute ist er leider so gehbehindert, dass es auch mit der Bekannten gar nicht mehr ginge.

Gerade jetzt, wo ich an diesem Kapitel schreibe, ist dieser Bruder wieder einmal ins Krankenhaus gekommen. Er hat immer wieder Aufenthalte im Krankenhaus, einmal war es so schlimm, dass er fast gestorben wäre. Wochenlang bin ich jeden Tag bei ihm gewesen und habe ihn betreut. Ich ging arbeiten, fuhr zum Krankenhaus, kochte und war nur noch erschöpft. Dies ging mehrere Wochen so.

Nach dieser Zeit habe ich für mich erkannt und beschlossen, dass ich das so nicht mehr machen kann. Auch wenn er allein lebt, kann ich mich nicht aufopfern, damit es ihm gut geht. Wie gesagt, jetzt bekam ich die Nachricht, dass er erneut ins Krankenhaus muss. Obwohl ich das für mich klar hatte, dass ich mich nicht mehr in dem Maß kümmern möchte und kann, ist in mir eine Schwere aufgebrochen. Ein schlechtes Gewissen, ein innerer Kampf...ich wusste nicht, wie ich die Balance zwischen meinen Bedürfnissen und meinen Fürsorgegedanken finden konnte. Doch spürte ich, dass ich auf mich achten darf und muss. Nach einer kurzen Zeit, in der die Schwere sehr stark auf mir lastete, entschied ich mich, dass ich all das genauso nicht will. Meine Leichtigkeit wollte ich zurückhaben. Nach einem Gespräch mit einer Freundin konnte ich für mich entscheiden, wie die Balance aussehen könnte. Die Leichtigkeit kehrte dann auch wieder zurück. Und für meinen Bruder war dann meine Lösung kein Problem.

Viele Menschen verwechseln Selbstliebe mit Egoismus. Für mich war es auch schwer herauszufinden, wie ich in meine Selbstliebe komme. Wie weiß ich, dass ich in der Selbstliebe bin? Es geht vor allem um Akzeptanz. Alles ist wie es ist, ohne Bewertung und Verurteilung. Du lernst, dass du dich in jeder Situation wichtig nehmen darfst, dann entsteht automatisch Liebe, die nach außen fließen will.

Mit meiner Lösung z.B. konnte ich meinen Bruder ehrliche Fürsorge entgegenbringen.

Solange ich an vermeintlichen Fehlern an mir und im Leben festhalte, bin ich im Kampfmodus. Das Leben ist aber fließend und Veränderungen stellen sich immer von allein ein. Wenn du aber im Zustand des Kampfes den Situationen im Leben begegnest, sind die Veränderungen anders, als wenn du im Zustand der Liebe und Akzeptanz lebst.

Ein paar schöne Sätze, die dich unterstützen können, mehr in und mit Selbstliebe zu leben.

Ich bin wie ich bin!

Ich darf mich lieben so wie ich bin!

Ich liebe meine Körper so wie er ist!

Ich achte meine Körper und meine Gesundheit und gehe fürsorglich mit mir um! Ich gehe mit mir freundlich, liebe- und achtungsvoll um!

Ich muss nicht sein wie andere mich sehen wollen!

Ich bin mein bester Freund

Feuer des Herzens

Schließe deine Augen und lass deinen Atem fließen. Lass alle Alltagsgedanken mit der Ausatmung los und atme ganz bewusst über dein Kronenchakra ein heilendes, beruhigendes Licht ein. Mache dies so lange, bis du das Gefühl hast, ganz bei dir angekommen zu sein.

Stell dir einmal das Herzchakra wie eine Schale vor. Groß und ausladend liegt diese Schale in deinem Brustraum. Schau einmal welche Farbe diese Schale hat, wie sie aussieht, ist sie eher schlicht oder außergewöhnlich verziert. Nun konzentriere dich einmal auf den Bereich, der gerade auf der Erde aufliegt, sind es die Füße, ist es das Gesäß oder ist es der gesamte Körper... je nachdem wie du dich zu dieser Meditation positioniert hast.

Spüre einmal den Kontakt, der jetzt entstanden ist. Mache dir einmal bewusst, dass du von der Erde getragen wirst, genauso, wie du es jetzt spürst...getragen und gestützt, ja sogar unterstützt. Mache dir dieses Gefühl noch einmal bewusst, spüre noch einmal tief hinein in das Gefühl getragen und gestützt zu werden.

Sieh einmal vor deinem geistigen Auge, wie du starke und kräftige Wurzeln tief in die Erde laufen lässt und sie sich dort verankern.

Nun stelle dir vor wie ein nach oben geöffnetem Trichter vom Kronenchakra in den Himmel wächst... groß, weit ausladend ... weit in deine Aura reicht dieser Trichter ...

Sieh einmal vor deinem geistigen Auge, wie du über leuchtende Lichtbahnen mit dem Himmel verbunden bist. Über diese Lichtstrahlen kann jetzt die wunderbare Himmelsenergie durch dein Kronenchakra ins Herzchakra fließen lassen.

Spüre wie ein warmer weißer Strom von Lichtstrahlen hinunterfließt und sich in deiner Schale sammelt. Dieser Strom von Energie sammelt sich in deinem Herzen.

Über deine Wurzeln kann jetzt die wunderbare Erdenergie in deine Schale fließen. Spüre wie ein warmer Strom die Wurzeln hochsteigt und sich auch in deiner Schale sammelt. Dieser Strom von Energie sammelt sich in deinem Herzen und gleichzeitig fließt über deine Lichtstrahlen die Himmelsenergie in dein Herzchakra. Erdenergie und Himmelsenergie sammeln sich in deiner Herzschale.

Nun kannst du dir vorstellen, dass diese Energie so stark ist, dass sie in deiner Schale ein Feuer entfacht, ein Feuer, dass all die Themen, die hier feststecken in dieser Schale verbrennt. Habe Vertrauen, dass diese Energie genau, dass vernichtet, was dir für ein offenes Chakra fehlt, gebe dir die Erlaubnis, dass du frei sein willst und darfst und übergib einmal bewusst oder auch unbewusst, diesem Feuer all das zu verbrennen, was dieses Chakra blockiert.

Nimm dir die Zeit, die du dafür brauchst, …

Wenn du das Gefühl hast, dass all das, was zu diesem Zeitpunkt verbrannt werden soll, auch verbrannt ist, dann atme einige Male tief ein und aus. Beruhige dich selbst, indem du dir sicher sein kannst, alles geschieht nur zu meinem höchsten und besten Wohl.

Konzentriere dich noch einmal auf deine Wurzeln und auf deine Lichtstrahlen. Spüre einmal wie ein vielleicht noch kraftvollerer Strom aus deinen Wurzeln und aus deinen Lichtstrahlen in deine Herzschale sprudelt und dich vital und kraftvoll werden lässt. Spüre wie jetzt deine Herzschale mit Liebe und Lebensenergie aufgefüllt wird. Sage dir im Stillen: Ich liebe und akzeptiere mich selbst, so wie ich bin.

Affirmationen für das Herzchakra:

Ich lasse alle Verletzungen los, erlaube meinem Herzen zu heilen.

In jeder Minute meines Lebens empfange ich Liebe.

Ich bin geliebt.

Ich wertschätze und liebe mich selbst ohne Bedingungen.

Ich bin offen, um Liebe bedingungslos zu geben und zu empfangen.

Ich bringe Mitgefühl und Liebe für mich und andere zum Ausdruck.

Ich führe mein Leben aus einem liebevollen Herzen heraus.

Der Raum meines Herzens ist weit und frei.

Ich empfinde die Leichtigkeit eines offenen Herzens.

Ich lebe in Liebe und Mitgefühl für alle Geschöpfe.

Ich fühle jetzt immer mehr Liebe in meinem Herzen.

Ich liebe und akzeptiere mich selbst, so wie ich bin.

Ich liebe und akzeptiere meine Mitmenschen, so wie sie sind.

Ich akzeptiere und liebe mein Leben, so wie es ist.

Ich gebe und empfange Liebe.

Zu Beginn meiner spirituellen Entwicklung konnte ich zu wenigen dieser Sätze und auch Affirmationen Ja sagen. Wie sieht es bei dir aus? Kannst du zu jedem einzelnen Satz ja sagen?

Bis zum ersten Reiki Seminar war ich mit all meinen Blockaden und Unsicherheiten von der Selbstliebe sehr weit entfernt. Ich hatte das Glück, dass mein Reiki Lehrer nach dem Seminar mit mir weitergearbeitet und mich auf dem Weg zu Lösungen einiger meiner Themen begleitet hatte.
Der Beginn eines neuen, achtsameren und bewussteren Lebens! Dafür bin ich ihm sehr dankbar.
An eine der vielen Übungen, die wir gemacht haben, kann ich mich sehr gut erinnern. Ich sollte nur in einen großen Spiegel schauen. Was fiel mir das damals schwer, ich konnte mich nicht leiden und auch nicht ansehen. Ich habe gezittert und geweint, denn meine Meinung von mir war sehr schlecht. Ich war Single, war von meinem Partner verlassen, und im Job gekündigt worden und ganz allein. Und ich hatte immer im Außen geschaut, was die Menschen, die scheinbar ein zufriedenes Leben führen, haben, was ich nicht bieten kann. Mich und mein Leben verglich ich immer mit dem Leben anderer. Geprägt von Zielen und Werten, wie ein glückliches Leben auszusehen hat, konnte ich mein Leben nicht als wertvoll ansehen. Mein Glaubenssatz, dass ich es nicht wert war, all das, was ich mir wünschte, vor allem Liebe und Partnerschaft, zu haben, wurde immer stärker. Wer war ich schon, was konnte ich schon…nein ich war in meinen Augen ein Nichts. Wir haben den Blick in den Spiegel immer wieder geübt, bis ich mich wirklich wertschätzend in einen Spiegel betrachten konnte.
Auch heute noch erkenne ich am Blick in den Spiegel, wie es mir geht. Oft kann ich mich liebevoll betrachten und finde mich schön, doch gibt es auch heute manchmal noch Tage, an denen ich sehr kritisch bi

Downloads für das Herzchakra

Ich weiß und verstehe, wie es sich anfühlt vollkommen in Liebe und voller Vertrauen zu leben. Ich weiß und spüre, dass ich getragen und geschützt werde, so dass ich mich selbst immer mehr diesem Vertrauen und der Liebe öffnen kann.

Es ist mein Geburtsrecht, Liebe zu fühlen, anzunehmen, und weiterzugeben. Ich darf mich selbst so lieben wie ich andere liebe, es ist sogar wichtig, dass ich mich genauso liebe und annehme, wie ich andere Menschen liebe und annehme.

Ich weiß und verstehe, wie es sich anfühlt, sicher zu sein, um sich der Liebe zu öffnen, Ich weiß je tiefer ich mich der Liebe öffne umso sicher bin ich und kann diese Liebe weitergeben. Ich weiß und verstehe, wie es sich anfühlt in dieser Sicherheit der Liebe zu leben und weiß und erkenne, dass ich immer weniger verletzbar bin. Ich trenne mich von meinem Ego und bin in einem bedingungslosen Sein, das mich mit Licht erfüllt.

Ich weiß und verstehe, dass es meine Recht ist auch die menschliche Liebe in ihrer Vollkommenheit zu erfahren und dass diese Liebe mich nährt, wärmt und wachsen lässt.

Ich kenne die Höchste Perspektive des Schöpfers von Liebe. Ich weiß und verstehe das und wie ich mir selbst jetzt die Erlaubnis geben kann, der wichtigste Mensch in meinem Leben zu sein. Ich weiß, wie es sich anfühlt mich vollkommen zu lieben und wie ich diese Liebe zum höchsten und besten Wohle aller in die Welt tragen kann.

Ich weiß und verstehe, wie es sich im Alltag anfühlt, frei und vollkommen mit und in Liebe zu leben. Die freie Entfaltung meiner Liebesfähigkeit in mir verströmt nach außen und lässt mich andere anstecken. Ich bin vollkommen in Sicherheit, wenn ich mein Licht und meine Liebe frei fließen lasse.

Entwicklung

Lange Gespräche, viel Arbeit an und mit mir selbst, aber auch meine Arbeit in Reiki- und Meditationsgruppen haben diese tief verkrusteten

Glaubenssätze aufgelöst und verändert. In den zahlreichen Gruppen und Vorträgen, die ich in den ersten Jahren gehalten hatte, sprach ich immer wieder über die Themen Selbstliebe, Universum, Engel, Anziehung und Manifestation. Mit jedem Mal konnte das Wissen, das ich erworben hatte, aus dem Kopf immer tiefer in mein Herz und in mein Gefühl hinabsteigen. Ich wurde immer selbst-sicherer und selbst-bewusster. Es gab im Laufe der Jahre immer längere Phasen, in denen ich sehr zufrieden und liebevoll mit mir selbst war. In dieser Zeit konnte ich das Gefühl der Selbstliebe deutlich wahrnehmen und wusste, wie es sich anfühlt. Dann gab es auch Phasen im Leben, in denen ich dieses Gefühl nicht mehr so stark empfinden konnte. Zweifel und Kritik beherrschten mich. Da ich aber ohne Unterbrechung weiter meine Übungen durchgeführt hatte, wurden diese Zeiten aber im Laufe immer kürzer und die Selbstsabotage war immer weniger gravierend. Manchmal war ich sehr traurig, dass ich mich wieder von äußeren Gegebenheiten und inneren Unsicherheiten ablenken ließ. Aber dann habe ich erkannt, diese Zeit gehört dazu. Wir können alle unsere Themen nicht sofort auflösen. Ein Thema kann, wie schon beschrieben, wie eine Zwiebel sein, die wir langsam in Schichten ablösen müssen, um an den wahren Kern zu kommen. Bei mir waren es die Theta- Sitzungen, die mir geholfen haben, meine tiefsten Blockaden zur Selbstliebe aufzuheben.

Zurzeit ruhe ich in mir selbst und lebe, immer noch als Single, aber

zufrieden und ausgeglichen. Ich habe es für mich geschafft, zu erkennen, dass ich der wichtigste Mensch für mich sein darf. Dieser Mensch erhält viel Zuneigung und Aufmerksamkeit, *außen ist unwichtiger geworden. Der größte Erfolg ist es, dass ich jetzt immer mehr auf meinen Bauch und mein Herz hören kann. Gerade deshalb kann ich meinen Mitmenschen Liebe und Aufmerksamkeit schenken.*

Letztens habe ich noch zu einer Freundin gesagt, wie sehr sich mein Leben verändert hat. Ich könne nun mein Leben wie ein

sehr leckeres Stück Kuchen genießen. (Ich esse sehr gerne aber selten Kuchen, und deshalb ist es immer noch etwas Besonderes für mich). Eine Partnerschaft und die Liebe eines Partners sind immer noch innere Wünsche, aber sie wären die Sahne auf dem Kuchen, nett, lecker aber nicht zwingend notwendig damit er gut ist.

Auch wenn all diese Erfahrungen manches Mal schmerzhaft waren, heute weiß ich, dass es gut so war. Sie haben mich auf meinen Weg und zu meinem Wissen und Erkenntnissen gebracht. Üben muss ich weiter, es gibt immer wieder Situationen, die mich zumindest für eine Moment aus dieser Balance werfen. Doch weiß und spüre ich, dass ich in all den Jahren begleitet und gestützt worden und auch heute nicht allein bin.

Dein Gefühl der bedingungslosen Liebe wächst durch deine bedingungslose Selbstliebe.

Du darfst dir erlauben, den inneren Kritiker und Richter zu entlassen und dir selbst eine liebevolle Mutter oder ein liebevoller Vater zu sein, oder eine gute Freundin oder Freund, der dich umsorgt, schützt, versteht und begleitet. Da du dieses Gefühl der Selbstliebe aber nicht erzwingen kannst, bleibt nur die Geduld es langsam wachsen zu lassen mit den Zutaten Dankbarkeit, Mit-Gefühl, Sanftheit ….

Sanftheit

Sanftheit

Sei sanft mit dir und denen die dir nahestehen.
Fühle mit dir und denen die dir nahestehen.
Sei liebevoll!

Es gibt immer wieder Zeiten der Besinnung. Es gibt immer wieder Zeiten der
Stille, Zeiten des Zweifels, Zeiten der Unzufriedenheit, Zeiten der
Unsicherheit...

Sei in jeder Zeit sanft mit dir und denen die dir nahestehen.
Fühle mit dir und denen die dir nahestehen.
Sei liebevoll!

Entwickle das Gefühl der Zärtlichkeit für dich.
Entwickle das Gefühl der Liebe für dich und andere.
Entwickle das Gefühl des Friedens.
Entwickle das Gefühl der Achtsamkeit.
Das sind die Geschenke, die du dir selbst machen solltest.

Es gibt immer wieder Zeiten der Besinnung. Es gibt immer wieder Zeiten der
Stille, Zeiten des Zweifels, Zeiten der Unzufriedenheit, Zeiten der
Unsicherheit...
Sei in jeder Zeit sanft mit dir und denen die dir nahestehen.
Fühle mit dir und denen die dir nahestehen.

Sei liebevoll!
Sei sanft!
Entwickle das Gefühl der Liebe für dich ...zu jeder Zeit.
Sei voller Liebe ...zu jeder Zeit.
Liebe zu jeder Zeit!

Zufriedenheit

Ein offenes Herzchakra zeigt sich immer in einem Gefühl
innerer Ausgeglichenheit. Zufrieden zu sein bedeutet, im
Moment keinen Mangel zu verspüren. Man hat alles das, was
man braucht. Zufriedenheit beschreibt
die Fähigkeit des Menschen, mit sich selbst und anderen
in Frieden zu leben und das Beste aus dem zu machen, was
gerade im Leben ist. Dann spürst du ein Ankommen in deiner
inneren Mitte.

Doch wie viele Menschen jagen dem Glück hinterher?

Glück ist nur eine Momentaufnahme. Das Gefühl des Glücks
vergeht – es kann sich ganz auflösen, oder sich verwandeln.
Glückliche Momente sind gekennzeichnet durch ein
kurzzeitiges Hochgefühl, welches aber auch schnell wieder
verschwindet. Es bleibt nicht bestehen. Zufriedenheit beschreibt
ein Wohlgefühl mit der bestehenden Situation. Im Gegensatz
zum Glück ist sie nicht durch extreme Gefühlsausbrüche
gekennzeichnet, sondern durch eine tiefe innere Ruhe.
Zufriedenheit ist somit viel beständiger als ein Glücksmoment.

Doch warum jagen so viele Menschen dem Glück hinterher?
Evolutionär sind wir Menschen darauf ausgelegt uns stets
weiterzuentwickeln. Eine zeitweilige Unzufriedenheit ist von

daher notwendig, um sich neuen Herausforderungen zu stellen und neue Lernprozesse anzutreiben. Das Leben lässt sich in fünf wesentliche Bereiche unterteilen: Gesundheit, Familie/Freunde, Arbeit, Finanzen und Persönlichkeit. In jedem dieser Bereiche haben wir bestimmte Vorstellung und Werte wie es zu sein hat, damit wir uns wohlfühlen bzw. glücklich zu sein glauben. Erst wenn alle diese Bereiche unseren Vorstellungen entsprechend sind, glauben wir wirklich glücklich sein zu können. Zufriedenheit ist erlernbar! Dies ist einfacher, anstatt ewig dem doch schwindenden Glück hinterherzujagen. Schön ist es zu wissen, wer den Zustand der inneren Zufriedenheit in sich gefunden hat, hört auf zu suchen. Ein entscheidender Punkt für Zufriedenheit ist es die schönen Dinge im Leben zu genießen. Sind es nicht so oft die kleinen Augenblicke oder Gesten, die einem ein Lächeln ins Gesicht zaubern und das Leben so kostbar machen.

Reichtum

Reichtum

Ich akzeptiere und liebe mein Leben, so wie es ist.
Ein Lächeln, ein Schmetterling, das Aufgehen einer Blüte, ein Sonnenuntergang
am Meer...
Sind wir nicht unendlich reich?
Ich akzeptiere und liebe mein Leben, so wie es ist.

Ein Sonnenstrahl, ein Windhauch auf der Haut, ein paar Regentropfen...
Sind wir nicht unendlich reich?
Ich akzeptiere und liebe mein Leben, so wie es ist.

Abends ein guter Tropfen Wein, eine gute Mahlzeit, allerlei Leckerei...
Sind wir nicht unendlich reich?
Ich akzeptiere und liebe mein Leben, so wie es ist.

Morgens das Zwitschern der Vögel, das Rauschen des Meeres, eine Symphonie?
Sind wir nicht unendlich reich?
Ich akzeptiere und liebe mein Leben, so wie es ist.

Der Duft des Kaffees, dein Lieblingsparfum, der Kuchen, der frisch aus dem
Ofen kommt...
Sind wir nicht unendlich reich?
Ich akzeptiere und liebe mein Leben, so wie es ist.

Das Kribbeln im Bauch, Freude, das Gefühl des inneren Friedens, Liebe...
Sind wir nicht unendlich reich?
Ich akzeptiere und liebe mein Leben, so wie es ist.

Du kannst sehen, fühlen, hören, riechen und schmecken. Du kannst lieben.
So kannst du den Reichtum der Welt entdecken.
Ist das nicht der wahre Reichtum des Lebens?

Das Gegenteil von Zufriedenheit ist *Unzufriedenheit.*
Hauptgründe für die eigene Unzufriedenheit sind häufig zu
viel Stress oder eine unglückliche oder nicht
vorhandene Partnerschaft.
Auch hier kommen wieder Akzeptanz, Vergebung und das
innere Frieden stiften, zum Tragen. Nur so kann sich die
Unzufriedenheit verändern.

In dem Wort Zufriedenheit findest du auch den Wortstamm
Frieden. Vieles hat mit Frieden stiften zu tun. Es gibt einen
inneren Frieden und es gibt einen äußeren Frieden.
Den inneren Frieden nennt man auch *Freude, den inneren
Unfrieden nennt man Unzufriedenheit. Man befindet sich wie in
einem Kriegszustand mit sich selbst.*
Den äußeren Unfrieden finden wir im Krieg oder Streit.
Erst wenn wir inneren Frieden gefunden haben, können wir
bedingungslos lieben.

Friedfertigkeit ist erlernbar, entscheidend sind immer unsere
Gefühle und Gedanken. Wir haben immer die Wahl! Heilsame
Gedanken bringen heilsame Gefühle, die Frieden ins Herz
bringen. Dadurch entsteht innerer Frieden und Zufriedenheit.
Erst dann kann sich wahre Liebe entwickeln.

*Es gab mal eine Phase, in der ich wirklich sehr unzufrieden war.
Meine Ideen konnte ich nicht umsetzen und in mir machte sich
das Gefühl breit zu stagnieren. Es veränderte sich um mich
herum wieder einmal so viel, nur bei mir scheinbar nicht. Ich
war innerlich in Unfrieden, was mich nervte und mich noch
unzufriedener werden ließ. Ein Kreislauf, den es zu
unterbrechen galt. Oskar, mein Kater, bekam dann leider
manches Mal eine daraus resultierende Ungerechtigkeit ab. Er
ist schon ein älterer Kater, ziemlich verwöhnt und nörglerisch
mit seinem Futter. Was er gestern noch mit Freude gegessen*

hatte, schaute er manchmal am nächsten Tag nicht mehr an. Ich frage mich noch heute, wer ihn so verwöhnt hat. ;-) Nun zu dieser Zeit der inneren Zerrissenheit und Unzufriedenheit nervte es mich total, immer so viel Futter wegzuwerfen. Ich regte mich auf, was mir und auch meinem Oskar nicht guttat. Schnell spürte ich deutlich, dass ich diesen Zustand nicht mochte und er keinem von uns guttat. An den äußeren Umständen konnte ich vor erst nichts verändern, das war mir bewusst. So machte ich mich daran, im Inneren etwas zu verändern. Ich wollte wieder inneren Frieden finden. Als Erinnerung an diesen Wunsch schrieb ich mir das Wort Frieden auf meinen Badezimmerspiegel. Weiter wurde mir bewusst, dass ich nur durch Akzeptanz der gesamten Situation wieder in die innere Ruhe zurückkommen würde. Was mir auch gelang, ich fing an den Zustand der Stagnation nicht als Stagnation, sondern als Ruhe und Regenerationsphase anzusehen. Als ich Oskar fütterte, bekam ich den Gedanken, dass ich dankbar sein kann, dass ich es mir leisten konnte meinem Schatz immer wieder neues frisches Futter anzubieten. Ein tiefes Gefühl der Dankbarkeit durchströmte mich und ich konnte auch mit dieser Situation Frieden schließen. Natürlich finde ich es auch heute nicht schön Futter wegzuschmeißen, aber es ist nicht mehr so schlimm für mich. Diese Erkenntnisse waren sehr heilsam, da ich für mich nochmal erkennen konnte, wie wichtig die Akzeptanz des Ist-Zustandes ist. Erst dann kann sich etwas verändern.

Was macht inneren Frieden aus?

Inneren Frieden erlangst du wie schon beschrieben durch die Akzeptanz, der Akzeptanz der eigenen Individualität, aber auch der der anderen. Über diesen Weg wird ein friedlicher innerer Zustand erlangt.
In dieser Verfassung wirst du viel weniger Urteile und Bewertungen tätigen. Keine einfache Aufgabe. Wir sind nun mal in einer Leistungsgesellschaft aufgewachsen.

Es wird wieder Zeit, dass du die Verantwortung für deine Gedanken und Gefühle übernimmst. Es ist wichtig zu erkennen, nicht im außen zu schauen was angesagt ist oder sich von der Umwelt vorschreiben zu lassen wie man zu sein hat.
Wer im inneren Frieden lebt, der ist unabhängig von den äußeren Umständen. Du kannst ihn nur in dir selbst durch ein liebevolles und offenes Herz finden.

Zu dem Zeitpunkt, wo ich dieses Buch schrieb, hatte ich festgestellt, dass im Moment die Akzeptanz der anderen in ihrem Sein und das Üben des Nicht-Bewertens meine größte Herausforderung ist. Mit all dem Wissen, was ich habe, erkenne ich von außen oft schnell Themen und mögliche Lösungen bei meinen Mitmenschen. Gerade bei denen, die ich sehr gerne habe, fiel es mir manchmal schwer, sie in Liebe so zu lassen, wie sie gerade sind oder leben. Ich spürte häufig in mir das Gefühl der Ungeduld. Ich sah doch die vermeintlichen Fehlentscheidungen, die Themen und glaubte einen scheinbar gesünderen Weg für sie zu kennen. Für mich war und ist das eine große Lernaufgabe, sie ihren eigenen Weg gehen zu lassen mit all den Erfahrungen, die dazugehören. In meiner Freizeit lese ich gerne und viel. Immer wieder begegnen mir dann Sprüche und Texte, die mir Lösungen oder Ideen zu meinen eigenen Themen bringen.
So auch bei diesem Thema: Wie sollte ich damit umgehen und für mich einen guten Weg finden, um mit den Menschen friedvoll umzugehen?

„Leuchttürme rennen auch nicht dauernd auf der Insel herum und suchen nach Booten, die sie retten können. Sie stehen nur da und senden ihr Licht aus."   Anne Lamott
Das war der Spruch, der mir wieder zu meinen inneren Frieden verhalf. Ich muss nur mein Licht strahlen lassen und wie ein Leuchtturm stehen und scheinen. Nur ich selbst sein. Nichts anderes

Voller Mitgefühl für mich und für die Menschen, die ich liebe, lerne ich sie so zu nehmen wie sie sind und auch ihren eigenen Weg, den sie gehen wollen und müssen, zu akzeptieren. Ich bin einfach da und leuchte mit meiner Kraft und meiner Ausstrahlung. Sie haben die Wahl welchen Weg sie gehen und müssen durch ihre Entscheidungen ihre Erfahrungen machen dürfen. Doch auch ich habe die Wahl und kann entscheiden, welchen Weg ich mitgehe.

Jeder ist anders! Gerade diese Andersartigkeit macht doch die Vielfalt des Lebens aus. Ich stelle mir gerade vor, wie auf einer Wäscheleine verschiedene, bunte Wäschestücke hängen. Sie hängen an einer Wäschespinne und wehen im Wind. Sie sind unterschiedlich, sie trocknen unterschiedlich und doch hängen sie gemeinsam an dieser Wäschespinne. Ohne Probleme, jedes an seinem Platz, jedes in seiner Farbe, jedes so wie es gerade ist und dennoch sind sie durch die Wäschespinne miteinander verbunden. Sie haben alle die Aufgabe zu trocknen und kein Wäschestück kümmert sich um das wie das das andere es macht. Ein simples Beispiel, aber ein schönes Bild dafür, wie es in unserem Leben sein könnte. Es beschreibt, wie einfach es sein könnte. Einfach zu sein in seiner Einzigartigkeit und Andersartigkeit, trotzdem verbunden miteinander. Zu erkennen, dass es wichtig ist bei seinen eigenen Fähigkeiten und Talenten zu bleiben, bei sich zu bleiben und den anderen einfach so zu lassen, wie er ist.
Für mich ist dies gerade eine wunderbare Lernaufgabe. Auf der einen Seite die Vielfalt der Seelen anzuerkennen und sie in ihrer Entwicklung zu lassen, aber auch meine eigene Rolle in diesem Spiel zu erkennen und zu bekleiden. Ein weiterer Schritt für mich das Leben leichter zu nehmen und in meiner Persönlichkeit zu wachsen.

Kürzlich unterhielt ich mich mit einer Klientin. Sie hatte verschiedene Themen, oft ging es bei ihr um ihre hohen Ansprüche an sich selbst. Sie hat innerlich den Antreiber „Sei perfekt". In ihrem Leben will sie so viel tun und erreichen, manches Mal frage ich mich ob ihr Tag mehr als 24 Stunden hat. Einmal sprachen wir über Haushalt und Putzen. Für sich überlegte sie gerade, wie sie denn den Haushalt perfekt erledigen könne. Ob sie täglich etwas schaffen solle, denn die 4-5 Stunden, die sie am Wochenende dafür brauchen würde, würden ihr ja dann am Samstag für etwas anderes fehlen. Wie ich denn putzen würde, wollte sie wissen. Ich putze meist Freitag oder Samstag früh, aber ich würde für meine 84 Quadratmeterwohnung etwa anderthalb Stunden brauchen. Sie war sehr erstaunt über die geringe Zeit. Ich beschrieb dann, das Badezimmer wäre mir wichtig, einmal saugen und wischen und einiges mache ich abwechselnd z.B. Staub wischen etc. Gerne putze ich freitags oder Samstag früh, denn am Wochenende wäre ich viel zuhause und hätte es gerne für mich schön und gemütlich. Zu diesem Thema erinnerte ich mich auch an eine Arbeitskollegin, die mir einmal erzählte, putzen wäre nicht so ihr Ding und manches Mal sähe es wirklich schlimm bei ihr aus. Ich putze auch nicht gerne, aber ich möchte mich wohl fühlen. Natürlich ist nicht alles perfekt und manche Ecke ist rund, aber ich fühle mich vor allem am Wochenende in meiner Wohnung dann wohl.

Um das Thema Putzen habe ich mir aber auch vorher noch nie Gedanken gemacht, ich mache das, was von dem ich glaube, was gerade zu tun ist. Wenn ich keine Lust habe, dann bleibt auch das ein oder andere Mal liegen. Auch hier finde ich das Thema wieder, jeder auf seine Weise und den anderen so lassen wie er ist. Meine Lernaufgabe!

Dennoch, wenn das was das Eigene zu sein scheint, negativen Stress macht, darfst du gerne einmal hinschauen und überprüfen, warum das so ist. Ein weiterer Schritt wäre dann zu schauen, was du daran ändern kannst. Negativer Stress und Unzufriedenheit in einem Thema ist immer ein Zeichen, dass es vielleicht mal passte aber nun nicht mehr dir entspricht. Die Frage, was du ändern kannst, unterstützt dich vielleicht auf deinem Weg. Oft sind es die inneren Antreiber, die uns stressen, die man aber auch liebevoll annehmen darf.

Gerade in Beziehungen fällt es mir immer noch schwer den anderen mit seiner Meinung zu lassen. Oft sehe ich die Themen meines Gegenübers und ich würde mir wünschen, dass er meine Sicht der Situation erkennt. Ein häufiges Problem in vielen Beziehungen. Jeder glaubt Recht zu haben und wünscht sich, dass der andere seine Sicht annimmt.

An eine Situation mit einer Freundin erinnere ich mich zu diesem Thema. Sie hatte mich eine Zeit häufig um meine Meinung und Einschätzung zu verschiedenen Themen und Situationen gefragt. In einem lockeren gemeinsamen Gespräch ist mir auch dann meine Meinung zu einer bestimmten Situation herausgerutscht, obwohl sie mich nicht gefragt hatte. Oh, was war sie stinkig, denn die wollte sie gerade nicht wissen. Als Sternzeichen Fische bin ich erst einmal sofort weggeschwommen, habe mich zurückgezogen. In solchen Situationen habe ich früher gerne schon mal die gesamte Beziehung in Frage gestellt. Heute weiß ich, dass ich mich selbst erkennen darf.

Für mich finde ich auch hier wieder eine Lernaufgabe. In den letzten Jahren habe ich unheimlich viel Wissen angesammelt und folge immer mehr meiner Intuition. Ich sprudle gerade über von Wissen und Eingebungen. Ich weiß jetzt, mit meinem Wissen muss ich sehr achtsam umgehen.

Sehr betroffen hat mich diese Situation jedoch gemacht, da ich nichts etwas aus böser Absicht mache. Aus diesem Grund war ich über ihre heftige Reaktion sehr erstaunt. Doch ich ertappe mich auch immer noch dabei, dass ich meinem Gegenüber diese liebevolle Absicht mir gegenüber noch oft abspreche. Ein altes Gefühl der Bedrohung und Gefahr kommt dann nochmal zu Tage. Aber daran arbeite ich mit ThetaHealing, um hier alte Glaubensätze zu finden und aufzulösen. Noch intensiver mit

den Augen der Liebe zu sehen und zu hören, möchte ich in den nächsten Jahren lernen. Was ich aber aus dieser Situation mitnehme, ist dass ich mich selbst immer weniger in Frage stelle und offen für den anderen bleibe. Es ist mein Ziel, immer weniger in den anderen hineinzuinterpretieren. Mir von meinen Mitmenschen zu wünschen, was er doch zu seinem Wohl besser tun solle, möchte ich aufgeben.   Einfach absichtsloser zu werden,
So schwer…. ein Leben ohne Bewertung und Beurteilung zu führen…doch ich glaube, es lohnt sich!

Jeder auf seine Weise

Jeder auf seine Weise

Mache dir einmal bewusst, ohne dich gäbe es das Universum nicht.
Du bist einmalig.
Es ist wichtig, dass es dich gibt.
Habe den Mut. Sei so wie du bist und tue es auf deine Weise.
Jeder auf seine Weise.

Du bist einmalig.
Vergleiche dein Leben nicht mit dem Leben anderer.
Habe den Mut. Lebe dein Leben und tue es auf deine Weise.
Jeder auf seine Weise.

Du bist einmalig.
Erwarte nicht von den Menschen, dass sie das für Richtig und Falsch erachten,
wie du es tust.
Habe den Mut. Handle so wie du es denkst und tue es auf deine Weise.
Jeder auf seine Weise.

Du bist einmalig.
Strebe nicht nach Fähigkeiten und Talenten, die dir nicht eigen sind. Habe den
Mut. Entwickele deine eigenen und das auf deine Weise.
Jeder auf seine Weise.

Du bist einmalig.
Hoffe nicht, dass die Menschen dir Liebe so schenken wie du es tust.
Habe den Mut. Liebe auf deine Weise.
Jeder auf seine Weise.
Nun mache dir noch einmal bewusst, ohne dich gäbe es das Universum nicht. Du
bist einmalig. Es ist wichtig, dass es dich gibt. So wie du bist.

Ich bin dankbar für die Liebe in meinem Herzen

Ich bin dankbar für die Liebe in meinem Herzen

Ich fühle, es kommt aus meinem Herzen.
Ich nehme wahr, es kommt aus meinem Herzen.
Ich liebe mich, es kommt aus meinem Herzen.
Ich bin dankbar für die Liebe in meinem Herzen.

Ich lache, es kommt aus meinem Herzen.
Ich weine, es kommt aus meinem Herzen.
Ich liebe mich, es kommt aus meinem Herzen.
Ich bin dankbar für die Liebe in meinem Herzen.

Ich freue mich, es kommt aus meinem Herzen.
Ich trauere, es kommt aus meinem Herzen.
Ich liebe mich, es kommt aus meinem Herzen.
Ich bin dankbar für die Liebe in meinem Herzen.

Ich bin mir treu, es kommt aus meinem Herzen.
Ich bin freundlich zu mir, es kommt aus meinem Herzen.
Ich liebe mich, es kommt aus meinem Herzen.
Ich bin dankbar für die Liebe in meinem Herzen.

Kehl Chakra

Themen des Kehlchakra sind Selbst-Ausdruck, Wahrheit, höheres Selbst, Kommunikation, Integrität, Authentizität, Interdimensionalität.

Der Spiegel im Inneren

Spiegel im Inneren
Spiegel des Inneren
Welche Wahrheit ist in dir?
Welche Botschaft möchtest du der Welt schenken?

Spiegel des Herzens
Spiegel der inneren Stimme
Welche Wahrheit ist in dir?
Welche Botschaft möchtest du der Welt schenken?

Spiegel deiner Gedanken und Gefühle
Spiegel deiner Kreativität
Welche Wahrheit ist in dir?
Welche Botschaft möchtest du der Welt schenken?

Aussprechen, was der Spiegel im Inneren zeigt
macht Raum und Platz für neue Bilder
Welche Wahrheit ist in dir?
Welche Botschaft möchtest du der Welt schenken?

Angst

Angst zu haben ist völlig in Ordnung. Sie ist vor allem in echten Gefahrensituationen wichtig und nützlich. Aber wie oft sind wir in unserem Leben wirklich in Gefahr?

„Unbegründete" Angstzustände sind oft nicht zu verstehen. Es sieht so aus, als ob man für sie „scheinbar" keine Ursache finden kann. Natürlich sind Traumen, schwere Schicksalsschläge oder auch bedrohliche Krankheiten Auslöser für die Entwicklung von Ängsten. Im Theta -Healing wird auch nach den Gründen von Ängsten gesucht. Manche stammen vielleicht aus anderen Leben oder hängen mit Familienthemen zusammen, die uns nicht bewusst sind.

Häufig ist es aber auch die Angst vor der Angst, die viele fürchten.

Furcht zuzugeben, fällt den meisten Menschen schwer. Wie oft wird dies immer noch als Schwäche angesehen? Dieses Vorurteil macht zusätzlich Stress.

Mach dir einmal bewusst, Angst ist immer das Gegenteil von Vertrauen.

Furcht ist aber auch ein Gefühl und will gefühlt werden. Wie schon beschrieben, dauert die Wahrnehmung eines Gefühls nur etwa 3 Minuten. Wenn wir nicht weiter an ihm festhalten und uns in einem Drama verlieren, also im Fluss bleiben, löst sich jedes Gefühl nach dieser Zeit auf. Oft bleiben wir aber in den Gefühlen stecken, halten an ihnen oder deren Folgen fest. Es ist nicht mehr das ursprüngliche Gefühl, was wir wahrnehmen, sondern das, was wir daraus mit unseren Gedanken gemacht haben.

Angst lähmt und blockiert alle anderen Gefühle, so dass kein weiteres mehr frei fließen kann.

Angst ist wie eine Hürde, von der man nicht weiß, wie man sie überwinden kann. Eigentlich nur loslaufen wäre angesagt, aber man ist durch das Festhalten wie erstarrt.

Wie schön wäre es, wenn man erst einmal Freundschaft mit der Angst schließen könnte?
Wie schön wäre es, wenn man durch sie hindurchgehen könnte?
Wie schön wäre es, wenn man sie einladen könnte, würde sie einen, wenn sie im Rücken wäre, anschieben?
Ja all das würde passieren, wenn man aus dieser Starre herauskommt und einen Schritt auf die Angst zu gehen kann.
Meistens benötigt man einen guten und erfahrenen Therapeuten, der einen unterstützt diesen Zustand aufzulösen.

Blockaden

Angst produziert Blockaden. Besonders häufig finden wir Angst-Blockaden im Kehl Chakra. Das Aussprechen, von dem was wir fühlen und denken, haben viele nicht gelernt bzw. sie haben Angst vor den Konsequenzen, wenn sie es tun.

Im Thomas Evangelium heißt es „Wenn Ihr hervorbringt, was in euch ist wird es euch retten. Wenn ihr es nicht hervorbringt, wird es euch zerstören." Für mich bedeutet dieses Zitat, dass wir neben unserer Kreativität auch alles über Worte und Sprache, was in uns ist nach Außen bringen müssen, um gesund zu bleiben. Es ist für unser Wohlbefinden und unsere Gesundheit wichtig, all das, was in uns ist, nach außen zu bringen. Alles, was wir denken und fühlen, auszusprechen, ohne Angst und Hemmungen, und natürlich am besten auf eine adäquate Weise. Es bedeutet aber auch sich durch die innere Kreativität z.B. Malen, Fotografieren, Schreiben, Schauspielern im Außen... auszudrücken. Seine eigene Wahrheit zu leben, unterstützt ein freies Kehl Chakra.

Eine Ursache von Blockaden ist also Angst. Oft ist es die Angst davor, nicht zu wissen was passieren könnte, wenn wir unserer Lebensenergie gestatten würden, sich frei und ungehindert auszuleben!?! Dabei will unsere Lebensenergie nur erschaffen, und wenn sie frei fließen kann und darf, dann erschafft sie nur Wunderschönes.

Was bringt einen Menschen dazu, den Fluss der universellen Lebensenergie zu blockieren?
Eine Blockade zu kreieren ist häufig wie oben beschrieben die Angst vor dem Missbrauch der Lebensenergie! Lieber blockieren als der Gefahr zu unterliegen diese zu missbrauchen! Was könnte alles passieren?
Eine Blockade ist dann ein Panzer, den du dir anlegst, um dich auch vor dir selbst zu schützen. Stell dir einmal vor, welches

dummes Zeug du reden oder anstellen könntest, zu dem du fähig wärst, wenn du mit all deiner Kraft und Energie...? Manchmal ist die Blockade auch erst einmal ein notwendiger Schutzmechanismus, um eine schwierige Situation bewältigen zu können. Dieser Schutz muss aber, wenn er nicht mehr benötigt wird, wieder aufgehoben werden. Zum Beispiel bei einem Trauerfall muss und will man erst einmal seine Trauer unterdrücken. Es gibt so viel zu tun und zu regeln. Nach der Beerdigung ist es dann aber wichtig die Traurigkeit auch zuzulassen damit das Gefühl sich nicht im Körper festsetzt und uns auf Dauer schadet.

Jede Blockade ist ein unverarbeitetes und/ oder nicht zugelassenes Gefühl. Natürlich ist es nicht immer ratsam sein Gefühl in jeder Situation unkontrolliert auszuleben. Wer sich z. B über seinen Chef ärgert, kann seinen Ärger sicher nicht ungefiltert herauslassen. Doch braucht auch dieses Gefühl deine Beachtung.
Wir haben drei Möglichkeiten in solch einer Situation, in der wir unsere Gefühle bremsen müssen, zu reagieren. Wie immer im Leben können wir fliehen, kämpfen oder kapitulieren. Mit dem Chef kannst du nicht wirklich kämpfen und auch nicht wirklich gut fliehen. Flucht aus dem Job ist heutzutage sehr schwierig. Der Arbeitsmarkt ist im Moment zu schlecht, um unüberlegt zu kündigen. Doch wenn sich die Wut auf den Chef immer wieder anstaut, ohne in irgendeiner Weise rausgelassen zu werden, dann kann dieses unterdrückte Gefühl auch zu körperlichen Symptomen wie Magenproblemen, Herzproblemen, ... führen. Hier ist sicher die Kapitulation die beste Entscheidung. Wenn Flucht oder Kampf nicht möglich sind, dann ist es immer sinnvoll zu kapitulieren. Entscheidend ist ein aktives Handeln. Du schaffst durch die Kapitulation in dir Frieden und bietest auch deinem Gegenüber Frieden an. Diese bewusste Entscheidung der Kapitulation lässt dann etwas Neues, nämlich Frieden, in diese volle Wut angefüllte Situation fließen. Wenn du also eine Friedensfahne in deinem Inneren in solch einer

Situation hisst, kann sich deine innere Gefühlswelt verändern und diese Veränderung wird auch eine Auswirkung auf dein Gegenüber haben. Du kannst gerade nichts verändern und kannst mit dem Ja zur Situation die Situation verändern. Wenn dir aber dieses Ja nicht gelingen will, dann musst du über Flucht oder Kampf nachdenken.

Es gibt verschiedene Arten von Energieblockaden, die mit einer Abwehr von Gefühlen in Zusammenhang stehen. Hier entwickeln wir Blockaden, um uns vor etwas Unangenehmen zu schützen. Oft blockieren wir uns selbst, indem wir die uns im Moment störenden Gefühle unterdrücken. Wir wollen gerade nicht nachspüren, haben keine Zeit, es passt gerade nicht… Häufig kommt es dann, wie oben bei dem Todesfall schon beschrieben erst einmal zum „Einfrieren" der Gefühle. Wenn dieser Zustand zu lange währt, ist Erschöpfung und der Verzicht auf die eigene Kraft die Folge. Es ist so wichtig auf das zu hören was in uns ist.
Meistens handelt es sich bei Blockaden um Kombinationen von vielen verschiedenen Faktoren. Wichtig ist es zu wissen, dass jede Blockade nicht auf lange Zeit bestehen sollte, sonst wird der Körper krank.
Der Körper spricht immer dann, wenn man der Seele lange nicht zugehört hat. Dann verschafft er uns eine erzwungene Ruhephase, um nachzuspüren was wirklich wichtig ist. Und manchmal muss noch einmal der Schmerz aufbrechen damit er heilen kann….

Feuer der Wahrheit:

Schließe deine Augen und lass deinen Atem fließen. Lass alle Alltagsgedanken mit der Ausatmung los und atme ganz bewusst über dein Kronenchakra ein heilendes, beruhigendes Licht ein. Mache dies so lange, bis du das Gefühl hast, ganz bei dir angekommen zu sein.

Stell dir einmal das Kehl Chakra wie eine Schale vor. Groß und ausladend liegt diese Schale in deiner Kehle -Schau einmal, welche Farbe diese Schale hat, wie sie aussieht, ist sie eher schlicht oder außergewöhnlich verziert. Nun konzentriere dich einmal auf den Bereich, der gerade auf der Erde aufliegt, sind es die Füße, ist es das Gesäß oder ist es der gesamte Körper... je nachdem wie du dich zu dieser Meditation positioniert hast.

Spüre einmal den Kontakt, der jetzt entstanden ist. Mache dir einmal bewusst, dass du von der Erde getragen wirst, genauso, wie du es jetzt spürst...getragen und gestützt, ja sogar unterstützt. Mache dir dieses Gefühl noch einmal bewusst, spüre noch einmal tief hinein in das Gefühl getragen und gestützt zu werden. Lasse einmal all deine Anspannung, Körperspannung und Kontrolle bewusst los und gib dich diesem Gefühl einmal ganz und gar hin... du wirst getragen, gestützt und unterstützt..., Stelle dir jetzt einmal deine Verbindung zum Himmel, und zu deiner Quelle vor. Spüre einmal wie sich über dem Kronenchakra eine Energiestrahl öffnest, wie darüber universelle Lichtenergie in dich hineinfließen kann. Sieh einmal vor deinem geistigen Auge, wie du eine starke und kräftige Verbindung zum Universum hast. Über diesen Strahl kann jetzt die wunderbare Lichtenergie in dein Kehl Chakra fließen. Dieser Strom von Energie sammelt sich in deiner Kehle und du kannst dir nun vorstellen, dass diese Energie unendlich stark ist. Sie entfacht in deiner Schale ein Feuer, ein Feuer, dass all die Themen, die hier feststecken in dieser Schale verbrannt wird. Habe Vertrauen, dass diese Energie genau, dass vernichtet, was dir für ein offenes Chakra fehlt. Gebe dir die Erlaubnis, dass du frei sein willst und darfst und übergib einmal bewusst oder auch unbewusst, diesem Feuer all das zu verbrennen, was dieses Chakra blockiert.

Nimm dir die Zeit, die du dafür brauchst, …
Wenn du das Gefühl hast, dass all das, was zu diesem Zeitpunkt verbrannt
werden soll, auch verbrannt ist, dann atme einige Male tief ein und aus.
Beruhige dich selbst, indem du dir sicher sein kannst, alles geschieht nur zu
meinem höchsten und besten Wohl.
Konzentriere dich noch einmal auf deine Verbindung und auf diese Schale in
deiner Kehle. Spüre einmal wie ein vielleicht noch kraftvollerer Strom aus diesem
Lichtstrahl in deine Kehlschale sprudelt und dich vital und kraftvoll werden
lässt. Spüre wie jetzt diese Schale mit Vitalität und Lebensenergie aufgefüllt
wird. Sage dir im Stillen: ich lebe meine Wahrheit.

Geschichtsbuch des Lebens

Diesen schönen Titel habe ich bei einem Reiki 2 Seminar aufgeschnappt. Einer meiner Teilnehmer erzählte über seine Begegnungen mit seiner geschiedenen Frau. Sie würde sich immer wieder nur an den negativen Geschichten der gemeinsamen Vergangenheit erinnern und sich auch heute noch daran aufreiben. Er sprach davon, dass sie im Geschichtsbuch ihres Lebens blättere und sich aber die schlechten Seiten ihrer Beziehung anschauen würde. Seiner Meinung nach wäre dieser einseitige Rückblick genau, dass ist was sie auch jetzt immer noch in ihrem Leben frustriere und herunterziehen würde.

In meinen Augen übernimmt sie damit nicht die Verantwortung für ihr Leben, sondern sucht die Schuld im Außen. Sie ist das Opfer und mein Teilnehmer der Täter. Sie hat ihre Macht über ihr Leben damit abgegeben. Meinen Teilnehmer machte dieser negative Rückblick sehr traurig, sie hätten auch wunderbare Zeiten gehabt, sonst wären sie ja nicht so lange verheiratet gewesen.

Ja, wir haben immer die Wahl. Wir können entscheiden, wie wir auf das Leben schauen und auch zurückschauen. Wir können entscheiden, ob wir Opfer sein oder die Verantwortung für uns immer wieder übernehmen wollen. Wir können entscheiden, wie und was wir in unserem Geschichtsbuch anschauen möchten. Wie unser Buch aussehen soll, liegt in unserer Hand. Wenn wir ehrlich mit uns sind, haben viele Geschichten, vor allem aber die in denen es um Liebe und Beziehungen geht, einen schönen Anfang. Gerade in Liebesbeziehungen spielte oft ein besonders schönes Gefühl eine wichtige Rolle. Natürlich schmerzt es, wenn dieses Gefühl sich verändert und sich somit die Beziehung verändert. Viele Trennungen gehen häufig mit Verletzungen einher. Wenn es uns nach einer Zeit der Verarbeitung gelingt sich an die schönen Seiten oder an das verbindende Gefühl zu erinnern, wird das Geschichtsbuch des Lebens ein Buch, das man gerne durchblättert. Schöne Erinnerungen schaffen! In seinem eigenen Geschichtsbuch immer wieder den Blick auf die Seiten mit den schönen Zeiten zu werfen, ist eine große Kunst.

Mein Bruder hat in seiner Küche ein Echolot stehen, bei dem jeden Tag verschiedene Fotos aus der Vergangenheit gezeigt werden. Man sieht auch Bilder von Beziehungen der Vergangenheit, die abgeschlossen und vorbei sind. Dennoch ist es in meinen Augen schön zu sehen, was es alles in der Vergangenheit Gutes gab. Ich schätze meinen Bruder sehr dafür, dass er alle Bilder laufen lässt und nicht einige davon gelöscht hat. So schaut er immer wieder in sein Geschichtsbuch und kann sich bewusst auch an die schönen Zeiten der vergangenen Beziehungen erinnern. Ob ihm das bewusst ist oder nicht, spielt keine Rolle.

So schwer und schmerzhaft es erst einmal erscheint, unsere Aufgabe ist es nach einer angemessenen Zeit, den Schmerz und die Verletzung zu verarbeiten und loszulassen. Aus jeder Situation kann man etwas lernen und vielleicht auch etwas für die Zukunft verändern. Warum ist genau das passiert?

Entscheidend ist es zu üben, immer in der Selbstliebe zu bleiben. Häufig zeigen uns die Erlebnisse im Außen, in welchen Bereichen unseres Lebens wir noch nicht in der Liebe sind. Den Mut zu haben, genau hinzuschauen, was man lernen und erkennen kann, ist für die eigene Entwicklung und das eigene Wohlbefinden besser als sich immer wieder die negativen Seiten im Geschichtsbuch der Vergangenheit anzuschauen.

Erst wenn wir wissen, wer wir sind, können wir uns zu der Person verändern, die wir gerne sein wollen

Ich bin kraftvoll und lebendig

Ich bin kraftvoll und lebendig

Sei wer du bist und hab den Mut es ganz zu sein,
wer bin ich, dass fragst du dich?

Du bist ein Mensch. Ein Mensch, der seine Fähigkeiten und Talente entwickeln
kann.
Manche hast du noch nicht entdeckt, andere bereiten dir Freude. Lebe deine
eigene Wahrheit. Du bist ein Mensch. Kraftvoll und lebendig.

Sei wer du bist und hab den Mut es ganz zu sein,
wer bin ich, dass fragst du dich?
Du bist ein Mensch. Ein Mensch, der die Vielfalt der Gefühle erleben kann.
Manche tun weh, andere sind wunderschön. Lebe deine eigene Wahrheit.
Du bist ein Mensch. Kraftvoll und lebendig.

Sei wer du bist und hab den Mut es ganz zu sein,
wer bin ich, dass fragst du dich?
Du bist ein Mensch. Ein Mensch, der Entscheidungen treffen kann.
Manche sind nicht glücklich, andere sind genau die richtigen. Lebe deine eigene
Wahrheit. Du bist ein Mensch. Kraftvoll und lebendig.

Sei wer du bist und hab den Mut es ganz zu sein,
wer bin ich, dass fragst du dich?
Du bist ein Mensch. Ein Mensch, der lieben kann.
Sie wird nicht immer erwidert, aber sie ist wunderschön. Lebe deine eigene
Wahrheit. Du bist ein Mensch. Kraftvoll und lebendig.

Sei wer du bist und hab den Mut es ganz zu sein,
wer bin ich, dass fragst du dich?
Du bist ein Mensch. Ein Mensch, der in Frieden leben kann. Ein Mensch der
sich freuen kann. Du kannst deine eigene Wahrheit erkennen und aussprechen.
Lebe deine eigene Wahrheit.
Freue dich. Schaffe Frieden für dich. Sei kraftvoll und lebendig.

Und nun sage es dir im Stillen oder laut:
Ich erkenne und spreche meine eigene Wahrheit aus.
Ich lebe meine eigene Wahrheit.

Ich bin Ich

In den letzten Jahren habe ich mich in vielen Aspekten meines Seins verändern können. Körper und Seele gehören zusammen und wenn sich eins verändert, braucht das andere eine Zeit, um ihm nachzufolgen. Deshalb brauchst du auch immer ein wenig Geduld, um die Veränderungen dann sowohl auf körperlicher als auch auf seelischer Ebene wahrzunehmen.

Im Laufe meiner Persönlichkeitsentfaltung habe ich diese Wechselwirkung mehrfach erleben können.

Zum Beispiel konnte ich nach meiner Einweihung im Reiki Grad 1 sehr stark körperliche Auswirkungen wahrnehmen. Zu diesem Zeitpunkt war ich noch sehr verschlossen, blockiert, ängstlich und gehemmt. Ich traute mir selbst nicht viel zu. Nach der Einweihung empfahl Peter, mein Lehrer, die Reiki-Chakren-Übung täglich durchzuführen. Sie wäre der Schlüssel für das Glück.

Warum ich ihm damals so vertraut habe, weiß ich nicht. Ich spürte aber, dass ich nun Werkzeuge an die Hand bekommen hatte, dass sich mein Leben aus einem Grau in ein Bunt verwandeln konnte. So nahm ich den Rat meines Lehrers ernst und führte die Übung jeden Morgen durch. Zuerst bemerkte ich fast nichts, dann traten sehr starke körperliche Reaktionen zu Tage. Ich hatte Herzrasen, Kreislaufzusammenbrüche und ich musste mehrfach die gelösten Knoten in meinem Bauch aus mir herausbrechen. Das dauerte etwa zwei Wochen, es war fürchterlich anstrengend. Doch gerade diese körperlichen Symptome zeigten mir, so unangenehm sie auch waren, dass sich etwas veränderte und ich auf einem Weg war. Mein Vertrauen und ein unbekanntes inneres Wissen brachten mich dazu, weiterzumachen. Nach etwa 14 Tagen beruhigte sich mein Körper und nahm dann die regelmäßig zugeführte Energie dankbar an. Später folgten dann auch innere geistige Prozesse. Auch heute noch spüre ich körperliche Spannungen, die ich noch aus dieser negativen und angespannten Zeit mitgenommen habe. Natürlich habe ich auch eine körperlich belastende Arbeit, ich hebe, trage und unterstütze täglich

mehrfach körperlich behinderte Kinder und Jugendliche.
Durch diese Tätigkeit bin ich oft sehr verspannt. Meinen Körper
und meinen Gefühlen hatte ich jedoch jahrelang nicht beachtet.
Nachdem mir das Zusammenspiel von Körper, Geist und Seele
bewusster geworden ist, versorge und achte ich auch meinen
Körper besser. Eine dieser Maßnahmen besteht darin, dass ich
jetzt regelmäßig zur Massage gehe. Bei einer der ersten
Massagen ist mir meine Spannung, die in meinem Körper
herrschte, sehr bewusst geworden. Etwas, was ich aus dieser
negativen Zeit mitgenommen und immer noch nicht ganz
abgebaut habe. Heute ist sie kaum noch da, da ich mich
ausgeglichener fühle, ist sie sehr viel weniger geworden.

Lange ist es mir schwer gefallen meine Gedanken und Gefühle
ernst zu nehmen und sie auszudrücken. Wer war ich denn? Ich
habe immer im Außen geschaut, wo sind meine Fehler, was
haben die anderen, was ich nicht habe? Ich hatte immer Angst
zu verletzen oder verletzt zu werden. Diese Ängste und Gefühle
machten einen Teil der Verspannung in meinem Körper aus.
Neben den täglichen Meditationen helfen mir die Übungen der 5
Tibeter, lange Spaziergänge in der Natur, Körper und Seele
immer mehr in Einklang schwingen zu lassen.

Downloads Kelhchakra

Ich weiß, wie ich meine innere Wahrheit erkennen und sie liebevoll nach außen bringen kann. Meine Worte werden klar und authentisch sein, aber trotz allem weich und ich kann sicher sein, dass ich geführt werde, diese Wahrheit zum höchsten und besten Wohle aller auszusprechen. Meine Worte werden so weise gewählt sein, dass sie auch so verstanden werde wie sie gemeint sind. Sie werden wie ein Samen auf fruchtbaren Boden auf die Menschen fallen, die sich ernsthaft und wahrhaftig mit sich beschäftigen wollen.

Ich erkenne die höchste Perspektive des Schöpfers von wahrer innerer Kommunikation und kann diese meine innere Wahrheit frei von meinem Ego nach außen bringen und die Welt damit ein wenig schöner und klarer machen.

Ich weiß und versteh die höchste Definition des Schöpfers von meinen höheren Selbst und ich erfahre, wie ich klar und sicher die Stimme meines höheren Selbst wahrnehme und nach außen bringe.

Ich kenne die Perspektive des Schöpfers von Authentizität. Ich bin sicher und getragen, so dass ich authentisch meine innere Wahrheit nach außen bringen kann.

Ich bin in Kontakt mit meiner inneren Wahrheit und darf diese in die Welt bringen. Der Schöpfer unterstützt mich, so dass ich auf eine sanfte Weise meine innere Wahrheit kundtun kann, so dass sie die Menschen in ihrer Entwicklung unterstützt. Meine innere Wahrheit korrespondiert mit der Wahrheit des Schöpfers, so dass sie nur Gutes in die Welt bringt.

Ich weiß und verstehe, wie es sich anfühlt ein freies Kehl Chakra zu haben und somit meine innere Wahrheit leicht und problemlos leben kann.

Vollkommenheit

Wir Menschen streben so häufig nach Vollkommenheit und sehen in ihr das Ideal für das Leben.
Dieses Streben nach Vollkommenheit wird dann fast immer gleichgesetzt mit Perfektionismus. Einfach perfekt in allem, im Job, in Beziehungen, in der Erziehung, im ganzen Sein...ein nicht zu erreichender Anspruch. Perfektionismus würde aber das Ende von allem bedeuten. Es gäbe keine Weiterentwicklung mehr.
Wie gut es doch ist, dass wir Menschen so unterschiedlich sind. Alles, was für den einen gut und perfekt wäre, das ist es für den anderen noch lange nicht. So kann man keine allgemeingültige Definition für Vollkommenheit und Perfektionismus finden.
Mach dir einmal bewusst, was du heute erstrebenswert findest, ist vielleicht irgendwann nicht mehr so großartig. Wenn du perfekt wärest oder eine Situation wirklich vollkommen wäre, dann ginge es ja nicht weiter. Weiterentwicklung und Veränderung sind dann nicht mehr möglich. Das Ziel ist erreicht. Und dann...?

Wenn wir Menschen etwas vermeintlich Vollkommenes erreicht haben oder es für eine längere Zeit besitzen, gehen wir irgendwann nicht mehr so achtsam damit um. Es hat dann nicht mehr diesen besonderen Wert, den wir ihm vorher noch gegeben hatten.
Aus diesen Gründen glaube ich, dass wir auf der weltlichen Ebene die Vollkommenheit immer als einen Zustand in der Zukunft sehen und ihn nie finden werden. Wir streben nach etwas anstelle zu Sein.

Das Ziel der persönlichen spirituellen Entwicklung ist zu erkennen, genau das, was ist, gerade jetzt, genau zu diesem Zeitpunkt, als vollkommen wahrzunehmen und zu erkennen.

Die Gegenwart an sich ist immer vollkommen, mit allen Ecken, Kanten und Fehlern. Weil es sie nur so kurz gibt.
Jeder Augenblick, so wie er ist, ist vollkommen und er verändert sich unmittelbar. Leben ist Wachstum, es kann und wird nie enden, daher kann es auch in der Zukunft das Perfekte, das „Ziel" nicht geben.
Unsere Aufgabe ist durch all unsere Erfahrungen, die wir machen und all die Begegnungen, die wir haben, zu wachsen.
Wäre es nicht schade, wenn wir in der Zukunft „ES", was auch immer es dann sein würde, erreichen? Und dann Aus, Schluss und Vorbei? Das Ende?
Frage dich einmal: Wer entscheidet dann, genau dieser Zustand ist nun vollkommen und perfekt?

Mach dir einmal bewusst: Wenn wir einen Zustand der Vollkommenheit erreicht hätten, würde uns die Neugier genommen, wir hätten nichts mehr zu entdecken. Stillstand würde eintreten und somit Langeweile und der Tod. Doch das Leben währt ewig.

Das Leben ist wie ein Weg, den wir beschreiten.
Der Weg besteht aus vielen einzelnen Schritten und Stationen. Jeder einzelne Schritt ist einzigartig, entscheidend und somit vollkommen, so unbedeutend er auch scheinen mag. Auf diesem Weg kannst du dich und die Liebe finden.

Das Leben ist ewig. Das Leben ist Veränderung und immer im Fluss.
Ein Ende gibt es nicht, es geht immer weiter. Auch der Tod ist nicht das Ende.
Nach dem Tod geht es weiter, davon bin ich überzeugt.

Der Weg

Der Weg...

Schritt für Schritt
Einen Schritt nach dem anderen
Mal schnell und mal langsam
Schritt für Schritt kannst du nur das Leben leben.

Schritt für Schritt
Einen Schritt nach dem anderen,
mal bergauf und mal bergab
Schritt für Schritt kannst du nur das Leben leben.

Schritt für Schritt
Einen Schritt nach dem anderen
Mal unbedeutend, mal voller Bedeutung
Schritt für Schritt kannst du nur das Leben leben.

Schritt für Schritt
Einen Schritt nach dem anderen,
mal unübersichtlich, mal vorhersehbar
Schritt für Schritt kannst du nur das Leben leben.

Schritt für Schritt
Einen Schritt nach dem anderen
Schreite voller Mut und Vertrauen voran
Und lebe dein Leben....

In dem Wort Vollkommenheit finden wir auch den Wortstamm Voll. Voll bedeutet Fülle, kommen ist das, was irgendwann kommen soll. Vollkommenheit heißt, dass du in die Fülle kommen wirst und dass du das Volle, das Ganze erfahren kannst.

Wie ich schon mehrfach beschrieben habe, ist es unserer Lernaufgabe, den Augenblick bewusst zu erfahren, ihn zu lieben und als vollkommen wahrzunehmen. So kannst du die Fülle und die Verbundenheit mit allem, was ist spüren und erfahren. Das ist die wichtigste Botschaft! Bewusst erleben, wahrnehmen und spüren können wir nur den Augenblick, dass hier und jetzt! Das kannst du auf diesem Weg lernen.

Zwei Situationen fallen mir dazu ein.
Mein Bruder lag wieder einmal im Krankenhaus. Irgendwie hat mich diese Situation gestresst, ich habe aber für mich dann einen guten innerlichen Weg gefunden. Ich habe zu dieser Zeit viel an meinem Buch geschrieben und sicher nicht immer in einer geraden, guten Haltung gesessen. Auf dem Weg zum Krankenhaus, es war schwül warm, was ich mit meinem niedrigen Blutdruck nicht gut vertrage, bekam ich einen ziemlich starken Schmerz im Rücken. Der gesamte Rücken verkrampfte sich und ich spürte, wie sich mein Kreislauf verabschieden wollte. Mit großen Mühen konnte ich am Straßenrand anhalten und durch frische Luft und Atemübungen meinen Kreislauf langsam stabilisieren. Es hat echt nicht viel gefehlt, ich wäre kurz ohnmächtig geworden und wer weiß....
Dieses Erlebnis hat mich sehr nachdenklich gemacht. Ich habe keine Angst vor dem Tod, aber ich möchte in diesem Leben noch einiges erleben. Vieles habe ich immer auf die lange Bank geschoben, wenn der Partner da ist, wenn Oskar nicht mehr ist.... Mir ist durch diese Situation noch mal sehr bewusst geworden, dass es um das Jetzt geht! Nichts mehr auf später

schieben, all das, was möglich ist und wozu ich Lust habe, Jetzt zu tun. Auf der einen Seite ist mir bewusst geworden, dass ich auch hier in dieser Situation geschützt war, aber auf der anderen Seite das Universum mich schubsen wollte, aus den gewohnten Bahnen auszubrechen.
Nach diesem Erlebnis habe ich mir einiges vorgenommen. Ich werde nicht mehr warten, sondern noch aktiver werden.
Gestern zum Beispiel habe ich eine kleine Wanderung in der Nähe durch einen wunderschönen Wald gemacht, das hätte ich vor diesem Erlebnis nie allein gemacht. Und ich bin mir sicher, dass weitere Aktivitäten folgen werden.

Ich erinnere auch mich an eine Situation mit einer Arbeitskollegin. Ich arbeite an einer Schule als Physiotherapeutin und wir Kollegen haben ein kleines Ritual zum Beginn der Ferien. Wir treffen uns nach Schulschluss noch einmal und trinken ein Glas Sekt und verabschieden uns so in die Ferien.
Wir saßen also gemeinsam in unserem Aufenthaltsraum und die Kollegin kam etwas später dazu. Kurz vorher hatte sie erfahren, dass sie sehr schwer erkrankt sei und nur noch eine kurze Zeit zu leben hätte. Natürlich waren wir alle sehr betroffen, vor allem auch, da diese Kollegin eine Zeit vorher wegen starken psychischen Problemen lange ausgefallen war.
Die Kollegin selbst war auch sehr geschockt, ihr Wunsch war es aber trotzdem kurz bei unserem Treffen dabei sein. Sie berichtete selbst verständlich von ihrem Eindrücken aus dem Krankenhaus und von dem, was die Ärzte alles geplant haben. Einige der anderen Kolleginnen erzählten von ihren eigenen Erfahrungen, die sie mit dieser Krankheit gemacht hatten.
Ich weiß nicht genau wie die erkrankte Kollegin darauf kam, ich hatte bisher geschwiegen, da murmelte sie. „ich will jetzt alles wissen, was passieren kann, und nichts davon hören „im Jetzt leben". So oder so ähnlich drückte sie sich aus.
Ich kenne diese Kollegin nicht sehr gut, und ich weiß wenig über ihre spirituellen Erfahrungen. Aber dieses „im Jetzt leben"

ist im Moment gesellschaftlich weit verbreitet und bekannt. Mir schoss direkt nach ihrer Aussage der Gedanke durch den Kopf: „Du hast doch nur noch diese Momente! Es ist doch das Jetzt, was du bewusst erleben kannst, denn jetzt geht es dir doch gut."

Ich möchte nicht mit dem Schicksal der Kollegin tauschen und ich weiß, dass gerade in ihrer Situation viel zu entscheiden und zu regeln ist. Es ist in ihrer Situation nicht leicht, sich auf das jetzt zu konzentrieren. Wenn man es nie geübt hat, wenn man in „guten Zeiten" nicht geübt hat, den Moment wahrzunehmen und zu schätzen, dann wird es in Krisenzeiten schwerer, dass es gelingen kann.

Das kenne ich auch von vielen anderen TeilnehmerInnen. Sie lernen eine Vielzahl an Übungen kennen, führen diese vor allem in entspannten Phasen ihres Lebens nicht oder nicht regelmäßig durch. Natürlich fällt es ihnen dann schwer, diese in Krisenzeiten abzurufen und zu nutzen.

Meine Kollegin hat vielleicht nur noch wenige Momente, die sie wahrnehmen und für sich nutzen kann. Ich wünsche ihr von Herzen, dass sie diese nicht versäumt, zu schätzen und zu genießen.

Der Augenblick

Der Augenblick.

Schließe deine Augen und konzentriere dich einmal auf dich selbst. Fühle einmal, wie es dir jetzt geht. Bist du ruhig und entspannt oder noch gestresst vom Tag? Bist du jetzt bei dir und bei dem, was jetzt gleichkommen wird, oder bist du noch bei den Erlebnissen des Tages oder sogar schon beim Morgen? Fühlt sich dein Körper gut an oder ist in ihm noch unendlich viel Spannung oder sogar Schmerz?

Konzentriere dich einmal auf deinen Atem…ein und aus. Verfolge in Gedanken den Weg der Luft, wie sie in dich hinein- und wieder aus dir herausfließt.

Mach dir dabei einmal bewusst:

Atem ist Leben.
Atem ist Leben. Leben bedeutet Hoffnung.
Atem ist Leben. Leben bedeutet Veränderung.
Atem ist Leben. Leben bedeutet Hingabe.
Atem ist Leben. Leben bedeutet Achtsamkeit.
Atem ist Leben. Leben bedeutet Loslassen.
Atem ist Leben. Leben bedeutet Verantwortung.
Atem ist Leben. Leben bedeutet Liebe.
Atem ist Leben. Leben bedeutet den Augenblick zu erleben.

Und nun lass den Atem los.

Frage dich einmal, wie oft sind meine Gedanken in der Vergangenheit oder in der Zukunft. Frage dich wann und wie oft erlebe und genieße ich gerade den Augenblick.

Wann höre ich auf nach etwas zu streben, was ich genau in diesem Augenblick nicht haben kann?

Es gibt nur einen Moment, der wichtig ist, es ist genau dieser Augenblick. Nur in diesem Augenblick kannst du arbeiten oder schlafen.
Nur in diesem Augenblick kannst du fühlen, lachen oder weinen, lieben oder hassen, unglücklich oder zufrieden sein.
Und so schnell wie er gekommen ist, ist er auch vorbei.
Nimm ihn einmal wahr, den Augenblick, spüre ihn.
Genieße den Augenblick.

Jeder einzelne Moment hat seinen eigenen Zauber.
Jeder einzelne Augenblick hat sein eigenes Gesicht.
Nur im Augenblick kannst du zufrieden und glücklich sein.
Und nun werde still und nimm genau diesen Augenblick wahr. Spüre, wie er sich anfühlt und wie er dann schon wieder vorbei ist.

Nimm genau diesen

Augenblick wahr

Das Gesetz der Fülle

Wie gelangen wir aus den von uns selbst geschaffenen Mangelzuständen in die Fülle?

Durch Dankbarkeit! Reichtum und Fülle steht jedem von uns zu. In der Natur herrscht bei normalen Bedingungen immer Überfluss, ist gibt also keinen Grund, warum es nicht auch für uns Menschen Fülle geben soll.

Der Mensch ist erstaunlicherweise in der Lage, für sich immer wieder Mangelzustände zu erschaffen. Diese Zustände kreiert er entweder in seinem Körper oder in einem oder gleichzeitig in allen anderen Lebensbereichen.

Einige Affirmationen zur Fülle, (die ich im Netz gefunden habe):

Ich bin voller Freude, ich erlaube Wohlstand in mein Leben zu kommen.

Ich entscheide mich für ein Leben im Wohlstand.

Überfluss gehört zu meiner innersten Natur.

Ich verdiene es, erfolgreich und glücklich zu sein.

Das Universum ist voller Überfluss.

Ich bin bereit, Freude und Glück in meinem Leben anzunehmen.

Das Leben macht mir Spaß, und ich genieße es.

Ich akzeptiere und liebe mich so, wie ich im Moment bin.

Ich bin die Quelle meines Wohlstands und meines Reichtums.

Ich bin ein wertvoller Mensch. Mein Weg ist wichtig.

Ich bin mir selbst gegenüber großzügig.

Ich bin offen dafür zu empfangen.

Ich erlaube mir mehr zu haben, als ich für möglich halte.

Ich erlaube mir zu haben, was ich mir wünsche.

Ich erschaffe Geld, Fülle und Wohlstand durch Freude.

Gute Dinge kommen mühelos zu mir.

Ich erwarte stets das Beste, und nur das Beste geschieht.

Ich folge meinem Herzen.

Ich gebe mir die Erlaubnis, zu sein, was ich zu

sein vermag.

Ich habe eine Fülle wertvoller Kenntnisse und Talente.

Ich bin dankbar für die Fülle in meinem Leben.

Ich bin dankbar für die Fülle in meinem Leben

Viele Menschen haben sich an ihren selbst erschaffenen Mangelzustand gewöhnt und halten ihn für normal. Sie wissen gar nicht mehr, wann und warum sie ihn erschaffen haben. Nicht genug zu haben, gehört dann wie selbstverständlich zu ihrem Leben. Ihnen fehlt es häufig an Allem, an Gesundheit, Glück, Freude, Frieden, Freiheit oder an den finanziellen Mitteln, um sich die Wünsche, die in Ihnen sind, zu erfüllen.

Du darfst es dir immer wieder bewusst machen, es ist weder unverschämt, anmaßend oder sogar nicht spirituell, sich ein Leben in größtmöglicher Fülle, Wohlstand oder Reichtum zu wünschen und zu manifestieren.
Negative Gedanken, negative Einstellungen zu sich selbst und zum Leben aber auch fehlende Achtsamkeit und Bewusstheit sind die entscheidenden Quellen allen Mangels.

Jeder von uns sendet eine immense Anzahl von Energien in Form von Gedanken, Gefühlen und Wünschen in den Außen. Immer, selbst wenn wir schlafen, schicken wir diese als Energien ins Universum. Wir senden ständig Gedanken, Gefühle, Worte und Handlungen in die Welt und erhalten dann etwas zurück. Die Energie folgt der Aufmerksamkeit und sie kommt als ein Ereignis oder eine Reaktion zu uns zurück. So gestalten wir bewusst oder oft noch unbewusst unsere persönliche Realität.

Ich bin der Erschaffer meiner Realität, diese Aussage hatte ich lange nicht verstanden. Wie soll das wirklich gehen? Woher soll ich die Macht nehmen, mein Leben beeinflussen zu können. Hier kannst du auch sehr schön wieder eine Verbindung zum Solarplexus -Chakra, unserem Macht-Chakra finden. Diese beiden Chakren arbeiten korrespondierend miteinander. Meist ist es so, dass es in beiden Blockaden gibt, bzw. wenn sich in einem Chakra etwas löst, hat es einen Einfluss auf das andere.

Ohne Selbstbewusstsein, also wie sollte ich an meine Macht und Schöpferkraft glauben?

Wie kann ich durch meine Gedanken und Gefühle mein Leben beeinflussen? So viel Macht soll ich für mich und mein Leben haben?

Zu Beginn meiner Arbeit als Reiki -und Meditationslehrerin erkannte ich, dass ich durch Gedanken negative Ereignisse hervorrufen kann. Selbsterfüllende Prophezeiung nennt man das. Ja, schnell hatte ich erkannt, dass negative Gedanken Einfluss auf die Ereignisse in unserem Leben haben. Später kam dann der Glaube dazu, dass ich bestimmte Wünsche, wie z. B. einen Parkplatz zu bekommen, beeinflussen kann. Kleine Ereignisse aber die Macht zu haben.... sich vorzustellen, dass ich Einfluss haben könnte, nein. Ich kleines unbedeutendes Licht? Durch die ständige Auseinandersetzung mit diesem Thema konnte ich mir dann im Laufe der Zeit immer besser vorstellen, dass die anderen diese Kraft für sich entwickeln können. Aber ich für mich?

Zahlreiche Glaubenssätze wie „Ich bin es nicht wert, ich muss bescheiden sein, ich darf nicht frei sein, ich muss als Heilerin dem Willen Gottes dienen"... haben mich nicht an meine schöpferische Macht und Kraft glauben lassen. In dem Seminar Manifestation und Fülle, aber auch in den anderen Theta Seminaren werden diese Glaubenssätze gesucht, durch kinesiologische Tests bestätigt und dann gelöscht oder aufgelöst. Dann werden alle Wünsche in einer Meditation verfasst und dem Schöpfer übergeben, damit sie sich erfüllen können. Wichtig dabei ist es darauf zu achten, eine genaue und positive Beschreibung dessen, was werden soll, zu nutzen und ein gewissen Grad von Offenheit mit einzubauen. Wenn man sich z. B. im Monat regelmäßig 2500 Euro auf dem Konto wünscht, dann darf man es so formulieren: „...regelmäßig 2500 Euro und darüber hinaus auf meinem Konto."

Wunderschöne Übungen werden in dem Seminar Manifestation und Fülle gemacht, alles ist möglich und erlaubt. Während ich dies hier schreibe, bemerke ich immer noch eine

Bescheidenheit in mir, mit der ich mich selbst einschränke. In der nächsten Meditation werde ich nach ihrer Ursache suchen und sie auflösen. Zu erkennen, dass es nicht darum geht, andere in ihrem Sein zu behindern, sondern für sich selbst das Allerbeste zu manifestieren zum höchsten und besten Wohl aller, ermöglicht ein grenzenloses Leben.

Ein Grund, warum ich diesen Weg ursprünglich gegangen bin, lag in dem Wunsch nach Liebe und Partnerschaft. Auf diesem Weg habe ich eine tiefe und große Liebe zu einem Mann erfahren. Leider konnten wir aus verschiedenen Gründen diese Liebe nicht gemeinschaftlich leben. Eine Zeitlang hat mich das sehr frustriert und wieder an mir zweifeln lassen, doch bin ich den Weg weitergegangen. Eine Blockade nach der anderen habe ich gelöst, doch es wirkte für mich immer so, dass ich nicht in der Lage war, das Thema Liebe und Partnerschaft wirklich lösen zu können. An einem Punkt, an dem ich glaubte, dass es mir vielleicht nicht zusteht und noch andere unsinnige Gedanken hatte, traf ich meine Theta Lehrerin Silke. Natürlich musste ich die Verstrickungen, Bänder, Schwüre, die mich mit meiner großen Liebe verband, lösen. Immer wieder tauchte der Mann in meinen Gedanken, Wünschen und Vorstellungen auf. Jahrelang hat das gedauert. Auch hier bin ich durch die Sitzungen immer weitergekommen. Der jahrelange Frust erschwerte es mir, ein Bild zur Manifestation und ein erfülltes Gefühl dafür zu bekommen. Manifestation gelingt, wenn man ein Gefühl entwickeln kann, dass das schon da ist, was man sich wünscht. Das gelang mir nicht gut. … Meine Freundin Petra half mir da mit einem schönen Bild. Ich solle mir doch vorstellen, mein Partner wäre auf einer Geschäftsreise… und bald würde er nach Hause kommen. Ein Bild auf das ich mich einlassen kann. Und es gelingt mir damit immer mehr in mir ein erfülltes Gefühl entstehen zu lassen.

Ich werde immer weiter machen, glaube und spüre jetzt aber immer mehr, dass es mir gelingen wird.

Ich weiß aber, dass sich dieser Weg jetzt schon gelohnt hat, denn ich habe etwas sehr Wertvolles auf ihm gefunden: Mich!

Affirmationen für das Kehl Chakra:

Ich drücke meine Gefühle frei und respektvoll aus. Meine Gefühle werden gehört und wertgeschätzt.

Ich bin ausdrucksstark.

Ich kommuniziere mit klarem Geist und achtsamen Worten.

Ich bin ehrlich und wahrhaftig mit mir selbst.

Ich bringe meine Gefühle und meine Meinung deutlich zum Ausdruck.

Ich spreche die Wahrheit, mit Liebe und Überzeugung.

Ich höre meine innere Stimme und spreche meine Wahrheit aus.

Ich bringe mein ganzes Wesen frei zum Ausdruck.

Meine Kommunikation entspricht meinem inneren Erleben.

Ich bringe jetzt mein wahres Selbst zum Ausdruck.

Ich erkenne und spreche meine eigene Wahrheit aus.

Ich lebe meine eigene Wahrheit.

Ich bin dankbar, dass ich jetzt vollkommen ich selbst sein kann.

Das Gesetz der Fülle gilt für jeden. Ununterbrochen manifestieren wir mit jedem Gedanken, jedem Wort und jeder Tat. Was du sagst, denkst und tust, hat immer einen Einfluss auf deine Realität und dein Leben. Von daher ist es wichtig, dich zu entscheiden positiv zu denken und dir dessen genau bewusst zu werden, was du dir wirklich wünscht. Du erschaffst dir so deine Realität. Es ist von unserem Schöpfer sogar gewünscht, dass du dir das Beste, was das Leben bietet, für dich erschaffst.

Viele Menschen wissen nicht genau, was sie sich wahrhaftig in ihrem Leben wünschen und manifestieren deshalb gar nicht oder viel zu unklar.

Mach dir einmal bewusst: Wir können nicht nicht erschaffen, wir haben in diesem Punkt keine Wahl. Aber du hast die Wahl, ob du ab jetzt ein bewusster oder weiterhin ein unbewusster Schöpfer sein willst.

Zu Beginn unseres Lebens durchlaufen wir alle einer gewissen Erziehung. Häufig findet man am Ende einer Kindheit einen Erwachsenen mit einer Menge an unbewussten Wünschen und unterdrückten Gefühlen. Er hat vielleicht nie erfahren, dass er seine eigenen Gedanken und Gefühle wichtig und ernst nehmen darf.

Kein Wunder, dass er nicht glücklich sein und Fülle genießen kann.

Mangelnde Selbstwertschätzung führt immer in einen inneren Mangelzustand.

In unserer Kindheit entwickeln wir eine Menge Glaubenssätze, in dem die Kinder Aussagen immer wieder hören und dann in sich tief verinnerlichen.

Wenn wir solche Glaubensätze immer noch in uns entdecken, zeigen sie uns, dass wir bisher hier noch nicht die Verantwortung übernommen haben. Diese dürfen wir abgeben.

Wenn du schlecht über dich denkst, du dich nicht wertschätzt, wie kannst du glauben, dass das Leben es dann tut und dich dann belohnt?

Alles ist Energie. Durch unsere Gedanken erschaffen wir unsere Gefühle. Fehlende Selbstwertschätzung erschafft Gefühle von Angst, Trauer, Ärger, Wut, Hass, Scham, Schuld, Gier, Neid und Minderwertigkeit...diese Gefühle sind für dich und die Fülle nicht förderlich.
Wenn du aus diesem Kreislauf des Mangels aussteigen willst, musst du dich erst einmal diesen Schöpfungen stellen und Verantwortung dafür übernehmen. Deine Aufgabe ist es endlich aufzuhören, andere oder sogar das Schicksal für dein Leben verantwortlich zu machen.

Ich ertappe mich noch manchmal in alten Glaubensmustern und Gedanken, zu verirren, die nicht immer der Realität entsprechen. Mein Bruder hat zwei Kinder und ist alleinerziehender Vater. Seine Frau hat sich von ihm getrennt und hat die Kinder mit 5 Jahren zurückgelassen, so dass ich diese kleine Familie recht viel unterstützt habe.
Nun hat mein Bruder eine neue Freundin, die Kinder sind fast flügge und es hat sich viel verändert. Das Gefühl, mich von außen nicht genug wertgeschätzt zu fühlen, kannte ich ziemlich gut. Heute weiß ich, dass ich mich selbst in meinem Leben nie genug wertgeschätzt habe. Ich habe dies im Außen immer gespiegelt bekommen und scheinbar real erfahren, was ich von mir dachte. Jahrelang konnte ich mich nicht schätzen und lieben. So habe ich viel zu selten wahrgenommen, wie sehr mich Menschen einfach gemocht haben. So wie ich bin. Es gab immer wieder Gründe, die ich gesucht und natürlich auch gefunden hatte, warum Menschen mich nicht mögen können und mich deshalb verlassen. Dieser Glauben und die daraus resultierende Ereignisse des Verlassens werden, haben mich eine sehr lange Zeit begleitet.
Auch manches Mal, obwohl ich weiß, wie sehr mein Bruder mich mag und wie sehr er in Arbeit und Erziehung pubertierender Teenies eingespannt ist, kommt es vor, dass ich auch hier an allem zweifle. Wenn ich nicht gut drauf bin, suche

und finde ich unbewusst Gründe, die mir von außen scheinbar bestätigen, dass ich auch bei meinem Bruder keine Wertschätzung erfahre.

Gut ist, dass ich diese unbewussten Prozesse jetzt wahrnehme und sehr schnell dagegen steuern kann. Die Glaubensätze in Hinblick auf Selbstwert sind bearbeitet worden. Dennoch falle ich manchmal noch in ein altes Verhaltensmuster zurück. Erinnerst du dich an die Schallplatte mit den bekannten Rillen? Ich weiß, dass das Leben Veränderung bedeutet und auch unsere familiäre Beziehung sich immer wieder verändert. Zurzeit bin ich noch Single und manchmal fühlt es sich dann für mich an, dass diese Veränderungen, immer für die anderen positiv sind und nur für mich nicht. Hinzu kommt eine Angst zurückzubleiben.

Aber mein ängstlicher Blick stimmt ja nicht mehr. Entscheidend für Zufriedenheit ist aus welcher Perspektive man auf eine Situation schaut. Ich habe jetzt wieder viel mehr Zeit für mich, habe dieses Buch angefangen und kann mir jetzt einen neuen wunderbaren Lebensabschnitt manifestieren.

Diesen Glaubenssatz „Ich werde ausgenutzt", der nicht nur aus den Erfahrungen in diesem Leben stammt, habe ich mir angeschaut und auch verändert. Durch meine innere Entspannung in diesem Thema entwickelt sich unser Familienthema für mich entspannter und zufriedenstellender.

Noch einmal möchte ich darauf hinweisen, dass es unsere Aufgabe ist die Vergangenheit zu klären und mit ihr Frieden zu schließen. Erst dann kann sich in der Zukunft etwas Neues entwickeln.

Es ist, egal was wir erlebt haben, notwendig in unseren inneren und in unserer äußeren Umwelt Ordnung zu schaffen, damit Klarheit für den eigenen Weg entstehen kann.

Es ist das Herz, nicht der Verstand, das uns zeigt, wohin die Reise gehen wird. Du kannst die Stimme deines Herzens jedoch nur hören, wenn du bereit bist, nach innen in die Stille zu gehen und diese auszuhalten.

Beet deiner Fähigkeiten

Beet deiner Fähigkeiten

Schließe deine Augen und atme einige Male tief ein und aus. Konzentriere dich auf deinen Atem und lass all deine Alltagsgedanken wie Wolken von dir wegziehen. Komme langsam bei dir an.

Stelle dir nun vor du kommst in einen großen Garten. Hier blüht es überall und du fühlst dich sehr wohl. Du denkst, dass könnte mein innerer Garten sein. Du gehst in diesem Garten spazieren und kommst zu zwei Beeten, die nebeneinander liegen und nur durch den kleinen Weg getrennt sind. Auf dem einem Beet blüht ein ganzes Blütenfeld verschieden blühender Blumen. Du siehst das diese Blumen in unterschiedlichen Zuständen auf dem Beet stehen, einige sind voll aufgeblüht, andere sind im Aufgehen. Du schaust auf das andere Beet, hier fällt dir auf, dass einiges verkümmert, verdorrt oder vertrocknet aussieht...

Du bleibst vor diesen Beeten stehen und fragst dich, was es wohl bedeuten soll und warum sich auf dem einen die Blumen sich so vielfältig und unterschiedlich entwickelt haben und auf dem anderen es so anders aussieht...

Plötzlich erscheint ein Engel neben dir und spricht zu dir...Ja du befindest dich in deinem inneren Garten... diese Beete und diese Blumen sind ein Symbol für alle deine Talente, deine Fähigkeiten und deiner Persönlichkeit. Alles, was hier steht, ist in dir angelegt, alles soll blühen und gedeihen. Wie du siehst, sind einige Blüten voll aufgeblüht, andere konnten sich nicht entfalten oder sind direkt verdorrt...diese Blumen sind Symbole für etwas, einen bestimmten Bereich, zu dem du nein sagst, ...nein zu etwas in dir ist oder was dich ausmacht!

Nimm dieses ‚NEIN' auch zum Leben zurück!
Du kannst es tun, indem du denkst oder sagst:
"Ich erkenne heute all meine Nein-Gedanken und meine Verurteilungen dem Leben und mir selbst gegenüber an!
Ich nehme sie heute zurück!
Ich entscheide mich heute neu!
Ich entscheide mich heute für ein kraftvolles JA zu mir selbst, als Frau/als

Mann, für ein kraftvolles JA zu diesem meinem Körper, für ein kraftvolles JA zu diesem meinem Leben auf dieser Erde.
JA, ich will leben und ich öffne mein Herz für die Liebe zu mir selbst und die Liebe zum Leben. "

Der Engel gibt dir seine Hand, und spricht zu dir:
Wenn es dir gelingt, ich bin bereit, es ist mein Wunsch und mein Wille laut auszusprechen, dann wirst du sehen, wie du leichter und einfacher dein ganzes Potential erforschen und leben kannst.

„Ich erkenne heute all meine Nein-Gedanken und meine Verurteilungen dem Leben und mir selbst gegenüber an!
Ich nehme sie heute zurück!
Ich entscheide mich heute neu!
Ich entscheide mich heute für ein kraftvolles JA zu mir selbst, als Frau/als Mann, für ein kraftvolles JA zu diesem meinem Körper, für ein kraftvolles JA zu diesem meinem Leben auf dieser Erde.
JA, ich will leben und ich öffne mein Herz für die Liebe zu mir selbst und die Liebe zum Leben. "

Wenn du bereit bist, Ja zu dir und deinem Leben zu sagen...dann wirst du sehen, wie sich auch dieses Beet in voller Pracht entfalten wird...

Das Gesetz der Fülle kannst du durch "Geben" und „Schenken" aktivieren. Einige meiner Thetafreundinnen spenden immer wieder einen Teil ihres Verdienstes aus liebenden Herzen und mit dem Wissen, dass es um ein Vielfaches zu uns zurückkehrt.

Bevor wir Fülle empfangen wollen, müssen wir auch in der Lage sein, zu geben und zu schenken. Jeder Mensch, ob er viel oder wenig hat, kann sich im Geben üben. Anschließend wird er immer leichter empfangen können. Dabei spielt es keine Rolle, ob es sich um eine Geste wie ein Lächeln, eine Umarmung oder ein großzügiges Geschenk handelt. Leichten Herzens müssen wir schenken, gern und freudig - und natürlich die Gaben nicht aufrechnen. Reichtum beginnt in deinem Kopf und endet dann auf dem Konto.

Vianna Stibal bietet ein Thetaseminar „Manifestation und Fülle" an, hier kannst du die Kunst des Erschaffens erlernen.
„Du bist hier, um die Freude wirklich zu leben" ist ihr Gruß für diesen Kurs.

Sie zeigt in Ihrem Skript auf, wieviel Einfluss Worte und Visualisieren auf das Erschaffen haben. Sie berichtet, dass die Manifestationen durch das ausgesprochene Wort bis zu 30-40% und durch Visualisieren um die 50% erfolgreich sind.
Wenn du im Theta Zustand manifestierst, dann stehen die Chancen, dass, sich deine Wünsche verwirklichen, bei 80 bis 90%.

Neben der Achtsamkeit ist eine gute Formulierung wichtig. Der Zusatz „auf die höchste und beste Weise und zum Besten aller Beteiligte" hilft dir wirklich nur das allerbeste zu kreieren.
Blockaden, die du noch zu den Wünschen hast, kannst du in diesem Seminar, mit der Chakren -Arbeit, Reiki, Meditationen oder auch durch tiefergehenden Thetasitzungen auflösen, damit es dir wirklich gelingt. Zusätzlich ist es gut, wenn du deine Gedanken kontrollieren lernst, dass du dir nur noch das, was du wirklich in deinem Leben willst, manifestierst.

Garten der Fülle

Garten der Fülle:

Du kehrst wieder zurück in deinen Garten und gehst weiter spazieren. Du erfreust dich an der Fülle, an der Vielfalt und dem Artenreichtum...die in deinem Garten herrscht. Du kommst an einen wunderschönen Brunnen, den du bisher noch nicht gesehen hast. An diesem Brunnen siehst du einen Menschen sitzen, du trittst näher, um zu sehen, wer da in deinem Garten sitzt. Du erkennst, dass es eine Person ist, die dir sehr vertraut ist, sie wirkt auf dich sehr wissend und weise. Du begrüßt sie wie einen Freund und setzt dich zu ihr. Ihr schaut euch die Fülle in deinem Garten an und dann spricht dieser Freund zu dir:

Du bist auf der Suche nach Reichtum und Fülle in deinem Leben. Du kannst nur die gesamte Fülle erleben, wenn du sie auch zulässt und positiv bewertest, ...indem du alte Glaubenssätze aufgibst...höre einmal hin, ich werde dir jetzt ein paar Sätze sagen, höre hin welche bei dir schwingen und lass sie in dir schwingen, indem du sie immer wieder wiederholst...nimm die erste, die bei dir anklingt auch wissend, dass noch andere kommen...wiederhole den einen immer wieder

Ich entscheide mich für ein Leben im Wohlstand.
Ich verdiene es, erfolgreich und glücklich zu sein.
Das Universum ist voller Überfluss.
Ich bin bereit, Freude und Glück in meinem Leben anzunehmen.
Ich kann haben, was ich mir wünsche.
Alles, was ich erschaffe, erfüllt mich.
Ich akzeptiere und liebe mich so, wie ich im Moment bin.
Ich bin ein wertvoller Mensch. Mein Weg ist wichtig.
Ich bin offen dafür zu empfangen.
Ich erlaube mir mehr zu haben, als ich für möglich halte.
Ich erwarte stets das Beste, und nur das Beste geschieht.
Ich folge meinem Herzen.

Du kehrst aus deinen Gedanken zurück und entdeckst, dass vor deinem Freund einige verpackte Pakete liegen. Du fragst dich, was er mit den vielen Geschenken vorhat... ...er antwortet: Ich habe Geschenke für Menschen vorbereitet, ich will damit Freude verteilen...Er zeigt auf die Pakete und sagt, hier habe ich ein Lächeln verpackt, hier eine Umarmung, hier ist ein kleiner Blumenstrauß verpackt und hier ist ein Buch drin...ich verschenke Freude, die zu mir zurückkehren kann...willst du nicht mitmachen...überlege doch einmal, was du in den nächsten Wochen alles deinen Mitmenschen schenken könntest....

Ich bin Ich

Ich bin Ich

Ich bin ich … ich bin so wie ich bin. Ich bin ich
Ich bin dankbar, dass ich jetzt vollkommen ich selbst sein kann.
Ich bin ich … ich bin frei.
Ich bin ich … ich bin kraftvoll

Ich bin ich … ich bin so wie ich bin. Ich bin ich
Ich bin dankbar, dass ich jetzt vollkommen ich selbst sein kann.
Ich bin ich … ich bin frei.
Ich bin ich … ich bin zufrieden

Ich bin ich … ich bin so wie ich bin. Ich bin ich
Ich bin dankbar, dass ich jetzt vollkommen ich selbst sein kann.
Ich bin ich … ich bin vital
Ich bin ich … ich bin authentisch

Ich bin ich … ich bin so wie ich bin. Ich bin ich
Ich bin dankbar, dass ich jetzt vollkommen ich selbst sein kann.

STIRNCHAKRA

Themen des Stirnchakra sind Seele, Geist, Intuition, innere Führung, göttliche Inspiration, Präsenz, Klarheit, Hellsicht, Visualisation, Telepathie.

Ich spüre, Ich sehe, Ich höre, Ich nehme wahr...

Ich spüre, Ich sehe, Ich höre, Ich nehme wahr...

Was sehe ich? Was spüre ich? Was höre ich?

Was nehme ich wahr?

Ich spüre, Ich sehe, Ich höre, Ich nehme wahr, ...

Wo sehe ich? Wo spüre ich? Wo höre ich?

Wo nehme ich wahr?

Ich spüre, Ich sehe, Ich höre, Ich nehme wahr...

Wer sieht? Wer spürt? Wer hört? Wer nimmt wahr?

Ich sehe, ich spüre, ich höre und ich nehme wahr!

Ich öffne mich und sehe, spüre, höre und nehme mehr war als was das Offensichtliche ist.

Spirituelles Wachstum

Spirituelles Wachstum entwickelt sich aus einem offenen Stirn-Chakra heraus. Es ist eine Reise durch die unbekannten und unendlichen Räume des eigenen Bewusstseins.
Mit Hilfe dieser inneren Reise kannst du deine Verbindung zu deinem eigenen höheren Selbst oder auch außerhalb von dir zu Jesus, Allah, oder der Quelle von Allem, was ist, finden.
Diese Verbindung kannst du dann in dein tägliches Leben integrieren.
Über diese von dir bewusst aufgebaute Verbindung entwickelt sich dann wie von allein Lebendigkeit, Leichtigkeit, und ein gesunder Körper. Das höhere Selbst verhilft dir zu einem ständig wachsenden „Lebensgefühl" und bringt dich in deine Kraft. Es ist eine liebevolle und weise Instanz, dass von dir gehört und anerkannt werden möchte.

Fortlaufend sendet es Impulse, die dich dazu auffordern sollen, liebevoll mit dir selbst und deinen Mitmenschen umzugehen.
Im höheren Selbst wird auch das angesammelte Wissen aus den vielen verschiedenen vergangenen Leben bewahrt.
Deshalb weiß das höherer Selbst auch genau, warum wir mit bestimmten Herausforderungen und Situationen im Leben konfrontiert werden. Durch Intuitionen und Gefühle macht es auf sich aufmerksam. Auf diese Weise spricht es immer wieder zu uns, mit uns und will uns auf unserem Weg unterstützen. Manchmal schickt es uns auch Botschaften durch Zufälle, dem Treffen auf Menschen, Bücher oder Zitaten. Wir müssen nur achtsam sein, um diese Botschaften zu erkennen, anzunehmen und zu verstehen, besonders dann, wenn wir Rat und Unterstützung benötigen.

Wir selbst können auch bewusst mit unserem Höheren Selbst in Verbindung treten. Mit Hilfe eines weisen Lehrers oder Ratgebers, der in unserem Namen um Botschaften und Rat fragt oder bittet, ist es natürlich am einfachsten. Wichtig hier ist dein Bauchgefühl, dass dir zeigt, ob du dem Ratgeber vertrauen kannst.

Natürlich kannst du dich auch allein mit deinem höheren Selbst verbinden., Das bedeutet, es muss dir gelingen dich mit deinem höheren Selbst zu identifizieren, indem du die vermittelten Gefühle, Gedanken und Weisheit direkt erkennst. Das gelingt dir am besten in einer tiefen Meditation.

Wir sind Energiewesen, doch haben wir dies vergessen. Über unsere Weiterentwicklung können wir unsere Spiritualität wieder entdecken

Höhere Selbst

Schließe deine Augen und atme einige Male tief ein und aus. Dann lass deinen Atem fließen und versuche deine Alltagsgedanken loszulassen. Konzentriere dich auf deine Atmung. Spüre wie sich dein Körper entspannt, und in deinem Inneren entsteht ein Gefühl der Konzentration und des inneren Friedens.

Atme ein und aus und stelle dir vor wie deine Energie leicht die Wirbelsäule auf und abströmen kann. Mache dies so lange bis du diesen Energiestrom wirklich spürst.

Du fühlst dich körperlich vollkommen entspannt, ruhig und wohl.

Bist du jetzt bereit, Kontakt mit dem höheren Selbst aufzunehmen? Gib dir selbst im Inneren ein Ja, wenn du bereit bist. Sieh wie aus der Ferne etwas auf dich zu schwebt. Es kommt langsam auf dich zu. Du kannst es dir jetzt als schimmerndes, strahlendes Licht vorstellen.

Begrüße es und heiße es willkommen. Bitte es im Geiste, dass es dir hilft einen intensiven Kontakt zu dir selbst aufzubauen. Spüre wie die Strahlen der Liebe dich von allen Seiten umgibt, dich umarmt. Sieh wie von deinem höheren Selbst Linien der Liebe ausgehen, die auf dich zu schweben. Spüre wie deine Schwingung höher und intensiver wird, sobald die Linien der Liebe dich berühren.

Lasse es nun zu und fühle wie sich das höhere Selbst mit dir vereint, spüre wie ganz langsam dein Körper mit diesen Strahlen verschmilzt...

Sobald du vollständig das Gefühl hast, mit dem höheren Selbst verbunden zu sein, kannst du seine Botschaften hören.

Wenn du willst, dann kannst du jetzt die Frage nach einer Botschaft stellen, die für dich wichtig sind, ...

Botschaften aus der anderen Welt

Es gibt mehr als wir sehen und glauben können. Das konnte ich in den letzten Jahren immer wieder erleben und erfahren. Während meiner Ausbildung als Reiki- und Meditationslehrerin besuchte ich zum Beispiel verschiedene Veranstaltungen, bei denen mediale Botschaften vermittelt wurden. Bei diesen Treffen ging es fast immer darum, dass sich Verstorbene mit Hilfe eines Mediums meldeten und Botschaften übermittelten. Das war schon sehr beeindruckend. Natürlich kann man, wenn man an all das nicht glauben will, skeptisch sein und dies belächeln, aber für mich war es immer sehr ehrlich und wahrhaftig.

Mit einer Freundin besuchte ich zu dieser Zeit einen Kongress „Der anderen Realität", der ein ganzes Wochenende dauerte. Es ging hier auch um Botschaften aus der geistigen Welt. Zahlreiche Medium aus verschiedenen Ländern waren eingeladen worden. Das Angebot bestand aus verschiedenen Gruppensitzungen und Einzelsitzungen.

Die erste Sitzung, die ich dort besuchte, war eine Steine-Lesung. Die Energie, die ein Besitzer eines Steines hat, wird auf ihn übertragen und kann von einem Medium gelesen und übermittelt werden. Wir sollten einen persönlichen Stein zu dem Vortrag mitbringen und auf einen Tisch legen. Als ich meinen Stein auf den Tisch legte, bemerkte ich wie voll er schon war. 30-40 Teilnehmer waren im Raum und jeder hoffte natürlich darauf, dass seiner ausgewählt wurde. Meinen Einweihungsstein, einen Rosenquarz, mit dem ich immer meine Reiki-Einweihungen durchführe, hatte ich mitgenommen und auf den Tisch gelegt. Schön wäre es, wenn mein Stein genommen würde, aber bei so vielen …so dachte ich.

Nach zwei Steine Lesungen nahm Doris Foster, ein Medium aus England, meinen Stein. Sie kannte mich nicht und wusste wirklich nicht, von wem sie den Stein in der Hand hatte.

Aber was sie dann erzählte, welche Informationen sie über mich erhielt und übermittelte, war schon sehr erstaunlich. Sie erzählte von mir, sie beschrieb meine Qualitäten und Wünsche, unfassbar! Dann sah sie meine Mutter, die ich bis zu Ihrem Tod begleitet und gepflegt hatte. Sie beschrieb, sie sähe eine Frau, die ihr sagen würde: „Sie hätte Krebs gehabt" und dass sie sich bedanken, wolle für meine Unterstützung. Das war schon ein sehr berührendes Erlebnis.

Bei einer folgenden Einzelsitzung mit einem anderen Medium entstand ein ähnlich berührender und beeindruckender Moment. Meine Mutter zeigte sich wieder, sie erzählte von meinen Freunden, nannte sogar den Namen einer sehr guten Freundin. Sie zählte die Geburtsmonate meiner Geschwister auf und dass sie mich immer wieder besuchen würde. Meine Wohnung mit den vielen Blumen würde sie mögen und sie wäre sehr stolz auf mich.

Bei einer dritten Sitzung wurde mir dann noch mein Weg und meine Entwicklung auf diesem Weg beschrieben.

Das waren sehr beeindruckende Erfahrungen.

Ich glaube, dass sehr geschulte Menschen vieles aus der Aura des Gegenübers lesen können. Aber Namen, Daten oder passende Informationen aus unbekannten Steinen oder aus der Aura lesen? Für mich war dieses Erlebnis die Bestätigung, es gibt mehr und es geht auch nach dem Tod weiter.

Ich selbst habe auch schon mal ähnliche Erlebnisse gehabt. Da ich aber darin noch nicht so geschult bin, kommen diese Bilder unverhofft. Ich kann sie noch nicht wirklich steuern.

Nach einem Reiki-Schnuppertag, bei dem sich die Teilnehmer sehr intensiv auf die Übungen eingelassen hatten, sprach mich eine Frau an. Ihr Mann wäre plötzlich verstorben, ob und wie sie denn eine Botschaft von ihm empfangen könnte. Neben mir blitzte plötzlich ein Bild von einem älteren Mann auf, und die Worte „es ginge ihm gut". Ich erzählte ihr von diesem Bild und beschrieb die Gestalt, sie bestätigte mir, dass es ihr Mann gewesen sein könnte.

Bei den Theta -Sitzungen versuchen wir Glaubenssätze auch aus vergangenen Leben aufzulösen oder zu löschen. Hier erhalten wir auch immer wieder Bilder, auf denen dann Glaubenssätze begründet sind bzw. diese durch die damaligen Erlebnisse entstanden sind. Da ich mich meist sowohl als Klient als auch als Theta-Heilerin in einem tiefen Meditationszustand befinde, erinnere ich mich nach den Sitzungen eigentlich selten an das, was ich gesehen habe oder was bei mir gesehen wurde. Deshalb kann ich nur wenige Geschichten, obwohl einige sehr spannend wären, aus diesen Sitzungen erzählen.

Downloads Stirnchakra

Ich weiß, wie es sich anfühlt meiner inneren Führung zu vertrauen und ihrer Weisung zu folgen. Ich bin sicher, dass ich dieser Führung vertrauen darf und sie mich auf den Weg bringt, den ich gehen soll.

Ich weiß und verstehe, was es heißt seine Berufung zu finden und zu leben. Ich bin beschützt und sicher, so dass ich meine Berufung ohne Gefahr leben darf.

Ich weiß und versteh, wie es sich anfühlt, das dritte Auge zu öffnen um meine Hellsichtigkeit, Hell-fühligkeit oder auch einen anderen Sinn wachsen zu lassen und zu erkennen, wer ich bin und wer mich auf meinem Weg begleitet und unterstützt.

Ich kenne die höchste Perspektive des Schöpfers von Seele. Ich verstehe, wie sich meine Seele anfühlt und wie ich mit ihr verbunden bin. Ich kann sicher und frei meine Seele entfalten und auf all die Erfahrungen, die sie sie gemacht hat, und die ich in diesem Leben benötige, einfach und leicht zurückgreifen.

Ich weiß, wie es sich anfühlt mit einem geöffneten dritten Auge die Welt zu sehen. Ich bin sicher und geschützt so dass ich mit den Informationen, die ich erhalte umgehen und sie verwandeln kann um mich selber glücklich zu machen.

Ich erfahre die Perspektive des Schöpfers von Visualieren und Manifestieren. Mit Hilfe der Kraft des Schöpfers fällt es mir leicht, Fülle und alle wichtigen Dinge in mein Leben zu ziehen. Der Schöpfer unterstützt mich dabei, dass ich weise mit dieser Kraft umgehe, und mir ein leichtes, liebevolles und erfülltes Leben kreieren kann.

Feuer der Klarheit:

Schließe deine Augen und lass deinen Atem fließen. Lass alle Alltagsgedanken mit der Ausatmung los und atme ganz bewusst über dein Kronenchakra ein heilendes, beruhigendes Licht ein. Mache dies so lange, bis du das Gefühl hast, ganz bei dir angekommen zu sein.

Stell dir einmal das Stirn Chakra wie eine Schale vor. Groß und ausladend liegt diese Schale in deiner Stirn -Schau einmal welche Farbe diese Schale hat, wie sie aussieht, ist sie eher schlicht oder außergewöhnlich verziert.
Nun konzentriere dich einmal auf den Bereich, der gerade auf der Erde aufliegt, sind es die Füße, ist es das Gesäß oder ist es der gesamte Körper... je nachdem wie du dich zu dieser Meditation positioniert hast.

Spüre einmal den Kontakt, der jetzt entstanden ist. Mache dir einmal bewusst, dass du von der Erde getragen wirst, genauso, wie du es jetzt spürst...getragen und gestützt, ja sogar unterstützt. Mache dir dieses Gefühl noch einmal bewusst, spüre noch einmal tief hinein in das Gefühl getragen und gestützt zu werden. Lasse einmal all deine Anspannung, Körperspannung und Kontrolle bewusst los und gib dich diesem Gefühl ganz und gar hin... du wirst getragen, gestützt und unterstützt.... Stelle dir jetzt einmal deine Verbindung zum Himmel, und zu deiner Quelle vor. Spüre einmal, wie sich über dem Kronenchakra ein Energiestrahl öffnet, wie darüber universelle Lichtenergie in dich hineinfließen kann. Sieh einmal vor deinem geistigen Auge, wie du eine starke und kräftige Verbindung zum Universum hast. Über diesen Strahl kann jetzt die wunderbare Lichtenergie in dein Stirn Chakra fließen. Dieser Strom von Energie sammelt sich in deiner Stirn und du kannst dir nun vorstellen, dass diese Energie unendlich stark ist. Sie entfacht in deiner Schale ein Feuer, ein Feuer, dass all die Themen, die hier feststecken in dieser Schale verbrannt werden. Habe Vertrauen, dass diese Energie genau, dass vernichtet, was dir für ein offenes Chakra fehlt, gebe dir die Erlaubnis, dass du frei sein willst und darfst und übergib einmal bewusst oder auch unbewusst, diesem Feuer all das zu verbrennen, was dieses Chakra blockiert.
Nimm dir die Zeit, die du dafür brauchst, ...

Wenn du das Gefühl hast, dass du all das, was zu diesem Zeitpunkt verbrannt werden soll, auch verbrannt ist, dann atme einige Male tief ein und aus.
Beruhige dich selbst, indem du dir sicher sein kannst, alles geschieht nur zu meinem höchsten und besten Wohl.
Konzentriere dich noch einmal auf die Verbindung und auf diese Schale in deiner Stirn. Spüre einmal wie ein vielleicht noch kraftvollerer Strom aus diesem Lichtstrahl in deine Stirnschale sprudelt und dich vital und kraftvoll werden lässt. Spüre wie jetzt diese Schale mit Vitalität und Lebensenergie aufgefüllt wird. Sage dir im Stillen: Ich öffne mich von jetzt an meiner Intuition.

Heilung

Heilung ist ein sehr großer Wunsch der Menschen. Auch viele Klienten, die zu mir kommen, wünschen sich wieder Wohlbefinden und Gesundheit. Heilung kann nur auf allen Ebenen (Körper, Geist und Seele) geschehen und braucht die Selbstverantwortung des Klienten. Viele Erkrankte haben schon einiges ausprobiert und einige sicher auch schon einen langen Leidensweg hinter sich. Oft höre ich, ich bin jetzt zum Schluss auch noch zu einem Heilpraktiker gegangen, aber das hilft ja auch nicht. Wenn ich dann nachfrage, wie oft sie denn bei diesen Naturheil-Therapeuten waren, kommt häufig die Antwort: „3-4-mal, aber das hilft ja auch nicht".

Der Körper ist ein Wunderwerk und er versucht so lange wie möglich unser Fehlverhalten zu kompensieren. Einen langen Zeitraum schafft er es auch, er wird zumindest nicht sichtbar krank. Nach einem Zuviel oder Zu lange streikt er dann, der Körper zeigt uns dann deutlich, dass einfach zu viel falsch läuft. Er zwingt uns zur Umkehr.

Wir sollten achtsam und offen für seine Zeichen sein. Ein erfolgreicher Weg ist es die Ursache zu erkennen und zu verändern, anstatt nur die Symptome zu bekämpfen. Einen ähnlich langen Zeitraum wie man sich selbst überfordert hat, bedarf es, um wieder heilen zu können. Die aktive Mitarbeit des Klienten spielt bei der Heilung eine wichtige Rolle.

In der Regel führt eine Kombination von Ursachen zum Entstehen eines körperlichen Problems, deshalb sind auch verschiedene Maßnahmen wichtig, um die Ursachen zu erkennen, zu verändern und zu beheben. Das braucht Zeit und eine gute Verknüpfung von schulmedizinischen und alternativen Maßnahmen. Einen starken Willen der Veränderung und Heilung ist eine sehr wichtige Voraussetzung für einen Erfolg. Oft haben Menschen, die an einer Krankheit leiden, das Gefühl, diese Zeit nicht zu haben. Es muss schnell gehen, da man ja funktionieren muss. Andere erfahren durch ihre Krankheit eine besondere Zuwendung, die sie unbewusst nicht missen möchten, und können deshalb nicht heilen. Sie verstehen noch nicht, dass sie gesund eine andere vielleicht sogar wertvollere Zuwendung erhalten könnten.

Mit Hilfe von Theta-Techniken sind Spontanheilungen möglich, doch muss man sich bewusst machen, dass man trotzdem nach den Ursachen schauen darf.
Diesen Weg zu gehen kann schließlich sehr erfüllend und befreiend sein.

Wie wertvoll

Wie wertvoll

Es ist dein Weg.
Entscheide du, wie und ob du ihn gehen möchtest...
Es sind deine Erfahrungen.
Entscheide du, wieviel Raum du ihnen geben möchtest.

Es ist gut aus ihnen zu lernen.
Es ist gut sie dann abzuschließen.
Es ist gut sie dann dahin zu geben, wo sie hingehören...

in die Vergangenheit

Es ist wertvoll all das erlebt zu haben, was du erlebt hast.
Es ist wertvoll, all das in Frieden gehen zu lassen.
Es ist wertvoll, zu erkennen, dass die Erfahrungen dich ausmachen...

in der Gegenwart

Es ist wichtig zu erkennen, wie wertvoll du bist.
Es ist wichtig, dich selbst zu lieben so wie du bist.
Es ist wichtig, in Liebe zu leben...

für die Zukunft

Wie wertvoll

Erkenne wie wertvoll du bist.
Erkenne wie wertvoll deine Erfahrungen sind.
Erkenne wie wertvoll dein innerer Friede ist.
Erkenne wie wertvoll dein Leben ist.

Wie wertvoll

Eine schöne Geschichte einer meiner Teilnehmerinnen möchte ich zu diesem Thema gerne erzählen. Meine Klientin war Anfang 70 und hatte zahlreiche körperliche und auch psychische Probleme. Mehrere Darm- OPs, Reizdarm mit starken Blähungen und Durchfällen, starke Rückenprobleme und riesige Ängste plagten sie. Trotzdem war sie auf der Suche nach Heilung und offen für alternative Methoden. Vieles hatte sie schon ausprobiert, doch sie erkannte bei unserem ersten Treffen eine große Chance. Sie machte das Seminar Reiki eins mit vielen körperlichen Beschwerden und Erschwernissen. Ihr Wunsch nach Heilung war jedoch sehr groß, dass sie all das auf sich nahm. Sie kam direkt nach dem Seminar zu einem meiner Reiki -Abende und sagte, dass sie nicht lange sitzen könne. Sie glaubte deshalb nicht mitmachen zu können. Auch die regelmäßige Übung erschien ihr unmöglich, da sie ja so eingeschränkt war.

Ich erklärte ihr, dass es wichtig ist, sich immer wieder mit der Energie zu verbinden. Die Empfehlung, sie solle den Chakren Ausgleich ruhig erstmal im Liegen machen, nahm sie ernst und verband sich regelmäßig mit der Reiki Energie. In der Regel löst eine Reiki Anwendung im Sitzen und Stehen Blockaden und im Liegen ist sie tiefenentspannend. Bei ihr war aber so viel Angst und Anspannung zu spüren, dass sie natürlich erst einmal die Wirkung der Entspannung gut gebrauchen konnte. Mir war wichtig, dass sie täglich mit der Energie arbeitete. Dann empfahl ich ihr zusätzlich regelmäßig zu meinen Reiki- und Meditations-Abenden zu kommen. Wir würden schon einen Weg finden, wie sie mitmachen könne. An diesen Abenden konnte sie mit anderen Menschen arbeiten und diese heilsame Energie verschenken und empfangen. Der gemeinschaftliche Austausch vor und nach der Gruppenarbeit tat ihr auch sehr gut. Zusätzlich kam sie auch regelmäßig zu verschiedenen Einzelarbeiten, um weiterzukommen. Was sie auch tat. Viele Jahre kam sie regelmäßig zu den Gruppenabenden, machte alle Seminare und auch zahlreiche Einzelarbeiten, ging zu einem Heilpraktiker, mit dem ich eng zusammengearbeitet habe. Im Laufe der Zeit wurde sie ein anderer, wesentlich freier Mensch. Sie hatte den Mut und die Ausdauer sich ihre Themen über einen langen Zeitraum anzuschauen und etwas in ihrem Leben zu verändern. Obwohl sie schon 70 Jahre war, hat sie nicht aufgegeben. Vor allem konnte sie ihre Einstellung zum Leben verändern. Eine positive Einstellung konnte sie für sich und ihr Leben entwickeln. Ihren tiefen christlichen Glauben konnte sie über unsere gemeinsame Arbeit vertiefen und verstärken. Als sich unsere Wege getrennt haben, war sie aktiv, wirkte sehr ausgeglichen und zufrieden. Sie hatte über die gemeinsamen Jahre einen Zugang zu sich, zu ihrer Quelle und ihrer Seele gefunden.

Eine andere Klientin kam zu mir, weil sie einfach nur neugierig war. Nach zwei oder drei Einzelanwendungen, war sie von den Wirkungen, die sich bei ihr zeigten, begeistert.

Kurze Zeit später erkrankte sie schwer. Wenige Tage vor einer schweren OP kam sie zu mir, um Energie und Kraft für den schwierigen Eingriff zu tanken. Zu Beginn der Sitzung war sie sehr unruhig. Ich bemerkte sehr deutlich ihre Ängste und Sorgen, die sie verständlicherweise hatte. Nach etwa 20 Minuten wurde sie immer ruhiger und ich spürte, dass sie nun auch einen Zugang zu sich selbst gefunden hatte. Am Ende der Anwendung war sie sehr bewegt und erzählte mir, sie hätte die Botschaft bekommen „Alles wird gut!"

Es war eine schwere OP, sie war zuerst zutiefst enttäuscht, da sich doch einige unschöne Folgen einstellten. Nach einer Zeit der Erholung rief sie mich an. Sie war sehr offen, obwohl wir vorher wenig Kontakt hatten. In diesem Telefonat bedankte sie sich und erzählte mir, dass sie die Botschaft von der damaligen Sitzung jetzt verstehen würde. Ja es wäre anders als gewünscht verlaufen, aber sie könnte jetzt alles annehmen und **Jetzt, zu diesem Zeitpunkt,** wäre wirklich alles ok. Sie hätte Frieden mit sich und ihrer Erkrankung geschlossen und würde jeden Tag genießen. Hat sie die Sprache ihrer Seele verstanden?!?

Seele

Seele

*Schließe deine Augen und atme einige Male tief ein und aus. Komme dabei ganz
bei dir an. Führe die Hände zusammen und lege sie gegeneinander, so dass sich
die beiden Handflächen in Höhe der Brust berühren.*

*Gehe mit deiner ganzen Aufmerksamkeit in die Hände. Spüre die Wärme und
lasse nun ganz bewusst Energie oder diese Wärme frei von einer Hand in die
andere fließen.*

Genieße den Wärmestrom, der fließen will, von einer Seite zur anderen.

*Je mehr du in dieser Übung gegenwärtig bist, umso wärmer werden deine Hände.
Du hast das Gefühl, sie fließen zusammen.*

*Du wirst die linke Hand kaum von der rechten unterscheiden können. Es ist eine
Verbindung entstanden, die du als Einheit erlebst.*

*Bleibe einige Minuten in diesem geschlossenen Kreis, ehe du die Hände wieder
löst.*

*Und nun lass die Übung los und bleibe in dieser Stille. Stell dir vor deinem
geistigen Auge einmal einen Baum vor. Einen Baum, der allein mitten auf einer
Wiese steht. Mach dir jetzt einmal bewusst, dieser Baum ist das Symbol für
deinen Körper. Er ist lebendig.*

*Mach dir einmal bewusst, die Wurzeln des Baumes versorgen ihn mit allem, was
er zum Wachsen braucht.*

*Und nun sieh es gibt ein Umfeld um den Baum. Es ist die Luft, die Sonne und
der Regen und noch vieles mehr, ohne all das kann der Baum nicht existieren.*

Mach dir bewusst, dieses Umfeld ist das Symbol für deine Seele. Sie ist lebendig.

Und nun stell dir vor, du bist wie dieser Baum. Du stehst auf einer Wiese.

Die Gestalt des Baumes entspricht deinem Körper. Er ist einmalig.

*Mach dir jetzt bewusst, über deine Wurzel fließt alles in dein Inneres, es sind
die Nährstoffe, die deinen Körper versorgen, aber auch deine Gedanken und
Gefühle, die für dich wichtig sind, um zu existieren.*

*Und nun stell dir vor alles um dich, als Baum, herum ist deine Seele. Sie ist
immer da. Ohne sie könntest du nicht existieren.*

*Und nun versuche Kontakt zu deinem Umfeld aufzunehmen. Versuche es zu
erspüren. Versuche es zu hören. Versuche es so weit werden zu lassen, wie es
geht. Ohne deine Seele könntest du nicht existieren....*

Wie schon mehrfach beschrieben, geht es in diesem Buch sehr intensiv um Selbstfürsorge und Selbstverantwortung. Wenn man gut für sich sorgt, dann folgt eigentlich auch immer Veränderung. Nur wenn du genau hinschaust, erkennst und veränderst, was dir nicht guttut, kannst du auch gut für dich sorgen. Wenn es dir im Inneren gelingt, dann verändert sich automatisch auch etwas im Außen.

Heilung ist also immer ein aktiver Prozess, an dem du mitwirken musst.

Du selbst kannst auf deine Heilung Einfluss nehmen. Körperliche geschieht erst vollständig durch emotionale Heilung, die sich fast immer durch einen wahren inneren Frieden vollzieht.

Es ist kaum vorstellbar, wieviel Unfrieden wir in uns und mit uns mittragen. Vieles ist uns nicht bewusst, wir glauben es schon längst verarbeitet zu haben und dennoch belastet vieles unbewusst weiter unsere Seele. Es ist notwendig zu erkennen, wie wichtig es ist sich selbst zu vergeben und aktiv inneren Frieden zu finden. Selbstakzeptanz ist eine wichtige Grundlage für den inneren Frieden. Vollständig einverstanden mit dir selbst zu sein, genauso wie du geworden bist, stiftet inneren Frieden. Dir selbst vergeben und ins Reine zu kommen, hilft einen oft unbewussten inneren Streit zu schlichten, zwischen deinen Bedürfnissen, Wünschen und der bestehenden Realität. Ein ständig während innerer Krieg lässt keinen Platz für inneren Frieden.

Leider gibt es viele Menschen, die lange unversehrt leben. Sie können sich mit den Erlebnissen nicht aussöhnen. Sie glauben, dass das Leben nicht gut zu ihnen war. Einiges verlief anders als sie es für sich geplant hatten. Sie hadern mit sich und ihrem Schicksal, sie sind enttäuscht und verletzt.

Der Schlüssel zum inneren Frieden ist die Vergebung.

Mache dir bewusst, wie oft du in deinem Leben ge-, be--und-verurteilt hast. Wie oft bist du in deinem Leben ein gnadenloser

Richter? Wie oft sprichst du ein hartes Urteil, über das was du getan hast oder dir gerade passiert? Wie oft hast du Dinge und Menschen abgelehnt, hast in gut und in böse, in richtig und falsch eingeteilt und dabei eigentlich nur dir selbst Leid zugefügt? Wie oft hast du dich selbst, andere und das Leben verurteilt? Sieh einmal, so entsteht immer ein Konflikt. Du hast dich durch diese Urteile und Bewertungen getrennt vom Leben und der Liebe.

Das Leben bedeutet immer Veränderung. Diesen Wandel nicht kontrollieren zu können macht uns häufig Angst. Diese Angst zeigt, dass uns das Vertrauen im Fluss des Lebens und der Veränderung mitzuschwimmen fehlt.
Heilung bringt Wandel.
Das Leben wandelt sich ständig. Der Körper verändert sich ständig, und nach 7 Jahren existiert von dir keine einzige alte Körperzelle mehr. Alles hat sich erneuert. Aber auch das was dir vor ein paar Jahren wichtig war oder Spaß gemacht hat, kann sich verändern und ist heute vielleicht nicht mehr wichtig.

Ein kleines Beispiel von mir, unbedeutend, aber es zeigt einfach den Wandel auf den verschiedensten Ebenen. Eine Zeit lang hatte ich den Tick, dass ich immer passende Socken zum Oberteil trug. Das war mir sehr wichtig. Wann sich das verändert hat, und warum kann ich gar nicht sagen. Heute trage ich meist Socken wie ich sie aus der Schublade ziehe. Ein unbedeutendes Beispiel, damals war es mir aber sehr wichtig, heute hat es sich in unwichtig verändert. Ich habe nichts dafür getan, es hat sich einfach in mir etwas gewandelt.

Ein anderes Beispiel: Jahrelang führte ich meine Meditationsabende in einer bestimmten Weise durch. Wie schon beschrieben, bin ich umgezogen und habe mich dann lange um meine Familie gekümmert. Nach dieser Pause wollte ich wieder anfangen spirituell zu arbeiten. Mein Versuch im gleichen Stil meine Gruppenarbeit am neuen Wohnort weiterzuführen, gelang nicht. Nach einigen Versuchen und aus den Fehlschlägen resultierenden Zweifeln, ob diese Arbeit überhaupt noch meine Bestimmung ist, konnte ich aber letztendlich für mich erkennen, dass ich mich verändert habe und vorangeschritten bin. Die Abende, so wie sie einmal waren, sind nicht mehr meine...ich spüre, es ist was anderes wichtiger geworden, das Alte passt nicht mehr...es wird etwas Neues kommen...

Wir gerne hängen wir an liebgewonnenen Gewohnheiten und spüren erst einmal nicht, dass es nicht mehr zu uns und dem Wandel in unserem Leben passt.

Affirmationen für das Stirn Chakra:

Ich vertraue meiner Intuition und meine Vision ist klar. Ich folge den Zeichen des Universums.

Ich bin verbunden.

Ich bin in Kontakt mit meiner inneren Weisheit und Führung.

Ich bin offen für meine Intuition und die Quelle meines Lebens.

Ich erkenne mich selbst in Klarheit.

Jede Lebenssituation ist eine Möglichkeit für Wachstum und Heilung.

Ich sehe nicht mit meinen Augen, sondern mit meiner Seele.

Mein Geist ist wach, mit Klarheit erkenne ich meinen Weg.

Ich erfahre Inspiration und Verbindung zum Universellen.

Ich öffne mich von jetzt an meiner Intuition.

Ich bekomme einen besseren Zugang zu meiner Intuition.

Ich erhalte Zugang zum universellen Wissen.

Ich erhalte mein Wissen durch übersinnliche Wahrnehmungen.

Ich vertraue mir und meinen übersinnlichen Wahrnehmungen.

Ich bin dankbar für meine wunderbare Intuition.

Heilung geschieht durch Liebe. Sie geschieht in dem Bewusstsein des bedingungslos geliebt und angenommen sein. Egal, was immer wir über uns denken, was immer wir auch getan haben. Hier findest du auch wieder eine enge Verknüpfung zum inneren Frieden.
Heilung hat etwas mit Erkenntnis zu tun, wir erkennen unser wahres Sein.
Heilung geschieht somit nur durch uns selbst. Alle Mitmenschen, alle Engel oder andere Lichtwesen, können uns nur helfend unterstützen. Sie können uns einen Raum oder den Rahmen der Heilung anbieten, in welchen wir uns annehmen und akzeptieren können. Doch diesem Weg müssen wir allein gehen.

Wenn wir über Liebe sprechen, verbinden wir dies häufig nur mit der Partnerschaft und Beziehung. Das Gefühl der Liebe kannst du aber nur in dir selbst entdecken.   Wenn du in dir die Liebe gefunden hast, sucht sie sich im Außen Lebewesen oder Objekte, auf die Liebe dann projiziert werden kann.
Wer Liebe verschenkt, der erhält sie um ein Vielfaches zurück.
Manches Mal erwarten wir, Liebe genauso zurückzuerhalten wie wir sie zeigen oder genau von dem Menschen, dem wir sie schenken. Da dies nicht immer möglich ist, fühlen wir uns dann aber immer wieder im Leben und in der Liebe verletzt.
Eigentlich wurde unsere Erwartung nur enttäuscht, wir glauben unsere Liebe wurde nicht wertgeschätzt.
Einige Menschen werden dann hart, unerbittlich äußerlich und innerlich. Ihr Herz wird wie ein Stein.
Mach dir einmal bewusst, das Wassers eines Meeres oder eines Flusses hat eine große Kraft. Sie ist so groß, dass sie sogar Steine schleifen und verändern kann. Wenn ich am Strand spazieren gehe, bewundere ich immer die Vielfalt der Formen an Steinen, die ich dort finden. Es gibt geschliffene und geformte Steine, einige mit Löchern und sogar, welche die zu einem Herzen geformt sind. Es ist die Kraft des Wassers, die den Stein verändert hat. Herzen können hart wie ein Stein

werden. Aber mit der Kraft der Liebe können sie dann auch wieder weich werden. Da, wo Liebe lebt, da formt sich selbst das Harte, es entsteht ein Neues Herz…

Liebe heilt alles.
Liebe ist in der spirituellen Welt die entscheidende Kraft.
Von Leben in bedingungsloser Liebe wird dann immer gesprochen. Gibt es sie? Ist es möglich bedingungslos zu lieben? Wie fühlt sich diese an?
Ich glaube, dass eine Mutter ihr Kind, wenn normale Bedingungen vorherrschen, bedingungslos lieben kann. Aber auch in dieser Beziehung entstehen im Laufe der Zeit Verwickelungen, Erwartungen und Wünsche, die diese erwartungslose Liebe erschweren. Doch bedingungslose zu lieben ist möglich, erlernbar und erfahrbar. Sie gelingt aber nur mit der Entwicklung von Selbstliebe. Je mehr du dich selbst lieben kannst, je bedingungsloser gehst du mit dir und in der Konsequenz auch mit deiner Umwelt um. Deshalb reicht es nicht seine Liebe nur auf einen, den Partner, das Tier, das Auto, zu reduzieren. Das Gefühl der bedingungslosen Liebe erfährst du nur über Selbstliebe. So wie du dich behandelst, so behandelt dich die Welt und deine Umwelt. So wie du liebst, nur so kannst du der Welt Liebe schenken. Dieser Prozess ist nicht erklärbar und intellektuell erfassbar, er entsteht im Inneren. Wenn du dich mit den spirituellen Techniken vertraut machst und sie regelmäßig durchführst, ist diese Gefühl auf einmal da!

Wir werden bedingungslos geliebt, das ist sicher, von Engeln, anderen Wegbegleitern, unserer Seelenfamilie und dem Schöpfer…
Wenn sie uns so lieben können, warum lieben wir uns nicht auch?

Engel

Mit Engeln und deren Botschafter habe ich mich auch beschäftigt und einige Meditationsabend über diese Lichtwesen gehalten. Engel sind wunderbare Wesen, Begleiter und Botschafter. Sie unterstützen und begleiten uns auf unserem Weg. Durch verschiedene Zeichen lassen sie uns wissen, dass sie da sind. Man sagt zum Beispiel, wenn du ohne Grund eine weiße Feder findest, dass diese einen Zeichen von einem Engel ist.

Ich glaube, jeder hat schon einmal eine Situation erlebt, in der man im Nachhinein das Gefühl hatte, von seinem Schutzengel beschützt worden zu sein. Es gibt viele Experten, Bücher und wunderschöne Kartensets, mit deren Hilfe du tiefer in das Engelthema einzutauchen kannst. Deshalb findest du hier nur eine kleine Geschichte, die mir jetzt gerade in den Sinn kommt. An einem meiner Engelmeditationsabend nahm meine Theta Lehrerin Silke teil. Sie betreute und versorgte zu dieser Zeit einen schwer kranken guten Freund. In einer der an diesem Abend durchgeführten Meditationen sahen wir beide diesen Mann in Gestalt eines Engels.

Im Nachhinein erfuhr ich erst, dass meine Lehrerin, ihren Freund auch mein Engel nannte.

Ein kleiner Bergkristallengel verband die beiden, warum weiß ich nicht mehr. Wie Silke sich um diesen Mann kümmerte, der „nur" ein Freund war, das war für mich bedingungslose Liebe. Nun tauchte dieser Mann in der Meditation als Engel auf und er strahlte und leuchtete. Silke hoffte durch diese Botschaft auf Heilung, war sich aber trotzdem bewusst, dass es auch Abschied bedeuten konnte. An diesem Abend wollte sie die Botschaft, dass er da, wo er jetzt hingehen würde, gut für ihn ist, noch nicht verstehen. Ich selbst bekam die Botschaft, dass er bald gehen würde und so dankbar für die Liebe war, die er von ihr erfahren hatte. Durch sie konnte er für sich, in all dieser Zeit, die sie ihn begleitet und betreut hatte, noch einiges lernen und wahrnehmen. Heilung bedeutet für die Seele auch

manches Mal wieder gehen zu dürfen und damit das irdische
Leid loszulassen.
Es gibt ihn, den Engel der Liebe, ob in menschlicher Gestalt
oder als Lichtwesen. Wir dürfen achtsam bleiben, um ihn zu
spüren und zu erfahren. Und wir dürfen ihn und auch alle
anderen Engel um Hilfe bitten. Silke, meine Theta-Lehrerin war
für den schwer kranken Mann ein Engel in Menschengestalt-
sie war ein Engel der Liebe.

Der Engel der Liebe lehrt uns in Selbstliebe, Selbstannahme,
Selbstzuwendung, Selbstachtung und Selbstvertrauen zu
entwickeln und zu leben. Dann ist Heilung möglich. Auch wenn
es bedeutet, dass ein Mensch und weitergeht.
Zu dem Thema Heilung habe ich einen schönen Spruch
gefunden, der es genau beschreibt: „Liebe heilt alles! Aber
wenn sich Heilung nicht einstellen will? Dann einfach die Dosis
der Liebe erhöhen!"
Liebe leben und aussenden, weniger ärgern, sondern
liebevoller mit dem Umgehen was uns begegnet, ist die
Botschaft des Engels der Liebe.
Liebe muss man verströmen. Es ist ein Gefühl, das du nur in dir
entstehen und erfahren kannst, um es dann nach außen fließen
zu lassen. Ein weiteres Beispiel, um es besser vielleicht besser
zu verstehen ist folgendes:
Meine Nachbarin von Gegenüber hat einen kleinen Garten. Am
Zaun pflanzt sie immer aus vielen Samen eine
Sonnenblumenhecke. Wenn die Blüten im Sommer aufgehen,
ist es ganz besonders schönes Bild. Dort in dem Garten gibt es
nicht nur eine Sonnenblume, sondern unendlich viele. Jede
einzelne Blume ist für sich ein kleines Wunder, und zusammen
machen sie unsere Welt wunderschön. Ich freue mich jeden
Sommer, wenn die Blüten beginnen aufzugehen.

Liebe ist etwas Wunderbares, wenn wir sie frei fließen lassen. Nicht nur auf eins oder einen konzentriert, sondern auf vieles und viele. So wie sich der Samen von Sonnenblumen auf einem Beet verteilt, können wir den Samen der Liebe verstreuen. Daraus entsteht eine Hecke aus vielen wunderschönen Blüten. Wenn wir in und mit unserer Umgebung liebevoll sind, dann verbreitet sich diese Energie der Liebe in unserer Umgebung. Habe den Mut den Samen der Liebe in deiner Umgebung zu verstreuen….

Sonnenblume

Sonnenblume

Schließe deine Augen und lass deinem Atem fließen. Beobachte einmal deine Gedanken, halte dich an kleinem fest, sondern lass sie wie Wolken an und aus dir herausfließen und sich von dir entfernen. Mach das eine Zeit lang, bis du das Gefühl hast, die Gedanken kommen und gehen von ganz allein.

Mach dir einmal bewusst: Liebe muss man verströmen. Liebe ist ein Gefühl, das nur ich in mir erleben und erfahren kann, um es dann nach außen fließen lassen zu können.
Schau einmal: Auf einem Beet gibt es nicht nur eine Sonnenblume, sondern viele. Jede einzelne Blümchen ist für sich ein kleines Wunder, und auf einem Beet alle zusammen machen sie unsere Welt wunderschön.
Liebe ist etwas Wunderbares, wenn ich sie frei fließen lasse. Nicht nur auf eins oder einen konzentriert, sondern auf viele und vieles.
Mach dir einmal bewusst.: So wie der Wind den Samen der Sonnenblume verteilt, so darf meine Liebe sich nach außen verteilen. Wenn wir den Samen der Liebe verstreuen, entsteht eine Wiese aus vielen liebevollen Blüten, aus wunderbaren, liebevollen Begegnungen. Wenn du in und mit deiner Umgebung liebevoll bist, dann verbreitet sich Liebe in deiner Umgebung.
Habe den Mut den Samen der Liebe in deiner Umgebung zu verstreuen....

Und nun verbinde dich mit deiner Liebesenergie. Stell dir im Inneren ein großes Herz vor, welches sich mit Liebe und Licht füllt. Du stehst vor dem offenen Fenster in deinem Herzen und kannst nun diese Energie wie den Samen von Sonnenblumen ausstreuen, in die Welt schicken. Lass deine Liebe wie Lichtstrahlen oder wie Samen verströmen und sieh was in deiner Umwelt alles entstehen kann....

Ich bin dankbar für meine Intuition

Ich bin dankbar für meine wunderbare Intuition

Plötzlich da-Unerklärbar
Der Funke in mir. Wo kommt er her?
Es zu erklären ist schwer

Ein Gefühl, was mich leitet
Ein Gefühl, was mich begleitet
Etwas, was mir den Weg bereitet

Ich vertraue und nehme die Hinweise wahr
Ich bin dankbar ... für meine wunderbare Intuition

Plötzlich da-Unerklärbar
Der Gedanke in mir, Wo kommt er her
Es zu erklären ist schwer

Ein Gedanke, der mich leitet
Ein Gedanke, der mich begleitet
Etwas, was mir den Weg bereitet

Ich vertraue und nehme die Hinweise wahr
Ich bin dankbar ... für meine wunderbare Intuition

Plötzlich da-Unerklärbar
Das innere Feuer in mir, Wo kommt es her
Es zu erklären ist schwer

Ein Gefühl, was mich leitet
Ein Gefühl, was mich begleitet
Etwas, was mir den Weg bereitet
Ich vertraue und nehme die Hinweise wahr
Ich bin dankbar
... für meine wunderbare Intuition

Kronenchakra – auch Göttliches Licht

Themen des Kronenchakras sind Einheitsbewusstsein und göttliche Führung.

Quelle des Lebens

lichtvoll

rein

fließend

hell

klar

verbunden

Ursprung

Anfang und Ende

Schöpfer

Quelle des Lebens

LICHT

„Bäume wissen es längst: je mehr sie wachsen, desto mehr
Licht bekommen sie.
Bäume sind offensichtlich vernünftiger als wir, sie streben
immer nach dem Licht."

Lyrikerin   Anke Maggauer-Kirsche (*1948), deutsche

Biophysiker haben erkannt, dass unser gesamtes Körpersystem aus einer Vielzahl elektromagnetischer Felder besteht. Unsere Körperzellen kommunizieren nicht allein über biochemische und elektrische Prozesse, sondern auch über diese Felder mithilfe von Licht.

Ohne Licht können wir auf dieser Erde nicht leben. Das gilt für alle Lebewesen aber auch für alles andere in dieser Welt. Man hört immer wieder davon, dass gerade in den skandinavischen Ländern, wo in den Wintermonaten die Dunkelheit überwiegt, sich zu dieser Jahreszeit vermehrt Depressionen entwickeln. Licht nimmt in allen Kulturen und Religionen eine zentrale Rolle ein. Es gibt Sonnen-, Licht- und Sternengötter, sie werden überall verehrt und angebetet.
Bewusstsein ist Licht und entscheidend für unser Leben. Frage dich einmal, was nützt dir all das; Gesundheit, Glück, Liebe oder Fülle, wenn du es nicht bewusst wahrnehmen könntest?

Unser Leben wird von Polaritäten bestimmt, ohne Dunkelheit gäbe es das Licht nicht. Es gäbe keinen Tag ohne die Nacht, keine Traurigkeit ohne die Freude, keine Hoffnungslosigkeit ohne die Zuversicht. Aus dieser Polarität entsteht das große Ganze. Und erst durch die Teilung wird es für uns erfahrbar. Licht ist für uns ein Symbol von Weisheit und Erkenntnis. Unwissenheit und Verwirrung wird mit der Dunkelheit in Verbindung gebracht.

Dunkelheit steht auch stellvertretend für das Unbekannte, für Gefahr und Bedrohung. Deshalb entwickeln viele Menschen Angst vor der Dunkelheit, denn es könnte gefährlich werden. Besonders schlimm ist es, dass man die Gefahr oder den Feind nicht sehen kann oder wegen der Dunkelheit erst zu spät entdeckt.

Licht bietet Geborgenheit und Schutz, man kann scheinbar alles sehen und man glaubt die Kontrolle zu haben. Viele spirituell ausgerichtete Menschen bezeichnen das Göttliche als Licht. Sie glauben daran, dass Gott, der Schöpfer oder eine andere Macht ihnen Schutz, Fürsorge und Wärme durch das Licht bietet. Für unsere Welt erzeugt die Sonne Licht und Wärme. Beides ist wichtig, damit es uns gut geht…
Doch mach dir aber einmal bewusst, vieles bleibt trotz des Lichts für uns unsichtbar, vieles können wir erst durch die Dunkelheit und Stille entdecken.

Mit offenen Augen unsichtbar- mit geschlossenen Augen sichtbar

Lass bei dieser Übung zuerst die Augen geöffnet

Mit offenen Augen unsichtbar- mit geschlossenen Augen sichtbar

Das Licht macht sichtbar, die Dunkelheit macht unsichtbar?
Halte die Augen offen. Mach dir bewusst, was trotz des Lichts alles unsichtbar ist.

Die Gedanken der Menschen in diesem Raum sind unsichtbar.
Die Lebensenergie in diesem Raum ist unsichtbar.
Die Wünsche der Menschen in diesem Raum sind unsichtbar.

Das Licht macht sichtbar, die Dunkelheit macht unsichtbar?
Die geistige Welt ist unsichtbar.
Die Hoffnungen der Menschen in diesem Raum sind unsichtbar.
Die Vergangenheit ist unsichtbar.

Das Licht macht sichtbar, die Dunkelheit macht unsichtbar?
Deine Träume sind unsichtbar.
Die Zukunft ist unsichtbar.
Deine Gefühle sind unsichtbar.
Nun schließe deine Augen. Sieh nach innen. Geh tief in deinen inneren Raum.
Geh in die Dunkelheit hinein und sieh, was nun alles sichtbar wird…

Über den Weg durch die Dunkelheit finden wir unser eigenes innere Licht. Mitten in uns. Das bedeutet aber nicht, dass du dir nur noch und ständig deine Schattenseiten ansehen musst. Es bedeutet einfach in angemessener Zeit all das in dir hervorzuholen, was du noch nicht wirklich lebst oder was dich unbewusst belastet.

Lichtarbeit ist Energiearbeit. Man hat erkannt, dass unser Körper und unsere Seele Licht als Energie benötigt, um den Geist in höhere Dimensionen zu führen. Dies erlebt man während einer Reiki-Arbeit oder einer tiefen Meditation.

Mit Hilfe der schon beschriebenen Thetameditation und der Vorstellung von Licht erreicht unser Bewusstsein die 7. Ebene der Existenz. Vianna Stibal beschreibt in Ihrer Arbeit sieben Ebenen der Existenz, aufsteigend von nicht organischem Material bis hin zur 7. Ebene. Hier findet man den Schöpfer und von hier aus ist alles möglich.

Mit Hilfe von verschiedenen Meditationstechniken findet man über das Licht einen Zugang zu bisher unbekannten Sphären wie zum Beispiel seinem höheren Selbst.

Die Aura ist ein Licht- und Energiefeld, dass um den Menschen herumliegt. Sie besteht sowohl aus elektromagnetischen als auch aus emotionalen und spirituellen Kräften. Dieses Energiefeld wird von unseren sich immer verändernden inneren Zustand beeinflusst. Unsere Aura und ihr Einfluss auf unser Leben ist für viele Menschen nicht begreifbar und vorstellbar. Doch sie ist entscheidend für unser Wohlempfinden.

Unsere Chakren sind Licht- und Energiezentren, die einen engen Bezug zu unserem Drüsensystem, den Organen und unserer Aura haben. Zwischen unserer Aura und unserem Chakren System findet ein ständiger Energieaustausch statt. Im ihrem Zusammenspiel kann man Erkenntnisse über Gesundheit, Lebenskraft, die seelisch-spirituelle Entwicklung und vieles mehr finden.

Mit speziellen Übungen, aber auch durch deine spirituelle Weiterentwicklung, kannst du immer besser deine Aura aber auch die Aura deines Gegenübers wahrnehmen. Wenn du es übst, kannst du sie sogar sehen. Heutzutage ist es möglich auf verschiedene Weise wie z.B. die Aura Fotografie, mit dem Healy, die Aura darzustellen.

Wenn wir körperliche und /oder emotionale Beschwerden haben, möchten wir vielleicht herausfinden, warum das so ist, und was dahinterstecken könnte. Ungeübt finden wir oft keinen Zugang zu unserer Aura, unseren Chakren oder den Themen, die wir mit uns schleppen. Dann fällt es uns schwer, den Grund wirklich zu finden.

In einer Meditation oder einer Übung wird dann oft nur etwas Dunkles, Undurchsichtiges oder sogar gar nichts gesehen. Häufig sind dies Aspekte in uns, die wir vor uns selbst verstecken. Deshalb sind diese schwer zu finden und zu erkennen.

Während unserer spirituellen Entwicklung beginnen wir zuerst damit das Licht zu sehen, unser Herz zu öffnen und positiv zu denken. Durch diese Prozesse erhöht sich unsere Schwingung. Liebe spielt, wie schon mehrfach in diesem Buch erwähnt, bei dieser Entwicklung eine entscheidende Rolle. Wir fühlen mit dem Herzen, Heilen mit der Liebe und sind über das Licht und die Liebe mit unserer Seele verbunden.

Nachdem wir dies beherrschen, kommt eine neue Aufgabe hinzu. Die Seele wünscht sich von uns, dass wir alles, was in uns ist annehmen. Alles, was wir bisher auch vor uns selbst und der Welt verborgen haben, soll wahr- und angenommen werden. Die Seele fordert uns auf, auch in diesem Prozess weiterhin liebevoll mit uns selbst umzugehen.

Wenn wir uns vollständig heilen und wieder „Ganz" sein möchten, müssen wir es schaffen auch diese Anteile uns anzuschauen und loszulassen.

Wir können nur „Ganz", das bedeutet „heil" oder „geheilt" werden, wenn wir sowohl unser „Licht" als auch unsere

„Schatten" ganz annehmen. Es werden wahrscheinlich nochmal alte Wunden, Erinnerungen an die Ereignisse, Gefühle und Ängste, die wir noch nicht verarbeitet haben, aufbrechen. Wenn wir es wagen alles liebevoll anzusehen, dann kann es sich von uns lösen und heilen.

Die Seele des Menschen wird oft als ein Lichtfunken bezeichnet. Man findet in der Literatur immer wieder die Beschreibung, die einzelne Seele sei Teil eines großen Lichtes. Sie inkarniert für eine Zeit in einem Körper, um dann zurückzukehren und sich wieder zum großen Ganzen zu vereinigen.

Für mich bedeutet Licht Leben. Ohne die Energie des Lichts könnten wir Menschen nicht existieren. Wir sind von Licht umgeben, nehmen ständig Licht auf, strahlen Licht ab und aus. Mach dir einmal bewusst, wo sich Licht sammelt, da ist ein Ort der Kraft und Wärme. Wo Licht strahlt, fließt immer Lebensenergie. Der Mensch ist gleichzeitig Empfänger und Sender von Licht.

Wir sind nichts anderes als Licht.

Die Reiki-Energie ist auch Lichtenergie. Wie von selbst sieht man nach einiger Zeit während der Anwendung von Reiki ein Licht, was einfach aus einem herausfließt. Es entsteht Wärme, häufig entwickelt sich ein Gefühl von Kraft in den Menschen, die mit Reiki arbeiten.

Bei einer Krankheit kann man den Heilungsprozess beschleunigen, indem man sich gedanklich vorstellt, der betroffene Körperbereich wird mit einem heilenden Licht umhüllt. Das Licht durchstrahlt den gesamten erkrankten Bereich. Mein Reiki Lehrer sprach damals immer davon, „Stell dir jetzt vor, in dem Licht ist das allerbeste Medikament, das dir bei deiner Heilung hilft."

Das Unterbewusstsein verwandelt das Licht, was auf den Körper trifft, in einen Impuls, welcher die Selbstheilungskräfte in Gang setzt.

Ich kann aus meiner Erfahrung sagen, die Menschen, die mit Reiki arbeiten, haben viel weniger Beschwerden. Rheumaschmerzen oder andere Schmerzen werden deutlich weniger, die Lebensqualität steigt dadurch natürlich enorm.

Feuer des Bewusstseins:

Schließe deine Augen und lass deinen Atem fließen. Lass alle Alltagsgedanken mit der Ausatmung los und atme ganz bewusst über dein Kronenchakra ein heilendes, beruhigendes Licht ein. Mache dies so lange, bis du das Gefühl hast, ganz bei dir angekommen zu sein.

Stell dir einmal das Kronenchakra ist wie eine Schale vor. Groß und ausladend liegt diese Schale in deinem Scheitel. Schau einmal welche Farbe diese Schale hat, wie sie aussieht, ist sie eher schlicht oder außergewöhnlich verziert.

Nun stelle dir vor, wie ein nach oben geöffnetem Trichter vom Kronenchakra in den Himmel wächst... groß und weit ausladend und weit in deine Aura reicht dieser Trichter.

Nun konzentriere dich einmal auf den Bereich, der gerade auf der Erde aufliegt, sind es die Füße, ist es das Gesäß oder ist es der gesamte Körper... je nachdem wie du dich zu dieser Meditation positioniert hast.

Spüre einmal den Kontakt, der jetzt entstanden ist. Mache dir einmal bewusst, dass du von der Erde getragen wirst, genauso, wie du es jetzt spürst...getragen und gestützt, ja sogar unterstützt. Mache dir dieses Gefühl noch einmal bewusst, spüre noch einmal tief hinein in das Gefühl getragen und gestützt zu werden. Lasse einmal all deine Anspannung, Körperspannung und Kontrolle bewusst los und gib dich diesem Gefühl einmal ganz und gar hin... du wirst getragen, gestützt und unterstützt...

Dann konzentriere dich auf deinen Trichter in deinem Kronenchakra. Sieh einmal vor deinem geistigen Auge, wie du über leuchtende Lichtbahnen ganz weit mit dem Himmel verbunden bist. Über diese Lichtstrahlen kann jetzt die wunderbare Himmelenergie in dein Kronenchakra fließen, Spüre wie ein warmer weißer Strom von Lichtstrahlen hinunterfließt und sich in deiner Schale sammelt. Dieser Strom von Energie sammelt sich in deinem Kronenchakra und du kannst dir nun vorstellen, dass diese Energie so stark ist, dass sie in deiner Schale ein Feuer entfacht, ein Feuer, dass all die Themen, die hier feststecken in dieser Schale verbrannt werden. Habe Vertrauen, dass diese Energie genau, dass vernichtet, was dir für ein offenes Chakra nicht guttut. Gebe dir die Erlaubnis, dass du frei sein willst und darfst und übergib einmal bewusst oder auch unbewusst, diesem Feuer all das zu verbrenne, was hier dieses Chakra blockiert.

Nimm dir die Zeit, die du dafür brauchst, …
Wenn du das Gefühl hast, dass du all das, was zu diesem Zeitpunkt verbrannt
werden soll, auch verbrannt ist, dann atme einige Male tief ein und aus.
Beruhige dich selbst, indem du dir sicher sein kannst, alles geschieht nur zu
meinem höchsten und besten Wohl.

Konzentriere dich noch einmal Trichter im Kronenchakra und dort auf deine
Schale. Spüre einmal wie ein vielleicht noch kraftvollerer Strom aus deinen
Lichtbahnen in deine Schale sprudelt und dich vital und kraftvoll werden lässt.
Spüre wie jetzt diese Schale mit Liebe, Freude und Lebensenergie aufgefüllt
wird. Sage dir im Stillen: Ich erlaube mir, ich selbst zu sein.

Leben und Tod

Zum Leben gehört der Tod dazu, auch wenn wir versuchen, diesen vollkommen aus unserem Leben auszuschließen. Früher war das Sterben in den Familien selbstverständlich. Ein Toter wurde zuhause aufgebahrt und jeder konnte sich verabschieden. Es gehörte zum Leben dazu.

Heute ist es für viele schwer sich mit dem Thema Tod auseinander zu setzen. Vielleicht weil bei vielen Menschen der Glaube an eine größere Macht und einem Leben nach dem Tod fehlt?

Das Leben nach dem Tod

Noch immer sind viele Menschen sich ihrer eigenen spirituellen Persönlichkeit nicht bewusst. Wir sind Geistwesen und haben eine Seele. In der Seele werden alle Erfahrungen, die gemacht worden sind, gespeichert. Mit jeder Inkarnation erschaffen wir uns einen anderen neuen physischen Körper, der für das jeweilig ausgewählte Leben und die damit verbundenen Aufgaben notwendig ist. Nur mit unserem physischen Körper, der sichtbar und spürbar ist, haben wir die Möglichkeit in der physischen Welt zu leben.
Darüber hinaus sind wir über feinstoffliche Körper mit den anderen Dimensionen unseres Seins verbunden. (Astralkörper, Ätherkörper).
Der Astralkörper hat eine höhere Schwingungsfrequenz als der Körper. Seine Schwingung ist so hoch, dass er nur für Hellsichtige sichtbar ist. Er dient der Gefühlsebene und ist mit der Astralwelt verbunden. Die Astralwelt wird als eine Parallelwelt zur materiellen Ebene beschrieben, in der wir als geistige Wesen z. B nachts Zugang haben können. Der Mensch

kann dann seinen physischen Körper zeitweise z.B. im Traum oder durch geführte Astralreisen verlassen, um auch auf dieser Ebene Erfahrungen zu machen oder Aufgaben zu bewältigen. Die Astralebene ist die Ebene, zu der man normalerweise etwa drei Tage nach dem physischen Tod fortschreitet, wo man eine Zeit verbringt und von wo aus man sich dann wieder inkarniert.

Die Aura wird auch in verschiedene Schichten aufgeteilt. Die erste Ebene der Aura nennt man Ätherkörper oder auch Ätherischer Körper. Hier findet man feine Energielinien und man erkennt die gleiche Struktur wie der physische Körper zeigt. Nur durch dieses Kraftfeld kann der physische Körper existieren.

Die Seele ist über eine sogenannte Silberschnur mit dem irdischen Körper verbunden. Diese Verbindung bedeutet auch, dass wir darüber unser ganzes Leben mental mit der geistigen Welt verbunden sind.

Bei unserem Tod zerreißt diese Silberschnur und es kommt zur Trennung des physischen Körpers vom Astralkörper. Im Moment des Todes verlässt die Seele den physischen Körper und macht dann Erfahrungen auf der Astralebene.
Der Tod auf der physischen Ebene wird in den spirituellen Lehren gleichzeitig als die Geburt in die Geistige Welt beschrieben. Nach unserem Tod geht das Leben in unserem Astralkörper weiter. Dort setzten wir unser Leben fort und gehen einen weiteren Weg. Dieser hängt von dem Stand unserer geistigen und spirituellen Entwicklung ab. Wenn sich das geistige Bewusstsein auch hier weit genug entwickelt hat, steigen wir in eine höhere Sphäre auf…

ein Versuch der Rückführung

Diese Übung solltest du am besten in einer Gruppe oder mit einem Therapeuten machen, damit sie gelingt.

ein Versuch der Rückführung

Schließe einmal deine Augen und konzentriere dich nur auf den Atem. Der Atem fließt in dich ein und aus der heraus. Nun mach dir einmal bewusst, dass es etwas in deinem Leben gibt, auf das du immer vertrauen kannst.
Du musst nichts dafür tun, es ist einfach da.
Es ist dein Atem, der dich immer begleitet. Er hält dich am Leben und ihm kannst du
du immer vertrauen.
Er ist immer da, ob du ihn nun beachtest oder nicht.
Er ist wie ein Freund, der dich immer begleitet, auch wenn du ihn nicht siehst.

Nun achte jetzt einmal auf deinen Atem.
Spüre wie er in dich hineinfließt und dich wieder verlässt.

Du musst nichts dafür tun, er ist einfach da.
Es ist dein Atem, der dich immer begleitet.

Nun stelle dir einmal vor, dass du mit jedem Einatemzug ein helles Licht einatmest.
Mit jedem Einatemzug strömt dieses helle Licht in deinen Körper und füllt dich ganz langsam aus. Dein Körper wird von diesem Licht langsam gefüllt. Du musst dich dafür nicht anstrengen, lass es einfach geschehen.

Es ist dein Atem, der dich immer begleitet.
Du musst nichts dafür tun, er ist einfach da.

Stell dir einmal vor, du stehst vor einem Berg. Es ist ein imposanter Berg. Es ist ein Berg, genauso wie du dir einen wunderschönen Berg vorstellst. Er ist genauso, wie du Berge magst.

Stell dir einmal vor, du stehst vor einem Berg und schaust ihn dir genau an. Beim genaueren Betrachten deines Berges entdeckst du einen Eingang. Du gehst näher und siehst, dass es sich hier um einen Höhleneingang handelt. Wie gut, dass du richtig ausgestattet bist. Du nimmst dir deine Taschenlampe und betrittst vorsichtig und auch neugierig die Höhle. Im Inneren entdeckst du farbige Bilder an der Wand. Das Licht deiner Lampe lässt dich immer neue Wandbilder entdecken.

Und nun mach dir einmal bewusst, du bist der Berg und die Höhlenmalerei sind Bilder aus deinen vergangenen Leben....

Nimm dir jetzt einmal Zeit und schaue dir diese Bilder genauer an...

Im Laufe meiner persönlichen Entwicklung sind mir viele verschiedene nicht immer logisch erklärbare Phänomene begegnet. Es gibt Menschen, die als Medium arbeiten. Sie sehen und sprechen mit Verstorbenen und erhalten von ihnen Botschaften. Oft haben Verstorbene noch etwas in dieser Welt zu bereinigen oder sie möchten einfach nur trauernden Angehörigen mitteilen, dass es ihnen gut geht. Auf verschiedenen Kongressen und Veranstaltungen habe ich die Arbeit von Medien kennen lernen dürfen. Bei diesen Begegnungen war und bin ich sehr beeindruckt, welche eindeutigen Hinweise zur verstorbenen Person gegeben werden und welche wunderschönen Botschaften übermittelt wurden. Diese Botschaften berührt nicht nur den Menschen, für den sie bestimmt waren, sondern jeden der anwesend ist und daran glaubt, dass ein Leben nach dem Tod möglich ist.

Für mich stellt sich nicht die Frage, ob es nach dem Tod weiter geht. Ich glaube daran, dass die Seele weiter existiert, in welcher Form auch immer. Ich kann mir nicht vorstellen, dass alle Erfahrungen, die wir gemacht haben, verloren gehen, sondern ich glaube, dass sie in einem „Speicher" bewahrt werden. Nur dieser Glaube lässt mich die vielen unterschiedlichen Schicksale, die es in der Welt gibt und erlebt werden, aushalten. Der eine hat Glück, der andere Pech, und

das nur in einem einzigen Leben…das ist für mich nicht vorstellbar.
Ich arbeite schon 30 Jahre als Physiotherapeutin mit behinderten Kindern. Eine Familie, die z.B. ein behindertes Kind bekommt und auch dieses Kind, das vielleicht in seinem Körper gefangen ist, all das, was auf die Familie zukommt…das kann für mich nicht zufällig sein. Ich glaube daran, dass unsere Seele verschiedene Erfahrungen machen und gerade zu diesem Zeitpunkt genau diese Themen erleben möchte. Sie unterscheidet nicht in gut und schlecht, sondern sie will wissen, wie es sich anfühlt und wie der Mensch damit umgegangen ist.

Vor Jahren habe ich ein Bericht oder Buch von einer sehr kranken Frau gelesen. Leider kann ich mich nicht mehr an alles erinnern. Doch die Erfahrung, die dort beschrieben worden ist, ist mir in Erinnerung geblieben. Eine sehr erfolgreiche Frau erkrankte schwer und zuletzt konnte sie sich nicht mehr bewegen. Natürlich hatte sie lange mit ihrem Schicksal gehadert und versuchte alles, um sich ein bisschen Bewegung und Eigenständigkeit zu erhalten. So wie es beschrieben war, fühlte diese Frau sich zum Zeitpunkt ihrer absoluten Bewegungslosigkeit plötzlich   glücklich. Sie hatte den Kampf aufgegeben, es gab nichts zu tun und nichts zu erreichen. Sie konnte einfach Sein und diesen Zustand empfand und beschrieb sie als Glücks-Gefühl.
Ja, es war ein Warten auf den Tod, aber oft versuchen wir uns durch ständiges Schaffen von unseren Gefühlen abzulenken. Spüren nicht mehr, was wirklich wichtig ist- spüren uns selbst nicht mehr.

Zahlreiche Menschen oder Angehörige von Sterbenden habe ich bisher bis in den Tod begleitet. Von daher hat er für mich immer mehr den Schrecken verloren.
Meine Mama hatte Krebs und musste viel zu früh von uns gehen. Doch sie hatte es uns einfach gemacht. Nur wenige Wochen war sie bettlägerig. Die ihr verbliebende Zeit nutzte sie,

um sich von allen und allem bewusst zu verabschieden. In ihrer letzten Zeit habe ich sie Tag und Nacht gepflegt. Ich saß an ihrem Bett und es wurde mir klar, dass es nicht mehr lange dauern würde. Ihre letzten Worte zu mir waren „…ist das das Ende?"… ich sagte, „ich glaube ja"… dann sagte sie… „dann ist es gut". Sie tat nur noch wenige Atemzüge und ist dann verstorben. Wie schon beschrieben hat sie mir bei dem Medium Kongress einige wunderschöne Botschaften vermittelt.
Ähnlich war es bei meinem Papa. Auch er war zum Lebensende krank und das auch nur wenige Wochen. Bis 2 Stunden vor seinem Tod war ich bei ihm im Krankenhaus, dann musste ich nach Hause. Ich rief meine Brüder an und bat sie, sich zu verabschieden, es war nicht sicher, ob er die Behandlung überleben würde. Er verstarb kurz nachdem ich ihn verlassen hatte. Mein Reiki Lehrer wusste von der kritischen Lage und war in seinen Meditationsraum gegangen, um Heilung zu schicken. Er sagte mir, dass mein Vater sofort ins Licht gegangen wäre. Er hätte nicht, wie viele andere Seelen gewartet, es wäre alles geklärt gewesen und er wäre direkt rüber in die andere Welt gegangen.

Manch Verstorbener verweilt noch eine Weile, weil noch etwas erledigen zu sein scheint oder noch er nicht verstanden hat, dass er gestorben ist. Er geht dann etwas später in das Licht. Ich glaube, dass es nach dem Tod weitergeht.
Ich habe keine Angst davor, aber im Moment zu gehen wäre mir zu früh, ich würde gerne noch einiges erleben…die To-do-Liste und Wunschliste ist noch so voll…

Warten

Übung:

Schließe deine Augen und mache dir bewusst. Jetzt in diesem Moment, genau in diesem Moment gibt es nichts zu tun. Es gibt nichts zu tun und nichts zu erreichen. Genau in diesem Moment gibt es nichts zu tun und nichts zu erreichen. Lass dich einmal auf das ein. Wie fühlt es sich für dich an?

Wir können nur an 2 Tagen nichts tun. Der eine ist gestern, der andere morgen. Das Jetzt ist die einzige Zeit, die wir wirklich haben.

Ich habe gerade erfahren, dass eine ehemalige Freundin gestorben ist. Auch wenn wir, da wir unterschiedliche Wege gegangen sind, jetzt nur noch wenig Kontakt hatten, bin ich von ihrem Tod sehr betroffen. Sie ist nur 46 Jahre alt geworden. Einen Teil ihrer spirituellen Ausbildung hat sie bei mir gemacht und wir sind darüber Freundinnen geworden. Wenn der Reiki Lehrer jemanden ausbildet, dann entsteht eine energetische Verbindung, die auch ohne persönlichen Kontakt weiterbesteht.

Bei der Reiki-Ausbildung erhält jeder Teilnehmer eine Einweihung, ich liebe dieses wunderschöne Ritual. Mit der Einweihung bekunden beide, der Lehrer und der Teilnehmer, dass sie sich mit der Energie und den Themen des entsprechenden Grades verbinden. Durch dieses Ritual entsteht auch diese intensive Verbindung zwischen dem Lehrer und dem Teilnehmer, auch wenn sie später nicht mehr aktiv gelebt wird.

Meine Freundin ist gestorben, und auch wenn wir nach einer Zeit unterschiedliche Wege gegangen sind, bin ich sehr dankbar für die gemeinsame schöne Zeit.

Jetzt wo ich an sie denke, erinnere ich mich natürlich auch an viele gemeinsame Erlebnisse und Gespräche. Sie war sehr extrovertiert, aber jetzt in der Rückschau war sie auch nur auf der Suche nach Liebe und sich selbst. Sie hat sich sowohl mit dem „Licht" aber auch immer wieder mit der „Dunkelheit" beschäftigt. Ein Satz von ihr ist mir in Erinnerung geblieben: „Ich finde das Dunkle sehr spannend und reizvoll, ich kann aber auf jeden Fall damit umgehen." Dieser Satz kam mir immer wieder in den Kopf, in der Zeit ihrer Erkrankung, die ich auf den sozialen Medien verfolgen konnte. Ob sie doch nicht damit umgehen konnte oder ob es einfach ihre Bestimmung war, krank zu werden und so früh zu sterben, spielt keine Rolle. Es ist nicht wichtig und ich muss es nicht wissen.

Dennoch glaube ich, es ist immer wieder unsere Entscheidung, welcher Seite wir uns bewusst zuwenden. Wir haben immer wieder die Wahl, ob wir uns dem Licht zuwenden oder ob wir es lassen. Diese Entscheidung hat einen Einfluss auf unser Leben, da bin ich mir sicher.

Es gibt 2 Tage im Jahr, an denen man nichts tun kann. Der eine ist gestern, der andere morgen. Das Jetzt ist die einzige Zeit, die wir haben. Gelebt hat meine Freundin auf jeden Fall immer sehr intensiv. Vielleicht spürte ihre Seele, dass sie nicht viel Zeit hatte. Kurz vor ihrem Tod fand ich einen Post auf Facebook, in dem sie schrieb, dass sie die Liebe gefunden hatte. Das würde ich ihr sehr wünschen.

Mit ihrem Tod und der Auseinandersetzung mit dem Thema

Sterben ist mir wieder einmal bewusst geworden, wie wichtig es ist intensiv zu leben und nichts, was mir wirklich wichtig ist auf später zu verschieben. Wir wissen nicht wieviel Zeit uns bleibt. Auf der anderen Seite sitze ich hier auf meinem Balkon und genieße einfach die innere Ruhe und das Gefühl, gerade nach nichts mehr streben zu müssen. Im Moment ist alles gut, so wie es ist, mit dem Wissen, dass ich dennoch irgendwann aufbrechen werde neue Ufer zu erkunden

2 Tage

2 Tage

Schließe deine Augen und mach dir einmal bewusst
Es gibt nur 2 Tage im Jahr, an denen man nichts tun kann. Der eine ist gestern, der andere morgen.

Das Jetzt ist die einzige Zeit, die wir haben.
Die Vergangenheit ist ein Traum, das Morgen eine Vision.
Wir leben im Jetzt. Das Jetzt ist die einzige Zeit, die wir haben.
Wir dürfen den Augenblick mit dem, was wir haben erfüllen- mit Freude und mit Hoffnung.

Das Jetzt ist die einzige Zeit, die wir haben. Die Vergangenheit ist vorbei und die Zukunft ist noch nicht passiert. Genieße den Augenblick, denn er ist das einzige, den wir wirklich haben. Genieße den Augenblick, so gibst du jedem Tag die Chance dein schönster zu werden...denn das Jetzt ist die einzige Zeit, die wir haben...lebe, genieße alles, was du im Jetzt hast mit Freude und Hoffnung, genieße und lebe das Jetzt, denn das ist deine Chance, jeden Tag als einen schönen, vielleicht als den schönsten in deinem Leben zu erfahren....

Verschieb nicht auf morgen,
was du heute kannst, besorgen,
das, was zählt ist der Augenblick,
denn den bekommst du nicht zurück!

Fange noch heute an zu wagen,
was für dich ein Abenteuer ist
höre auf über das Leben zu klagen
erkenne, dass du ein Meister bist.

Verschiebe nicht das Abenteuer deines Lebens auf morgen
wenn du kannst es heut schon beginnen und besorgen
das, was zählt ist der Augenblick,
denn den bekommst du nicht zurück!

Vergebe, verzeih und nimm dein Leben heut in die Hand,
liebe, erfreue dich und wage dich an den Rand
halte dich nicht länger fest an der Vergangenheit
sie ist vorbei schon lange Zeit!
Das, was zählt ist der Augenblick,
denn den bekommst du nicht zurück

Der Augenblick ist wie ein Wimpernschlag,
eben noch da, dann vorbei Tag für Tag!
Das, was wir haben, ist der Augenblick
schaue nicht mehr zurück!

Lass den Augenblick nicht vergehen
ohne ihn zu bemerken und zu sehen!
Sei einfach, sei achtsam sei aufmerksam mit jedem Augenblick
denn den bekommst du nicht zurück!

Abschied

Wenn du dich fürs Kartenlegen interessierst, kannst du eine Vielfalt an Sets finden. Ich habe eine Kiste gefüllt mit verschiedenen Karten. Einige liegen auf meinem Tisch, ich lege mir dann immer wieder mal eine Karte. Manchmal schaue ich in die Kiste und tausche sie dann aus. Kartensets können den Fragenden mit ihren Botschaften auf ihrem Weg unterstützen oder helfen andere Blickwinkel für die Situation zu finden. Ich liebe es mit den verschiedenen Sets mich selbst oder meine Klienten zu begleiten. Es gibt so wunderschöne Karten, die auf unterschiedlichen Ebenen arbeiten und Denkanstöße geben. An dem Tag, als ich von dem Tod meiner Freundin erfuhr, hatte ich eine andere Freundin zu Besuch. Ein gemeinsames Ritual ist, eine Karte aus einem ausgewählten Kartendeck zu ziehen. Sehr spannend fand ich, dass ich an diesem Morgen die Karte, die oben auf dem Foto zu sehen ist, gezogen hatte. „Tod" „Sterben bedeutet, total die Kontrolle loszulassen. Keine Angst vor dem Tod, das Leben geht weiter. Du kannst den Prozess unterstützen, indem du die „Beerdigung" mit organisierst. Was will nach dem Tod kommen?" Das ist der Begleittext zu dieser Karte.

Für mich passte die Karte an diesem Tag gleich doppelt. Auf der einen Seite erfuhr ich nur wenige Minuten später von dem Tod meiner Freundin. Ich erfuhr nur noch über die sozialen Medien über ihren Zustand und fragte mich schon seit ein paar Tagen, ob sie schon verstorben sei. Ich zog diese Karte und bekam wirklich kurz danach die Nachricht ihres Todes. Aber tief in meinem Inneren wusste ich schon seit ein paar Tagen, dass sie gegangen ist.
Ich wünsche ihr auf der anderen Seite Heilung und wunderbare Erfahrungen.
Die Karte hatte aber noch eine weitere Bedeutung für mich.

Wochen vorher überlegte ich, wie ich denn weiterarbeiten möchte. Irgendwie versuchte ich immer alte mir bekannte Projekte aufleben zu lassen. Ich war nicht frei für etwas Neues und doch fühlte es sich nicht mehr richtig an. In einer Meditation wurde mir dann bewusst, dass ich weiter gegangen bin und einen Lebensabschnitt beendet habe. Ich erkannte für mich, so wie ich bisher gearbeitet habe, kann und will ich es nicht mehr. Diese Gedanken erzählte ich meiner Freundin, mit der ich zusammen diese Karte gezogen hatte. Als ich über meine Erkenntnis sprach, spürte ich wie stimmig es sich in mir anfühlte und dass es diese Zeit brauchte, um es wahrzunehmen. Ich konnte es nun für mich annehmen: in meiner Arbeit als spirituelle Lehrerin standen die Zeichen auf Tod, Abschied und Neuanfang.

Sehr interessant finde ich, dass dieser Neuanfang wie immer er aussehen mag, auch zu meinem Lebensrhythmus passt. Man sagt etwa alle 7 Jahre hat sich jede Zelle im Menschen komplett erneuert. Alle 7 Jahre beginnt im menschlichen Rhythmus ein neuer Zyklus. Mit 7 beginnt die Schule, etwa mit 14 die Pubertät, mit 21 ...
Wenn ich so zurückschaue, passt auch dieser 7er Rhythmus auf mein Leben.
Ich bin in diesem Jahr 56 geworden, ein neuer 7er Zyklus beginnt. Etwas Neues will und wird kommen - ich verabschiede mich mit Dank und Hochachtung von der vergangenen Zeit.

Leichtigkeit

Ziel dieses Buches ist dich in deiner Persönlichkeitsentwicklung zu unterstützen. Unser aller Wunsch ist es frei und zufrieden zu werden und „Die Leichtigkeit des Seins" zu erfahren, doch was bedeutet das schon? Wenn man das Wort Leichtigkeit googelt, dann bekommt man folgende Vorschläge:

° von geringem Gewicht, federleicht, zart
° etwas leicht (leichter) nehmen, mit Leichtigkeit
° sorgenfrei, beschwingt, mühelos, unkompliziert
° leichtfüßig, leichtlebig, unbeschwert, ...

„Nimm 's leicht, das sagt sich so leicht."

Vergebung, Frieden, Freiheit, Harmonie und Liebe sind wichtige schon häufig genannte Voraussetzungen für Leichtigkeit. All das sind auch die wichtigen Eckpfeiler, die ich hier in diesem Buch immer wieder beschreibe.
Im zweiten Grad des Reiki, aber auch in allen anderen Techniken, spielt die Vergebung, das Verzeihen eine wichtige Rolle. Vergebung bedeutet Loslassen- für den eigenen inneren Frieden. Verzeihen bedeutet bereit zu sein, Verletzungen, die man erfahren oder auch anderen zugefügt hat, anzuerkennen, abzugeben und nicht mehr als Ballast mitzuschleppen. Alles, was dich belastet loszulassen. Vergeben bedeutet zu erkennen, es ist wie es ist, es ist unveränderbar. Und trotzdem/ trotz allem darfst du ein leichtes Leben führen. Es gibt nur das Hier und Jetzt, heute kannst du es anders und vielleicht auch besser machen. Das Vergangene ist geschehen und gehört zu dir. Sich selbst aber auch dem anderen vergeben, bedeutet nicht gut zu heißen, was passiert ist, sondern alles in Frieden, für den eigenen inneren Frieden, gehen zu lassen.

In einem meiner Reiki2 Seminare hatte ich eine Teilnehmerin, die sehr selbstbewusst war und mit beiden Beinen fest im Leben stand. Sie hatte den ersten Grad für sich sehr genossen, konnte die Ruhe und Entspannung, die Reiki natürlich auch mit sich bringt gut in ihren Alltag integrieren.

Sehr motiviert startete sie das zweite Seminar, sie ging davon aus, dass sie weiter ohne ein schwieriges Thema durch diesen Abschnitt die Reiki- Ausbildung gehen würde.

Mein Reiki Lehrer beschrieb die Reiki Energie der Seminare immer folgender Maßen: „Im ersten Gard kommt die Energie von oben, im zweiten von vorne und im dritten von hinten."
Hiermit ist die Richtung der Energie und deren Auswirkung gemeint. Im ersten Grad erfolgt die Öffnung über die Einweihung von oben, und hier können bei den Teilnehmer Themen zur Selbstliebe aufbrechen. Im zweiten Grad kommt die Energie von vorne, alte Themen, Wunden und vermeintliche Fehler zeigen sich nochmal und wollen gelöst werden. Im dritten Grad kommt die Energie von hinten und schiebt uns in unsere Bestimmung.

Aus meiner Erfahrung kann ich sagen, jeder Teilnehmer findet in einem der drei Grade ein Thema, was sich deutlich zeigt und dann aufgelöst darf.

Heute weiß ich, wenn ein Teilnehmer weint, dann ist er sich selbst ganz nahegekommen. Er hat sich berührt, und durch diese Berührung kann sich etwas auflösen. Für mich ist das ein Indiz, dass ich gut gearbeitet habe, denn dahin will ich meine Klienten ja führen.

Tränen sind das Heilwasser der Seele. Wenn ein Teilnehmer bei meinem Seminar weint, haben meine Worte in seinem Inneren etwas berührt. Ein belastendes unverarbeitetes Thema wird auf einmal bewusst und zeigt sich. Gemeinsam können wir es uns anschauen und dann kann der Teilnehmer daran arbeiten oder es bewusst loslassen.

Wie schon beschrieben war die Teilnehmerin sehr selbstbewusst und selbstsicher. Sie war sich sicher, alle alten Themen zu kennen und bearbeitet zu haben.

Im zweiten Grad geht es um Vergebung, jemanden oder sich selbst, für etwas, was man selbst getan hat. In einer Meditationsübung wandert der Teilnehmer zurück in die Vergangenheit, bis er zu einer Situation kommt, in der das Bild entsteht, bei dem noch etwas nicht vergeben ist, Manche gehen weit zurück und sehen Verletzungen aus der Kindheit, andere gehen nur kurz zurück und erkennen dort Themen, wo eine Verzeihung notwendig ist. Wenn solch eine Situation gefunden worden ist, geht man während dieser Meditation noch einmal bewusst als der Mensch, der man heute ist, zurück um dort durch bewusste Vergebung zu heilen. Beim Reiki eins haben wir erkannt, dass wir genauso wie wir sind und uneingeschränkt liebenswert sind. Also gehen die Teilnehmer als die Menschen, die sie heute sind, zurück und trösten, nehmen in den Arm und erklären, dass jetzt alles gut ist. Es ist jetzt gut, da der Teilnehmer ja jetzt in der Gegenwart erklärt hat sich selbst zu lieben und diese Liebe wert ist. Trotz allem ist er ein liebenswerter Mensch geworden. Hier kann eine Heilung in die Vergangenheit geschehen, die Blockaden, die damals entstanden sind, werden im Jetzt entdeckt und können aufgelöst werden. Warum das so ist, das erkläre ich im Seminar genauer. Nur kurz dazu, es geht darum, dass unsere Zeitvorstellungen nicht wirklich wahr sind.

Es gibt immer nur die Gegenwart! Wenn ich an ein Ereignis in der Vergangenheit denke, dann ist diese Vergangenheit durch meine Gedanken gegenwärtig. Genauso ist es mit der Zukunft. Und deshalb kann sowohl in der Vergangenheit als auch in der Zukunft Heilung oder Wünsche vollzogen werden.

Meine Teilnehmerin aus dem zweiten Grad setzte sich auf ihren Platz. Ich führte die Gruppe in die Übung „Heilung in die Vergangenheit" und plötzlich fing sie an zu weinen. Zuerst konnte sie sich nicht beruhigen, dann erzählte sie, dass sie als ganz junge Frau ihr Kind abgetrieben und nun erkannt hätte, *dass sie sich unbewusst immer noch schuldig fühlte. Sie bekam von mir eine Übung und machte für sich selbst dieses weitere Vergebungsritual. Später erzählte sie mir, dass sie sich nach diesen Übungen wesentlich freier und leichter fühle. Für sie hatte es aber auch noch eine weitere Veränderung gebracht, denn sie sei jetzt auch viel offener für ein Kind mit ihrem Partner. Sie hatte eine Blockade in der Vergangenheit gefunden und lösen können. All das war ihr nicht bewusst gewesen.*

Zur Leichtigkeit gehört auf jeden Fall auch Harmonie. In der spirituellen Entwicklung bedeutet Harmonie im Einklang mit sich selbst und seinen Gefühlen zu leben.
Wenn sich unangenehme Gefühle zeigen, sind diese ein Hinweis für ein inneres Ungleichgewicht und fehlende Harmonie. Sie wollen uns auffordern genauer hinzuschauen, woher dieses Ungleichgewicht stammen könnte.
Die Ursache kann im Inneren oder im Außen zu finden sein.

Downloads Kronenchakra

Ich weiß und verstehe, wie es sich anfühlt alltäglich mit dem Schöpfer verbunden zu sein. Durch diese Anbindung werde ich geführt und kann meinen Glaubenssätzen, Blockaden, die ich aus verschiedenen Leben mitgebracht habe, ohne Drama und Verwicklung mit Leichtigkeit aufspüren.

Ich erfahre die höchste Definition des Schöpfers von Bedingungsloser Liebe und erfahre, dass ich mit dieser Liebe mich selbst heile und Heilung an andere geben kann.

Durch die Anbindung mit dem Schöpfer erfahre ich, dass ich mit allem verbunden bin, ich ein Teil von allem bin und dass ohne mich das Universum nicht existent wäre.

Ich weiß und verstehe, dass ich über das göttliche Licht auf die Ebene komme, in der sich alles auflöst und sich zum höchsten und besten Wohle aller verändern kann.

Ich kenne die Perspektive des Schöpfers von Meditation. Ich weiß und verstehe, wie ich über die Meditation an das göttliche Licht gelange und was es mir gibt. Ich verstehe, dass ich mit allem verbunden bin und immer etwas bewegen kann, wenn ich mich bewege. Ich weiß, dass es wichtig ist, sich mit diesem Licht zu verbinden und diese in die Welt zu tragen.

Ich kenne die Definition des Schöpfers von Heilung. Ich weiß und versteh, dass ich mit Hilfe des Lichts Heilimpulse bei mir und bei anderen setzen kann Mit diesen Impulsen werden die Selbstheilungskräfte aktiviert, Es ist mein Geburtsrecht einen gesunden Körper zu haben und auch meine Seele heilen zu können.

Freiheit

Eine weitere Voraussetzung für Leichtigkeit ist Freiheit. Wer wie ich diesen Weg konsequent mit all seinen Übungen und Hürden geht, erfährt immer mehr, dass ein freies und leichtes Leben trotz all der Probleme in der Welt möglich ist.
Unsere Freiheit wird durch gesellschaftliche und persönliche Grenzen beschränkt. Auf der anderen Seite brauchen wir Menschen diese Grenzen um immer wieder Halt, Orientierung und Stabilität zu haben. Eigene aber vor allem die von außen gesteckten Grenzen dürfen aber nicht zu eng sein. Aus meiner Erfahrung weiß ich das gerade für Kinder klare und eindeutige wichtig sind, aber für unser Zusammenleben sind sie für uns Erwachsene auch notwendig. Doch innerhalb dieser Grenzen muss Bewegung möglich sein, sie müssen wie ein Gummiband weich und flexibel sein, ansonsten wird es zu eng, starr und etwas stirbt ab (manchmal nur etwas auf der emotionalen Ebene… was weitere Folgen hat). Und es bedarf immer wieder die Frage und Auseinandersetzung, ist diese Grenze immer noch richtig für mich.

Mit deiner Geburt hast du einen freien Willen erhalten. Du hast darüber die Möglichkeit dich für Freiheit zu entscheiden. Man kann in dem Wort Freiheit auch die Wortstämme freiwillig, aus freiem Willen, finden.
Du hast die Freiheit, deine Kraft auf negative oder auf positiver Weise zu nutzen. Sie kann zerstören oder aufbauen.

„Freiheit bedeutet Verantwortlichkeit. Das ist der Grund, weshalb die meisten Menschen sich davor fürchten."(Shaw)

Freiheit bedeutet…
…Verantwortung für sich, sein Leben, für seine Gefühle und Gedanken, zu übernehmen. Diese Aufgabe wirst du auf diesem

spirituellen Weg wieder übernehmen. Dabei wirst du Freiheit und Leichtigkeit finden.
Auf diesem Weg ist es auch wichtig, seine Träume wieder aufleben zu lassen. Entscheidend dabei ist nicht die Realisierung der Träume, sondern eine Unterbrechung des Alltages durch das Träumen und Wünschen. Es bedeutet mehr für sich und sein Leben möglich zu halten.

„Freiheit ist, nicht das zu tun, was man liebt, sondern das zu lieben, was man hat!"(Japan)

Wahre Freiheit liegt in der Fähigkeit, alles, was geschieht, jederzeit zu akzeptieren. Ohne Vor-Urteile, ohne Bewertung, ohne Widerstand, aber mit ganz viel Mitgefühl für sich und den anderen. In Dankbarkeit.
Du kannst dir alle deine Gedanken und dir widerfahrende Ereignisse in einer Übung oder Meditation anschauen und sie als Gelegenheit und Herausforderung sehen, um dazuzulernen.
So kannst du scheinbare Widerstände auf deinem Weg als Pflastersteine für deinen Weg nutzen.
Eine kleine Wortspielerei macht den entscheidenden Unterschied klar:
Ich bin frei von
Ich bin frei für....

Harmonie, Leichtigkeit und Freiheit wirken zusammen, während du dich mit dir selbst beschäftigst. Du wirst immer offener, kannst dich spielerisch in den Grenzen bewegen und zu enge aufheben. Du kannst alte ausgediente Muster verlassen und freier, gelassener, zufrieden und leichter in einem veränderten Leben ankommen.

Mit unserer Geburt wurde uns diese Freiheit geschenkt. Wir können uns jeden Tag entscheiden, neu anzufangen. Wir haben immer die Wahl, ob wir einen Weg gehen wollen oder nicht. Wir können entscheiden, ob wir einen alten oder einen neuen Weg gehen wollen. Wir haben den freien Willen erhalten…

Dies ist eine frohe Botschaft, zeigt aber auch, dass du die Verantwortung für dein Leben hast und übernehmen musst.

Entscheidend ist es unsere Gedanken, unsere Emotionen zu erkennen und zu kontrollieren und der Mensch zu werden, der man sein soll oder will.

Am Ende der Tage zählt nicht, was du geschafft hast, sondern wie oft du glücklich warst.

Nutze deine Freiheit

Nutze deine Freiheit

Nutze deine Freiheit.
Mach dich frei von deinen Ängsten und Sorgen.
Mach dich frei für neue Erfahrungen.
Lebe dein Leben.

Nutze deine Freiheit.
Mach dich frei von der Meinung anderer.
Mach dich frei für deine eigenen Gedanken.
Lebe dein Leben.

Nutze deine Freiheit.
Mach dich frei von Schuldgefühlen.
Mach dich frei für die Vielfalt aller Gefühle.
Lebe dein Leben.

Nutze deine Freiheit.
Mach dich frei von dem Kampf gegen das Leben.
Mach dich frei für Frieden in deinem Leben.
Lebe dein Leben.

Nutze deine Freiheit.
Mach dich frei von deinen Zwängen.
Mach dich frei für deine Träume und Kreativität.
Lebe dein Leben.

Nutze dein Leben.
Nutze die Freiheit deines Lebens, um zu tanzen, zu lachen, zu sehen, zu träumen, zu fühlen und zu lieben!

Affirmationen für das Kronenchakra

Ich bin verbunden mit dem Göttlichen.

Ich bin göttlich.

Ich bin offen für die Weisheit und Fülle des Universums.

Ich erkenne meine Konditionierungen und gehe über meine Glaubenssätze hinaus.

Die universelle Energie schwingt in mir.

Ich bin ein Teil von allem und alles ist ein Teil von mir.

Ich bin Teil des universellen Flusses.

Ich bin Bewusstsein, Existenz, Liebe und höchste Freude.

Ich fühle mich jetzt mit dem Universum verbunden.

Ich bin mit meinem höheren Selbst verbunden.

Ich bin mit meiner göttlichen Seele verbunden.

Ich erfülle jetzt meine Seelenaufgabe.

Ich erlaube mir, ich selbst zu sein.

Ich bin dankbar, dass ich mit mir selbst verbunden bin.

Ich bin dankbar mit mir selber verbunden zu sein

Ich bin dankbar mit mir selbst verbunden zu sein

Konzentriere dich einmal auf deinen Atem. Lass deinen Atem fließen, atme ein und aus...
Lass dabei all deine Gedanken los, denke nur, ich atme ein, denke nur ich atme aus, ganz einfach ...mehr gibt es im Moment nicht zu tun...atme ein und denk ich atme ein, atme aus und denk ich atme aus......

Konzentriere dich auf deinen Atem und spüre einfach nur in dich hinein.

Atem ist Leben. Über deinen Atem erhältst du einen Zugang zu dir selbst.
Atme bewusst weiter und sprich leise oder laut einfach nur die Affirmation: Ich bin dankbar mit mir selbst verbunden zu sein.
Wiederhole den Satz dreimal: Ich bin dankbar mit mir selbst verbunden zu sein.

Spüre einmal nach, was dieser Satz mit dir macht...

Dann konzentriere dich wieder nur auf deinen Atem...
Atme bewusst weiter und lege einmal deine Hände auf dein Kronenchakra und wiederhole dann wieder dreimal den Satz: Ich bin dankbar mit mir selbst verbunden zu sein.

Spüre einmal nach, was dieser Satz mit dir macht.

Nun lege deine Hände wieder in den Schoß. Konzentriere dich wieder nur auf deinen Atem. Stelle dir vor, von deinem Kronenchakra aus geht eine Lichtbahn hoch bis hin zu deiner Quelle.
Baue vor deinem geistigen Auge diese Energiebahn auf und denke dabei den Satz: Ich bin dankbar mit mir selbst verbunden zu sein.

Nun lass deinen Atem fließen und lass dich fallen in den Augenblick und schau einmal was deine Verbundenheit und dein Leben Wunderbares für dich bereithält....

Eine intensive Chakren Übung

Die folgende Übung ist eine sehr komplexe Übung. Für diese Übung musst du dir viel Zeit nehmen. Am besten arbeitest du mit jemanden zusammen, der dich durch die Übung führt oder hörst sie ab oder nimmst sie dir selbst auf. Es kann sein, dass du diese Übung erst einmal in Etappen bearbeitest und nach einiger Zeit des Übens sie dann zusammenhängend machst. Es wird immer wieder der Satz „Jede Zelle meines Körpers geht es gut, jede Zelle meines Körpers ist glücklich." wiederholt. Dieser Satz stammt von Vianna Stibal. Sie hat ihn als einer der ersten Sätze in ihrem Skript „intuitive Anatomie" aufgeschrieben. Ich finde es ist eine sehr positive Affirmation, ich arbeite täglich mit diesem Satz.

Eine Intensivübung

Schließe deine Augen und atme einige Male tief ein und aus. Dann lass deinen Atem frei fließen, kommen und gehen. Stelle dir vor deinem geistigen Auge vor, wie mit jeder Ausatmung alles Schwere und jeder Alltagsgedanke aus dir herausfließen kann und mit jeder Einatmung ein helles Licht in dich hineinfließt und dich im Inneren hell und leicht werden lässt.

*Nun konzentriere dich auf dein **Wurzel Chakra:** lege deine Hände auf dein Wurzelchakra und wiederhole in Gedanken: Jede Zelle meines Körpers geht es gut, jede Zelle meines Körpers ist glücklich…Jede Zelle meines Körpers geht es gut, jede Zelle meines Körpers ist glücklich… und höre einmal die folgenden Affirmationen*

Ich habe einen festen Platz in dieser Welt.
Ich fühle mich geborgen und sicher.
Die Erde trägt und nährt mich.
Frage dich, was machen diese Affirmationen mit dir?

Ich habe einen festen Platz in dieser Welt.
Ich fühle mich geborgen und sicher.
Die Erde trägt und nährt mich.
Ist es nicht ein schöner Gedanke, die Erde trägt und nährt mich und ich
habe einen festen Platz in dieser Welt?
Nun stelle dir in deinem Wurzelchakra eine kleine rote Lichtkugel vor.
Du atmest wieder bewusst das helle Licht ein und siehst, wie dieses Licht
deine rote Lichtkugel langsam wachsen lässt, bis sie dein ganzes Chakra
ausfüllt.

Ich habe einen festen Platz in dieser Welt.
Ich fühle mich geborgen und sicher.
Die Erde trägt und nährt mich.

Lass deinen Atem wieder frei fließen und konzentriere dich jetzt auf dein
Sakral Chakra: lege deine Hände auf dein Sakralchakra und wiederhole in
Gedanken: Jede Zelle meines Körpers geht es gut , jede Zelle meines
Körpers ist glücklich.
Jede Zelle meines Körpers geht es gut , jede Zelle meines Körpers ist
glücklich.
höre einmal die folgenden Affirmationen
Ich genieße das Leben und vertraue meinen Mitmenschen.
Ich kann mich fallenlassen und mich hingeben.
Ich gebe Kontrolle ab und fließe mit dem Leben.
Frage dich , was machen diese Affirmationen mit dir ?

Ich genieße das Leben und Vertrauen meinen Mitmenschen.
Ich kann mich fallenlassen und mich hingeben.
Ich gebe Kontrolle ab und fließe mit dem Leben.
Ist es nicht ein schöner Gedanke sich fallen lassen zu können und mit dem
Leben zu fließen?

Nun stelle dir in deinem Sakralchakra eine kleine orange Lichtkugel vor.
Du atmest wieder bewusst das helle Licht ein und siehst, wie dieses Licht
deine orange Lichtkugel langsam wachsen lässt, bis sie dein ganzes
Chakra ausfüllt.

Ich genieße das Leben und Vertrauen meinen Mitmenschen.
Ich kann mich fallenlassen und mich hingeben.
Ich gebe Kontrolle ab und fließe mit dem Leben.

Lass deine Atem wieder frei fließen und konzentriere dich jetzt auf dein
Solarplexus Chakra: *lege deine Hände auf dein Solarplexus Chakra und*
wiederhole in Gedanken: Jede Zelle meines Körpers geht es gut, jede Zelle
meines Körpers ist glücklich. Jede Zelle meines Körpers geht es gut, jede
Zelle meines Körpers ist glücklich...
und höre einmal die folgenden Affirmationen

Ich begegne meinen Mitmenschen auf Augenhöhe.
Ich ruhe in mir selbst, ich habe Kraft und Selbstvertrauen.
Aus der Kraft meiner Mitte strahle ich Mut und Stärke aus.
Frage dich, was machen diese Affirmationen mit dir?
Ich begegne meinen Mitmenschen auf Augenhöhe.
Ich ruhe in mir selbst, ich habe Kraft und Selbstvertrauen.
Aus der Kraft meiner Mitte strahle ich Mut und Stärke aus
Ist es nicht ein schöner Gedanke in sich selbst zu ruhen und seinen
Mitmenschen auf Augenhöhe zu begegnen?

Nun stelle dir in deinem Solarplexus eine kleine gelbe Lichtkugel vor. Du
atmest wieder bewusst das helle Licht ein und siehst, wie dieses Licht
deine gelbe Lichtkugel langsam wachsen lässt, bis sie dein ganzes Chakra
ausfüllt.

Ich begegne meinen Mitmenschen auf Augenhöhe.
Ich ruhe in mir selbst, ich habe Kraft und Selbstvertrauen.
Aus der Kraft meiner Mitte strahle ich Mut und Stärke aus

Lass deine Atem wieder frei fließen und konzentriere dich jetzt auf dein
Herz Chakra: *lege deine Hände auf dein Herzchakra und wiederhole in*
Gedanken: Jede Zelle meines Körpers geht es gut, jede Zelle meines
Körpers ist glücklich. Jede Zelle meines Körpers geht es gut, jede Zelle
meines Körpers ist glücklich...
und höre einmal die folgenden Affirmationen

Der Raum meines Herzens ist weit und frei.
Ich empfinde die Leichtigkeit eines offenen Herzens.
Ich lebe in Liebe und Mitgefühl für alle Geschöpfe.
Frage dich, was machen diese Affirmationen mit dir?

Der Raum meines Herzens ist weit und frei.
Ich empfinde die Leichtigkeit eines offenen Herzens.
Ich lebe in Liebe und Mitgefühl für alle Geschöpfe.
Ist es nicht ein schöner Gedanke, dass der Raum deines weit und frei ist
und du mit Liebe und Mitgefühl für alle Geschöpfe lebst

Nun stelle dir in deinem Herzchakra eine kleine grüne Lichtkugel vor. Du
atmest wieder bewusst das helle Licht ein und siehst, wie dieses Licht
deine grüne Lichtkugel langsam wachsen lässt, bis sie dein ganzes Chakra
ausfüllt.

Der Raum meines Herzens ist weit und frei.
Ich empfinde die Leichtigkeit eines offenen Herzens.
Ich lebe in Liebe und Mitgefühl für alle Geschöpfe

Lass deine Atem wieder frei fließen und konzentriere dich jetzt auf dein
Hals Chakra: *lege deine Hände auf dein Halschakra und wiederhole in*
Gedanken: Jede Zelle meines Körpers geht es gut, jede Zelle meines
Körpers ist glücklich. Jede Zelle meines Körpers geht es gut, jede Zelle
meines Körpers ist glücklich...
und höre einmal die folgenden Affirmationen
Ich höre meine innere Stimme und spreche meine Wahrheit aus.
Ich bringe mein ganzes Wesen frei zum Ausdruck.
Meine Kommunikation entspricht meinem inneren Erleben.
Frage dich, was machen diese Affirmationen mit dir?
Ich höre meine innere Stimme und spreche meine Wahrheit aus.
Ich bringe mein ganzes Wesen frei zum Ausdruck.
Meine Kommunikation entspricht meinem inneren Erleben.

Ist es nicht ein schöner Gedanke deine innere Stimme zu hören und deine
Wahrheit auszusprechen.

Nun stelle dir in deinem Halschakra eine kleine hellblaue Lichtkugel vor.
Du atmest wieder bewusst das helle Licht ein und siehst, wie dieses Licht
deine hellblaue Lichtkugel langsam wachsen lässt, bis sie dein ganzes
Chakra ausfüllt.

Ich höre meine innere Stimme und spreche meine Wahrheit aus.
Ich bringe mein ganzes Wesen frei zum Ausdruck.
Meine Kommunikation entspricht meinem inneren Erleben

Lass deine Atem wieder frei fließen und konzentriere dich jetzt auf dein
Stirn **Chakra:** *lege deine Hände auf dein Stirn Chakra und wiederhole in*
Gedanken: Jede Zelle meines Körpers geht es gut, jede Zelle meines
Körpers ist glücklich. Jede Zelle meines Körpers geht es gut, jede Zelle
meines Körpers ist glücklich...
und höre einmal die folgenden Affirmationen

Ich sehe nicht mit meinen Augen, sondern mit meiner Seele.
Mein Geist ist inspiriert, mit Klarheit erkenne ich meinen Weg.
Ich erfahre Inspiration und Verbindung zum Universellen.
Frage dich, was machen diese Affirmationen mit dir?
Ich sehe nicht mit meinen Augen, sondern mit meiner Seele.
Mein Geist ist inspiriert, mit Klarheit erkenne ich meinen Weg.
Ich erfahre Inspiration und Verbindung zum Universellen.
Ist es nicht ein schöner Gedanke mit Klarheit seinen Weg zu erkennen?

Nun stelle dir in deinem Stirn Chakra eine kleine indigofarbene Lichtkugel vor.
Du atmest wieder bewusst das helle Licht ein und siehst, wie dieses Licht deine
indigofarbene Lichtkugel langsam wachsen lässt, bis sie dein ganzes Chakra
ausfüllt.

Ich sehe nicht mit meinen Augen, sondern mit meiner Seele.
Mein Geist ist inspiriert, mit Klarheit erkenne ich meinen Weg.
Ich erfahre Inspiration und Verbindung zum Universellen.

Lass dein Atem wieder frei fließen und konzentriere dich jetzt auf dein
Kronen Chakra: *lege deine Hände auf dein Kronenchakra und wiederhole in Gedanken: Jede Zelle meines Körpers geht es gut, jede Zelle meines Körpers ist glücklich. Jede Zelle meines Körpers geht es gut, jede Zelle meines Körpers ist glücklich.*
und höre einmal die folgenden Affirmationen?

Ich bin Teil des universellen Flusses.
Ich bin eins mit dem Kosmischen.
Ich bin Bewusstsein, Existenz und höchste Freude.
Frage dich, was machen diese Affirmationen mit dir?

Ich bin Teil des universellen Flusses.
Ich bin eins mit dem Kosmischen.
Ich bin Bewusstsein, Existenz und höchste Freude.

Ist es nicht ein schöner Gedanke ein Teil des universellen Flusses zu sein?

Nun stelle dir in deinem Kronenchakra eine kleine weiße Lichtkugel vor. Du atmest wieder bewusst das helle Licht ein und siehst, wie dieses Licht deine weiße Lichtkugel langsam wachsen lässt, bis sie dein ganzes Chakra ausfüllt.

Ich bin Teil des universellen Flusses.
Ich bin eins mit dem Kosmischen.
Ich bin Bewusstsein, Existenz und höchste Freude.

Spüre noch einmal deinen Körper, wie er sich jetzt anfühlt...
Nun geh in Gedanken noch einmal durch deine Chakren und lass die Lichtkugeln wieder etwas kleiner werden...vom Kronenchakra, Stirnchakra, Kehlchakra, Herzchakra, Solarplexuschakra, Sakralchakra...Wurzelchakra

Der Weg ist das Ziel

Nach den vielen Theta -Seminaren habe ich nun endlich das Gefühl bei mir angekommen zu sein. Den Lockdown der Corona Zeit habe ich auch mit dieser inneren Arbeit an mir sehr intensiv genutzt. Da ich als Single lebte, war ich automatisch gezwungen viel Zeit mit mir selbst zu verbringen. Was mir sehr gutgetan hat, denn ich war in einer tiefen Ruhe und einem Gefühl des tiefen Wissens angekommen. Es war ein unglaublich schönes Gefühl. Innerlich ruhig und gelassen, eine unglaublich wunderbare Tiefe und ein starkes Gefühl mit dem „Ich bin mit mir und dem Schöpfer verbunden".
Aber der Alltag ist geblieben! Die Themen der Menschen zu sehen, zu erleben und sie zu lassen, war und ist meine Herausforderung. Aus meiner beobachtenden und spirituell entwickelten Sicht erkenne ich, dass einige Themen der anderen leichter zu lösen wären. Für mich war und ist es manchmal schwer zu ertragen, dass liebe und liebgewonnen Menschen so unglücklich sind bzw. Muster und Glaubenssätze haben und Wege gehen, die das Leben weiter schwerer machen. Viele Male musste ich erkennen, dass sie noch nicht an dem Punkt sind, diese Themen ernsthaft zu bearbeiten und dennoch spüre ich ihre Gefühle, Unsicherheit, Verletzung und Suche. Das war und ist schwer für mich auszuhalten, ich wurde einige Zeit „hart" und auch ungerecht. Ich erkannte mich nicht wieder. Eigentlich bin ich ein liebevoller und umsorgender Mensch, aber mit dem erworbenen Wissen und Spüren der Themen des Gegenübers kam ich eine Zeit lang nicht klar. Wie sollte ich damit umgehen?
Diese innere Zerrissenheit verunsicherte mich sehr, ich kam aus dem Lot und aus meiner tiefen Ruhe. Ein neues Lernfeld für mich. Ich wusste noch nicht damit umzugehen. Weil ich das nicht von mir kannte, fühlte ich mich unwohl und fragte mich wie ich wieder liebevoll und begleitend mit den Menschen umgehen kann.

Doch ich habe mich auch verändert. Ich muss nicht immer lieb und nett sein. Ich möchte lernen, auf der einen Seite, mir auch einmal zu erlauben, so zu sein und auf der anderen Seite eine neue Anett mit neuen und alten Verhaltensweisen zu finden. Zwei Erkenntnisse haben mir dabei geholfen wieder sanfter und milder zu werden.

In einem Gespräch über meine Unsicherheit hatte ich plötzlich die Eingebung, dass ich ja auch meine Zeit gebraucht habe. Diese Zeit und die einzelnen Entwicklungsschritte und Erfahrungen darf ich meinen Mitmenschen nicht nehmen. Ich wurde innerlich wieder ruhiger und übte mich, wieder mit Mitgefühl und Geduld auf das Leben meiner Mitmenschen zu schauen. Dennoch fehlte mir etwas, um es innerlich ganz zu integrieren. Auf Facebook bin ich auf verschiedenen spirituellen Seiten unterwegs. Hier finde ich immer wieder schöne Sprüche, die mich ansprechen.

In dieser Zeit fand ich folgenden Spruch „Der Schüler fragte den Meister: „Was tue ich, wenn ich geheilt bin und den Berg erklommen habe…Wie geht es dann weiter?" Der Meister antwortete: „Dann gehst du wieder hinunter und hilfst den anderen hinauf."

Dieser Spruch weckte mich auf, ja ich war oben angekommen, fühlte mich dort wohl und wollte eigentlich dort oben bleiben. Aber dann kann ich nicht helfen und unterstützen. Ich muss irgendwann den Berg wieder hinunter gehen, um die Menschen dort abzuholen, wo sie gerade sind. Darf ich jetzt dort oben ein wenig ausruhen und all das, was ich dort antreffe, genießen?

Ich denke und habe entschieden, nach getaner Arbeit ist es gut und richtig ein wenig dort oben zu verweilen und all das zu genießen, was ich hier antreffe. Ich bin sicher, ich werde bald meinen neuen Weg und meine neue Aufgabe erkennen und annehmen. Sicher wird es auch weiter eine Begleitung von Menschen den Berg hinauf sein…

Ja ich werde den Berg wieder herabsteigen und ich werde den Berg immer wieder erklimmen müssen, um meine Berufung leben zu können. Da ich aber den Weg jetzt kenne, auch gute Rastplätze und auch Abkürzungen, wird der Weg für mich nicht mehr so anstrengend sein. Zeit und Muße werde ich immer wieder haben, um mich umzuschauen und all das, was mir auf diesem Weg jetzt begegnet, zu genießen.

Ich lade die Leichtigkeit für mich in mein Leben ein. Ich weiß und versteh, wie es sich anfühlt mit Freude den Berg hinabzusteigen und mit Leichtigkeit Menschen auf dem Weg bergauf zu begleiten. Ich danke dafür, dass ich schon einmal am Gipfel angekommen bin und bin nun bereit diesen Weg immer wieder mit meinen Mitmenschen zu gehen, um sie zu begleiten und unterstützen zum höchsten und besten Wohle aller. Ich weiß und verstehe und erlaube mir, mit Freude und Neugier all das anzusehen, was mir auf dem Weg bergab und bergauf begegnet. Ich weiß und versteh, wie es sich anfühlt diesen Weg nun mit Leichtigkeit und Freude zu gehen und wie es mir gelingt, den Menschen den Weg zu erleichtern, ohne sie in den notwendigen Erfahrungen zu beschränken.
Im ThetaHealing arbeitet man immer wieder mit dem Satz...zum höchsten und besten Wohl aller Beteiligten. Meine Wegbegleitung darf zum höchsten und besten Wohl aller dienen. Für den Klienten und auch für mich.

Dein Leben

Dein Leben

Lebe dein Leben. Jetzt!
Du hast nur das eine Leben, was du in diesem Augenblick bewusst leben kannst.
Lebe dein Leben. Jetzt!

Fange an, mit Freude das zu tun, was du schon immer tun wolltest.
Du hast nur das eine Leben, was du in diesem Augenblick bewusst leben kannst.
Lebe dein Leben. Jetzt!

Erfahre all die Gefühle, die es im Moment zu erfahren gilt. Sei fröhlich, traurig,
wütend oder lustig.
Du hast nur das eine Leben, was du in diesem Augenblick bewusst leben kannst.
Lebe dein Leben. Jetzt!

Fange an zu lieben. Liebe dich selbst und all die vielen Menschen, Tiere und
Gegenstände, die für dich liebenswert sind.
Du hast nur das eine Leben, was du in diesem Augenblick bewusst leben kannst.
Lebe dein Leben. Jetzt!

Es gibt immer Situationen, die dein Leben schwer machen. Wisse auch diese
Situationen verändern sich. Und du bist niemals allein. Du bist begleitete und
beschützt.
Du hast nur das eine Leben, was du in diesem Augenblick bewusst leben kannst.
Lebe dein Leben. Jetzt!

Öffne dich dem Leben. Es gibt so vieles zu erfahren, zu sehen und zu erleben.
Lass Energie durch dich fließen. Öffne dich dem Leben. Du hast nur das eine
Leben, was du in diesem Augenblick bewusst leben kannst.
Lebe dein Leben. Jetzt!
Öffne dich deinem Leben und dem, was es dir zeigen will…

Ich habe vor kurzem mit einer Klientin und Freundin gesprochen, die sich immer wieder fragte, wie es für sie weiter gehen wird. Sie hatte einige auch spirituelle Ausbildungen gemacht und dennoch glaubte sie, sie sei noch nicht gut genug, mit Klienten zu arbeiten. Ich beschrieb ihr, dass ich während der vielen Jahre meiner Reiki -und Meditationsabende eigentlich immer wieder über alle meine Themen gesprochen hatte.

So viele Jahre, mir ist jetzt erst bewusst geworden, dass ich dadurch immer wieder an mir gearbeitet habe. Mein Wissen konnte so aus dem Verstand ins Gefühl wandern. Ich erinnere mich an einen Satz, „ein Meister spricht so lange über seine Themen, bis er sie bearbeitet hat und dann schweigt er." Diesen Satz hatte ich bisher nicht ganz verstanden. In diesem Gespräch mit meiner Klientin erkannte ich die Parallelen zu meinem Zustand jetzt in meinen Leben und zu dem, was gerade bei mir Thema ist.

Ich bin auf der Suche nach dem „Wie geht für mich weiter? Ist es dieses Buch, was mir eine neue Türe öffnet? Ich spüre, dass das alte ...die Reiki -und Meditationsabende nicht mehr passen, nicht mehr gelingen... da ich über viele Themen nicht mehr in dieser Form sprechen kann wie damals. Vieles ist verarbeitet und im Gefühl angekommen. Zu diesen Themen kann und will ich, zumindest auf die Art wie ich vor Jahren erfolgreich gearbeitet habe, „schweigen". Ich bin auf der Suche nach meiner Bestimmung und dem, was ich zukünftig tun soll. Ich bin sehr gespannt, was da kommen wird.

Downloads für mich und für dich

Ich lade die Leichtigkeit für mich in meine Leben ein.
Ich weiß und versteh, wie es sich anfühlt mit Freude den Berg hinabzusteigen und mit Leichtigkeit Menschen auf dem Weg bergauf zu begleiten.
Ich danke dafür, dass ich schon einmal am Gipfel angekommen bin und bin nun bereit diesen Weg immer wieder mit meinen Mitmenschen zu gehen und sie zu begleiten und unterstützen zum höchsten und besten Wohle aller.

Ich weiß und verstehe und erlaube mir, mit Freude und Neugier mir all das anzusehen, was mir auf dem Weg bergab und bergauf begegnet.

Ich weiß und versteh, wie es sich anfühlt diesen Weg nun mit Leichtigkeit und Freude zu gehen und wie es mir gelingt, den Menschen den Weg zu erleichtern ihnen sie in den notwendigen Erfahrungen zu beschränken.

Ich kenne die höchste Perspektive des Schöpfers von spirituellere Persönlichkeitsbegleitung. Ich weiß, wie es sich anfühlt zu vertrauen, dass ich geschützt und unterstützt werde, meinen Weg und meinen spirituellen Aufgaben mit Leichtigkeit, Freude und Erfolg anzunehmen, zu spüren und auszufüllen.

Ich weiß und verstehe, wie es sich anfühlt zu vertrauen, dass ich geführt und unterstützt werde. Ich erhalte die notwendigen Impulse und Ideen zur rechten Zeit und kann diese in für mich angemessener Zeit erfolgreich und vor allem erfüllend umsetzen. Der Schöpfer zeigt mir meinen neuen Weg und ich gehe ihn voller Vertrauen.

Ich kenne die höchste Definition von Geduld. Ich weiß und versteh, wie es sich anfühlt geduldig abzuwarten, bis die richtige Zeit da ist und ich weiter voran gehen kann. Ich kenne die Perspektive, wie es sich anfühlt geduldig und voller Vertrauen darauf zu warten, bis es weiter geht. Ich weiß und spüre den Sinn, der hinter allem steht und ich erkenne, dass ich, wenn ich weiter geduldig bin, etwas Neues und Wunderbares entstehen wird. Es ist vollkommen im Sinne des Schöpfers auf den richtigen Zeitpunkt zu warten und voller Vertrauen in die Zukunft zu schauen. Alles ist gut so wie es ist und es entsteht hinter den Kulissen etwas Wundervolles und Großartiges

Zum Schluss

Wie zu Beginn dargestellt, beschreibe ich in diesem Buch über meine persönliche Entwicklung, Erfahrungen und die vielen Erlebnisse, die ich auf meinem spirituellen Weg gemacht habe. In dieser Rückschau erinnere ich mich an viele Geschichten, die ich mit meinen Klienten erlebt habe. Vieles davon war verschüttet, da mir in den letzten Jahren scheinbar nicht viel gelungen war. Dass ich mich intensiv um meine Familie, um meinen sehr kranken Kater Bully gekümmert und auch viele eigene Themen mir angeschaut und verändert habe, das war für mich irgendwie selbstverständlich und nichts Besonderes. Auch ein alter Glaubenssatz, der sicher für viele Frauen gilt. Nur der sichtbare oder zählbare Erfolg ist erstrebenswert und bedarf der Anerkennung, vieles was wir tun, ist selbstverständlich. Wir haben uns zu kümmern und das sollte selbstverständlich sein und ist deshalb nichts wert.
Diese Sicht verändert sich gerade und ich bin trotz der Suche nach meinem neuen Weg sehr stolz und ruhig. Ich bin immer häufiger im Vertrauen, dass sich meine Türe zum richtigen Zeitpunkt öffnen wird und ich dann genau weiß, was zu tun ist.

In diesem Buch beschreibe ich nur wenige Geschichten aus meinen Thetaerfahrungen. Das hat Gründe. Zunächst habe ich die Ausbildung erst einmal nur für mich gemacht, um mich noch weiter zu heilen. Ich konnte zu Beginn noch nicht ahnen wie tiefgehend die Arbeit mit Theta ist. Nun freue ich mich darauf, dies auch immer mehr für meine Klienten nutzen zu können. Mein Erfahrungsschatz wächst hier stetig. Hinzu kommt, man befindet sich im Thetazustand in einer sehr tiefen Meditation, das geschehene und/ oder gesehene bleibt nicht immer in Erinnerung.

Natürlich ist es wichtig nochmal zu sagen, dass sich alle hier beschriebenen Techniken sich als Ergänzung zur Schulmedizin verstehen und immer in Verbindung eingesetzt werden sollen. Ich habe in einigen meiner Erfahrungen beschrieben, dass ich Freundinnen die verschiedenen Seiten, auf der einen nur die Schulmedizin, auf der anderen ein alternativer unterstützender Weg, aufgezeigt habe. Ich möchte noch einmal betonen, dass ich die Kombination von Maßnahmen sehr gut und wichtig finde. In den beschriebenen Fällen waren es Freundinnen, die ich sehr gut kannte, ich wusste von ihren Lebenswegen und ihren Wünschen und Zielen. In ihrer Krisenzeit war ich den Personen immer sehr nah und begleitete sie intensiv, um den Zeitpunkt der Umkehr zu anderen Maßnahmen nicht zu verpassen. Bei Klienten, die mir fremd wären, würde ich anders vorgehen. Und dennoch zeigen die Beispiele auch, dass man sich selbst und dem Leben auch auf alternativen Wegen eine Chance geben kann.

Auf der einen Seite kann man präventiv mit diesen Techniken arbeiten, aber auf der anderen Seite kann man die schulmedizinischen Maßnahmen bei der Heilung unterstützen. Schön wäre es natürlich, wenn immer mehr Menschen präventiv arbeiten würden und regemäßig ihre Selbstheilungskräfte aktivieren würden.

Mensch sein

Mensch sein

Mach dir einmal bewusst,
du bist ein Teil des Universums,

es ist gut, dass es dich gibt,
so wie du bist
weil du ein Mensch bist
weil du einmalig bist

es ist dein Lachen
es ist einzigartig
nur dein Lachen macht die Welt
reicher
um ein Lachen reicher

es ist gut, dass es dich gibt,
so wie du bist
weil du ein Mensch bist
weil du einmalig bist

es ist deine Wut
sie ist einzigartig
nur deine Wut macht die Welt
reicher
um ein Gefühl der Wut reicher

es ist deine Traurigkeit
sie ist einzigartig
nur deine Traurigkeit macht die Welt reicher

um eine Traurigkeit reicher

es ist gut, dass es dich gibt,
so wie du bist
weil du ein Mensch bist
weil du einmalig bist

es sind deine Entscheidungen und Taten,
sie sind einzigartig
nur deine Taten machen die Welt reicher,
um Taten reicher

es ist gut, dass es dich gibt,
so wie du bist
weil du ein Mensch bist
weil du einmalig bist

es ist deine Liebe
sie ist einzigartig,
nur deine Liebe macht die Welt reicher,

Nun sieh einmal, wie reich du die Welt machst
weil du ein Mensch bist
weil du einmalig bist
du bist ein Teil des Universums, ohne dich gäbe es das Universum nicht!

Danksagung

Ich danke Carolin, Sandra, Jens, Christin und Susanne, die die verschiedenen Entwürfe gelesen haben und mich immer wieder motiviert haben, weiterzumachen.
Ich danke dir Susanne, für das Zuhören und deine Begeisterung, es hat mir Mut gemacht!

Ich bedanke mich bei dir Peter Michael Dickmann und Silke Wagner Henkel, ihr habt mich als spirituelle Lehrer auf meinem Weg begleitet und mit eurer Hilfe bin ich diesen Weg gegangen.

Ich bedanke mich bei all meinen Teilnehmern und Klienten, die ich auf ihrem Weg begleiten durfte und von denen ich die vielen Geschichten in diesem Buch beschreiben kann.

Ich bedanke mich dafür, dass du dieses Buch gelesen hast. Wenn ich dich berührt habe, oder Fragen aufgekommen sind, dann melde dich bitte.

Jetzt ist dieses Buch fertig, neue Projekte werden entstehen. Sie werden auf meiner Homepage veröffentlich werden.

www.findyourway.site

Literaturhinweise:

-Ich habe zahlreiche Bücher gelesen, aus denen ich mein Wissen herausgezogen habe, was auch in dieses Buch einfließt.

- Die Intelligenz der Körpermitte: Der Bauch denkt mit - FOCUS https://www.focus.de › ... › Verdauung › Magen

-Die Themen und Probleme der Chakren: Quelle in Anlehnung an: "Creation of Health" von C. N. Shealy u. Caroline Myss, Stillpoint, USA

-Affirmationen aus dem Internet gesammelt von:
Health- Mind &Spirit manusarona.de
Yoflaminga .com
Soulyoga Berlin

-Die Vorlage für das Cover und die kleinen Bilder am unteren Seitenrand stammen von Adob Express.